WALTER WÜLLENWEBER

DIE ASOZIALEN

WALTER WÜLLENWEBER

DIE ASOZIALEN

Wie Ober- und Unterschicht unser Land ruinieren – und wer davon profitiert

Deutsche Verlags-Anstalt

MIX
Papier aus verantwor-
tungsvollen Quellen
FSC® C014496

Das für dieses Buch verwendete FSC®-zertifizierte Papier
Munken Premium Cream liefert Arctic Paper Munkedals AB, Schweden.

1. Auflage
Copyright © 2012 by Deutsche Verlags-Anstalt, München,
in der Verlagsgruppe Random House GmbH
Alle Rechte vorbehalten
Typografie und Satz: DVA/Brigitte Müller
Druck und Bindung: GGP Media GmbH, Pößneck
Printed in Germany
ISBN 978-3-421-04571-3

www.dva.de

INHALT

EINLEITUNG

Am Anfang ist kein Wort.

»Unterschicht«, darf man das schreiben? Den Begriff verstehen zwar alle, doch lange war er tabu und stand auf dem Index der politischen Korrektheit. Das ändert sich gerade. Jedoch nur langsam und noch lange nicht überall.

Wer ist gemeint, wenn von der »Oberschicht« die Rede ist? Bildungsbürger in der Altbauwohnung oder Manager von Großkonzernen? Gehören nur Multimillionäre dazu oder auch schon die kleinen Besserverdienenden?

Beim Ringen um die Deutungshoheit hat sich das Wortpaar »arm« und »reich« inzwischen durchgesetzt. Doch was wie eine schlichte Bezeichnung erscheint, ist Ausdruck einer ganz bestimmten Sichtweise. »Arm« und »reich« sind politische Kampfbegriffe. Sie beseitigen die Sprachlosigkeit nicht, sondern verstärken sie. Denn sie reduzieren die soziale Frage in Deutschland auf einen einzigen Aspekt: die Höhe des Haushaltsnettoeinkommens. Dabei werden die Grenzen so gesteckt, dass weite Teile der Gesellschaft entweder als »arm« oder als »reich« definiert werden. Die Mitte wird immer schmaler, die Normalität zum Ausnahmefall.

»Wovon man nicht sprechen kann, darüber muss man schweigen.« Das wusste schon der Philosoph Ludwig Wittgenstein. Darum gibt es in Deutschland bislang keine Debatte über die dramatischen Veränderungen, die sich gleichzeitig am oberen wie am unteren Rand der Gesellschaft ereignen. Oft scheitern Diskussionen schon im Ansatz, weil niemand weiß, über wen genau man spricht. Alle argumentieren aneinander vorbei. Nicht nur die Unterschicht, auch die Oberschicht zieht sich in ihre Parallelgesellschaft zurück. Diese Auflösungserscheinungen zersetzen den

Zusammenhalt der Gesellschaft. Das Fehlen der Worte für diese Teile der Gesellschaft ist einer der wichtigsten Gründe, warum die Bedrohung übersehen wird. Man kann nicht erkennen, was man nicht benennen kann.

Es ist nicht allein die Wortlosigkeit, die es erschwert, die Konturen der neuen Klassengesellschaft deutlich zu sehen. Die Deutschen in Ost und West hatten es sich abgewöhnt, ihre Gesellschaft in Kategorien wie Klassen oder Schichten einzuteilen. Die DDR lebte die Illusion der »sozialistischen Einheitsgesellschaft«. Die alte Bundesrepublik sah sich auf dem Weg in die »nivellierte Mittelstandsgesellschaft«. Die heutigen Westdeutschen sind in dem Bewusstsein aufgewachsen: Wir sind alle Mittelschicht, irgendwie.

Für Amerikaner, Franzosen oder Engländer ist es selbstverständlich, feinste Klassenunterschiede wahrzunehmen. Den heutigen Deutschen mangelt es an Erfahrung. Doch die Gesichtsfeldverengung auf die Mittelschicht verhindert den Blick auf den Wandel, den diese Gesellschaft erlebt. Denn dieser Wandel vollzieht sich vor allem in der Ober- und der Unterschicht.

Darum widmet sich der erste Teil dieses Buches der Frage: Über wen reden wir eigentlich? Was sind die zentralen Merkmale von Unterschicht und Oberschicht? Dabei wird deutlich: Die vorherrschenden Bilder der beiden Randmilieus sind geprägt von Mythen und Irrtümern. Mit der Realität haben sie nur wenig gemein.

So ist die Oberschicht nicht die Leistungselite der Wirtschaft, wie viele noch immer glauben. Die einstigen Gründer und Unternehmenslenker entwickeln sich zu reinen Anlegern, die lieber ihr Geld für sich arbeiten lassen und dabei hohe Risiken eingehen. Die deutsche Geldelite ist auch keine vom Finanzamt verfolgte Minderheit, als die sie sich gerne darstellt. Im Gegenteil. Auf ihren breiten Schultern ruht nur eine leichte Steuerlast. Die Oberschicht überlässt die Finanzierung des Gemeinwesens weitgehend der arbeitenden Mittelschicht.

Auf diese Weise sind in den vergangenen Jahrzehnten Billionen aus der Mitte nach ganz oben umverteilt worden. Dass diese gewaltige Vermögensverschiebung bislang nicht ins Bewusstsein der Gesellschaft vorgedrungen ist, hat auch etwas mit einem erstaunlichen kulturellen Wandel in der Oberschicht zu tun. Gesehen zu werden war einst ein wichtiges Privileg. Die Plätze auf der Bühne, auf dem Podest, in der ersten Reihe waren stets für die da oben reserviert. Heute hingegen versteckt sich die Geldelite in der Unsichtbarkeit ihrer Parallelwelt. Reichtum zeigt man nur entre nous. Die deutschen Reichen tun so, als gäbe es sie gar nicht.

Weder Journalisten noch Wissenschaftlern ist es in den vergangenen Jahren gelungen, einen wirklichen Einblick in das Innenleben der Welt der deutschen Vermögenden zu bekommen. Auch mir nicht. Doch nicht zuletzt die Finanzkrise hat gezeigt, dass eine kleine, reiche Minderheit den Wohlstand der gesamten Gesellschaft gefährdet. Darum muss die Oberschicht, ihr Verhalten und ihre Wertvorstellungen ein Thema der öffentlichen Diskussion werden, auch wenn die Oberschicht sich dieser Debatte bislang beharrlich verweigert.

Die Unterschicht hingegen versteckt sich nicht. Vor rund zehn Jahren war ich einer der ersten Journalisten, der über das neu entstandene Milieu am unteren Rand der Gesellschaft berichtet hat. Inzwischen habe ich viele Recherchereisen in diese unbekannte Welt unternommen und dabei stets erfahren: Auch das Bild von der Unterschicht beruht auf veralteten Klischees, auf Wunschvorstellungen und auf der Propaganda von Interessengruppen. So wird der Alltag in der Unterschicht gerade nicht von materiellen Entbehrungen geprägt, sondern von Spielkonsolen, Smartphones, Computern und vom Fernsehprogramm. Die materielle Armut hat der deutsche Sozialstaat besiegt. In Deutschland haben die Armen Geld genug.

Dennoch ist die Benachteiligung der Unterschicht real und brutal. Doch sie ist grundsätzlicher und gemeiner, als fehlende

Euros es ausdrücken könnten. Der Unterschicht wird etwas weitaus Wertvolleres vorenthalten: Teilhabe. Ihr zentrales Merkmal ist nicht Geldmangel, sondern mangelnde Bildung. Sie ist die Ursache nahezu aller Folgeprobleme: Arbeitslosigkeit, Krankheit, Überforderung mit der Erziehung der Kinder. Der Graben zur Mittelschicht verläuft nicht entlang der ökonomischen Grenzen. Es ist eine kulturelle Spaltung.

Wer die Gesellschaft jedoch in die Kategorien »arm« und »reich« einteilt, für den sind oben und unten Gegensätze wie schwarz und weiß – ein fundamentaler Irrtum. Tatsächlich beobachten wir an den gegenüberliegenden Enden der Gesellschaft ähnliche, teils identische Entwicklungen.

Die deutsche Gesellschaft befindet sich im Zustand der Auflösung. Oberschicht und Unterschicht haben sich in ihre Parallelgesellschaften zurückgezogen und meiden den Kontakt zur Mitte. Sie verabschieden sich gleichzeitig aus der Gemeinschaft. Die Kerze brennt an beiden Enden. Oben und unten sind die Teile, die zuerst aus dem Gefüge herausbrechen. Das ist ihre bedeutende, ihre gefährliche Gemeinsamkeit.

Die zersetzende Wirkung frisst sich von den Rändern bis ins Zentrum durch. Leistung ist für die Identität dieser Gesellschaft von überragender Bedeutung. Sie garantiert Wohlstand und damit die Existenz des Sozialstaates. Doch sie ist noch mehr: einer der Stützpfeiler im Wertegebäude der Deutschen. Beide, Oberschicht und Unterschicht, entwickeln jedoch eigene Wert- und Moralvorstellungen, die sich immer stärker von denen der Mehrheitsgesellschaft entfernen. Dabei verliert die Leistung erheblich an Bedeutung.

Das typische Einkommen der Geldelite ist nicht das Arbeitseinkommen, sondern der leistungslose Profit aus Kapitalgeschäften. Auch die Unterschicht erwirtschaftet ihren Lebensstandard nicht selbst, sondern lebt von Transferzahlungen des Sozialstaates.

In beiden Parallelgesellschaften hat Leistung folglich nicht denselben Stellenwert wie in der Mittelschicht.

Sozialwissenschaftler registrieren, dass die Angehörigen der Randmilieus kaum noch einen Zusammenhang zwischen Leistung und Erfolg empfinden. Die da oben halten Erfolg für eine Selbstverständlichkeit, die ihnen zusteht. Denen da unten fehlt die Erfahrung, durch Leistung aufsteigen zu können.

In den leistungslosen Milieus gewinnt das Tricksen rasant an Bedeutung. Die einen tricksen bei den Steuern und werden dabei von einer boomenden Industrie der Steuervermeidung unterstützt. Die anderen leben ihren Einfallsreichtum im Dschungel sozialstaatlicher Regeln und Institutionen aus. Tricksen wird mehr und mehr zu einem zentralen Merkmal der Lebensformen von Ober- und Unterschicht.

Der deutsche Staat unterstützt die Zentrifugalkräfte in der Gesellschaft. Mit Geld. Es ist die Mittelschicht, die den Staat beinahe alleine trägt. Mit ihren Steuermilliarden sichert sie das Spekulationsrisiko des Geldadels ab und finanziert gleichzeitig den Lebensstandard der Menschen, die von Transfers des Sozialstaates leben. Die Mittelschicht spannt den Rettungsschirm über die Vermögen der Reichen und trägt das soziale Netz für alle, die Hilfe brauchen. Oberschicht und Unterschicht leben auf Kosten der Mittelschicht.

Die Umverteilung von der Mitte in die Randbezirke der Gesellschaft passiert nicht einfach, sie wird von mächtigen Verbündeten unterstützt. Die Finanzindustrie lebt von den Spekulationen der Oberschicht. Die Hilfsindustrie ermöglicht die Lebensform der Unterschicht. Der zweite Teil dieses Buches beschäftigt sich daher mit den beiden Branchen, die von den wachsenden Parallelgesellschaften profitieren.

Und auch hier liegt völlig falsch, wer in der Welt des Geldes und der Hilfe vor allem die Gegensätze sieht. Die Gemeinsamkeiten sind erstaunlich und zahlreich und für den Zustand der Gesellschaft von überragender Bedeutung.

Die wichtigste Gemeinsamkeit ist ihre Größe. Sozialindustrie und Geldindustrie sind die Giganten der Wirtschaft. Die Banken verwalten das meiste Geld. Die Sozialunternehmen beschäftigen rund zwei Millionen Mitarbeiter, fast drei Mal so viel wie die Automobilindustrie. Wohlfahrt ist die größte Branche der deutschen Volkswirtschaft. Banker und Helfer, das bedeutet: Kapital und Arbeit. Und damit Macht.

Um die Finanzinstitute zu retten, musste sich der Staat in einer Größenordnung verschulden, wie es zuvor nur die Finanzierung der Wiedervereinigung notwendig machte. In den Kassen der Hilfsunternehmen landet jeder fünfte Steuereuro, den die Finanzämter eintreiben. Damit sind die Sozialbranche und die Finanzbranche die mit Abstand teuersten Kostgänger des deutschen Staates.

Das Geschäftsfeld der Hilfe feiert ein wahres Wirtschaftswunder und wächst sieben Mal schneller als die gesamte Wirtschaft. Auch die Finanzindustrie erlebt einen atemberaubenden Boom. In den vergangenen zwei Jahrzehnten ist die Geldmenge geradezu explodiert. Der Finanzminister hat von dieser Entwicklung nichts. Die beiden größten Branchen genießen einmalige Steuerprivilegien, die sie von der Pflicht befreien, ihren Gewinn mit der Allgemeinheit zu teilen.

Es fällt auf, dass beide Wachstumskurven exakt Mitte der 90er Jahre steil nach oben drehten. In dieser Zeit haben Entscheidungen der Politik beide Wirtschaftszweige massiv dereguliert. Aus der Steuerung der Finanzwirtschaft sowie der Sozialwirtschaft hat sich der Staat inzwischen fast vollständig zurückgezogen. Vor diesen Mächten hat er kapituliert.

Die Bedeutung der Demokratie und ihrer Institutionen wurde herabgestuft und die Mehrheit der Gesellschaft auf eine Rolle reduziert: Sie darf nur zahlen.

TEIL I

1 DIE OBERSCHICHT

Reichsein reicht den Reichen

In der Schule immer fleißig. Was Sinnvolles studieren, Jura oder BWL. Promotion. Bei einer Topfirma anheuern. Feierabend ignorieren. Kontakte pflegen. Ideen produzieren und umsetzen. Positiv auffallen. Beförderung. Reservierter Parkplatz in der Firmengarage. Ellenbogen ausfahren. Nächste Beförderung. Gehaltserhöhung. Eisern sparen. Lebensversicherung, Bausparvertrag, Eigentumswohnung, Fondsanteile.

Reiche wissen: So wird man nie reich.

Spitzensteuersatz. Porsche. Champagner. Frei stehendes Haus. Golfclub. Swimmingpool. Rolex. Frequent Traveller. Gucci. Kreuzfahrt. Bang und Olufsen. Privatversicherung mit Chefarzt-Privileg. Cohiba. Rotary-Club.

Reiche wissen: Wahrer Reichtum sieht anders aus.

Das Bild des Reichtums in Deutschland ist veraltet. Es ist kein digitales Bild, sondern ein verblasster Abzug einer Fotografie, immerhin schon in Farbe. Darauf posieren Frauen mit hochtoupierten Haaren im Pelzmantel neben Männern mit Schlaghosen auf der Gangway einer Linienmaschine. Im Hintergrund sind Propeller zu sehen. Das Bild, das die Vorstellungen dieser Gesellschaft von ihrer Oberschicht noch immer prägt, ist ein Archivbild. Es zeigt die bessere Gesellschaft in den 60er und 70er Jahren. Es war die Zeit, in der es tatsächlich noch möglich war, allein durch Leistung aufzusteigen, sogar nach ganz oben. Damals zeigten Vermögende sich und ihren Reichtum noch öffentlich. Und sie beteiligten sich mit hohen Steuerzahlungen nennenswert an der

Finanzierung des Staates. Unternehmensgründer waren noch eine dominierende Gruppe in der Welt der Habenden, Erben eine Minderheit.

Auch vor 40 oder 50 Jahren machten die Nichtreichen sich klischeehafte Vorstellungen von der Welt des Geldes und vom Ausmaß des Reichtums. Doch damals hatten die Klischees noch einen Bezug zur Realität. Der ist in den vergangenen Jahrzehnten mehr und mehr verloren gegangen. Beinahe unbemerkt hat sich eine homogene Oberschicht gebildet und immer weiter von der Mehrheitsgesellschaft entfernt. Man bleibt unter sich. Ihr Reichtum hat neue, nie gekannte Dimensionen erreicht. Ihr Lebensstil ist geprägt von einem neuen Klassenbewusstsein und hat sich vom Rest der Gesellschaft abgekoppelt. Geblieben sind einzig die alten Vorstellungen, die alten Klischees von den Vermögenden. Doch die sind längst nicht mehr aktuell. Das Bild der deutschen Oberschicht muss dringend neu gezeichnet und an die Realität angepasst werden.

Der ökonomische Lebensstandard hat in den vergangenen Jahrzehnten auch in der Mittel- und der Unterschicht deutlich zugenommen. Tempo 200 auf der Autobahn, Urlaub auf fremden Kontinenten, Kino im Wohnzimmer – solche Erlebnisse waren früher lediglich einer kleinen Minderheit vorbehalten. Heute sind sie für viele erschwinglich. Dass sich inzwischen auch Normalverdiener leisten können, was früher Symbole für unbezahlbaren Luxus waren, verleitet zu dem Irrglauben, es habe ein Annäherung stattgefunden, der Abstand zu denen da oben sei kleiner geworden.

Weiter kann ein Eindruck die Wahrheit nicht verfehlen. Eine goldene Regel der Bundesrepublik – »Du bist, was du fährst« – hat als Ordnungsprinzip zur Einteilung der Gesellschaft ausgedient. Um den neuen Reichtum und seine Dimension vorstellbar zu machen, brauchen wir einen neuen Maßstab, jenseits von Automarken oder Urlaubszielen.

Nehmen wir als neues Maß eine DIN-A4-Seite, hochkant. Im Abstand von einem Zentimeter machen wir Striche. Jeder Strich bedeutet ein Vermögen von 50 000 Euro. Bei einer Höhe von 20 Zentimetern erreichen wir die Millionengrenze. Der Seitenrand liegt bei etwa 1,5 Millionen. Würden alle Deutschen bei ihrem persönlichen Vermögensstand auf dieser Seite ein Kreuzchen machen, über die Hälfte müsste auf den unteren Seitenrand kritzeln. Sie haben praktisch gar kein Vermögen. Fast alle, nämlich 99 Prozent, würden mit ihrem Vermögen auf der DIN-A4-Seite Platz finden. Nur das eine Prozent, dessen Wohlstand diesen Maßstab sprengt, nur die 800 000 bis eine Million Mitbürger, die mit ihrem Besitz außerhalb der Seite liegen, nur die sind richtig reich. Von ihnen handelt dieses Kapitel.

Wenn wir diese Reichtums-Messlatte im selben Maßstab weiterzeichnen – ein Zentimeter entspricht einem Vermögen von 50 000 Euro – wie weit entfernt sind dann die Mitbürger, die das *manager magazin* in seinen Milliardärstabellen auf den vorderen Plätzen führt? Karl Albrecht, der Chef von Aldi Süd, ist seit Jahren Tabellenführer, geschätztes Vermögen: 17 Milliarden Euro.[1] Wie groß ist der Abstand zu ihm? Ein Meter? Zehn Meter? Hundert Meter?

Die Antwort lautet: 3,5 Kilometer. Um den Vermögensunterschied zwischen den 99 Prozent darzustellen, genügt eine DIN-A4-Seite. Karl Albrecht sieht man nur mit einem guten Fernglas.

Die DIN-A4-Seite als Reichtumsmaß entspricht ziemlich exakt den wissenschaftlichen Kriterien, auf die sich Sozialwissenschaftler international geeinigt haben. Sie sprechen von »High Net Worth Individuals«, HNWIs. Das sind Personen mit einem frei verfügbaren Kapital von mehr als einer Million Dollar. Die selbst genutzte Immobilie gehört bei dieser Definition also nicht dazu. Wer über rund 750 000 Euro (oder je nach Währungskurs: eine Million Dollar) Finanzkapital verfügt, besitzt in aller Regel auch ein Eigenheim mit einem Wert in derselben Größenordnung.

Macht zusammen ein Vermögen von 1,5 Millionen Euro – der Rand der DIN-A4-Seite. Der »World Wealth Report« zählt im Jahr 2011 rund 924 000 HNWIs in Deutschland.[2] Das reichste eine Prozent.

Die unbekannte Oberschicht

Sozialwissenschaftler der unterschiedlichsten Fachrichtungen und Journalisten durchleuchten und vermessen jeden Winkel der Gesellschaft. Gepiercte Rentner oder vegetarische Hundehalter – von jeder noch so kleinen Gruppe existiert ein detailliertes Bild in HD-Auflösung. Einzig von den Vermögenden gibt es kein aktuelles Bild. Wer etwas über die Reichen von heute erfahren will, ist auf ein Sammelsurium von Puzzleteilen angewiesen, in dem wesentliche Stücke fehlen. Auch die Politik hat ihren Fokus nicht auf die Habenden scharf gestellt. Der jüngste »Armuts- und Reichtumsbericht der Bundesregierung« von 2008, ein Werk von 228 Seiten, beschäftigt sich auf insgesamt sieben Seiten mit Aspekten des Reichtums.[3] Von dem knappen Platz ist ein großer Teil der Klage über den mangelhaften Forschungsstand gewidmet.

In Frankreich und erst recht in Großbritannien ist das Bewusstsein für Klassen ungebrochen. Dort steht die Upper Class unter ständiger und selbstverständlicher Beobachtung. In Deutschland hingegen nimmt es die Gesellschaft hin, dass über die Besitzenden, über ihren Besitz und über dessen Wachstum nicht gesprochen wird. Jede Auseinandersetzung um privaten Reichtum, sogar jede Nachfrage danach, bekommt sofort das Etikett »Neiddiskussion« angeklebt. Die Abschreckung wirkt. Sie ist ein Grund für die Wissens- und Erkenntnislücken der Gesellschaft über ihre Oberschicht: Wer nicht fragt, bekommt keine Antworten.

Doch auch wer fragt, bekommt keine Antworten. Das erfahren regelmäßig alle Wissenschaftler, die sich mit der deutschen Oberschicht beschäftigen. Michael Hartmann ist Professor für Soziologie an der TU Darmstadt und der bekannteste Elitenforscher Deutschlands. Seit vielen Jahren untersucht er die Entscheidungsträger in den obersten Positionen aus Politik, Bürokratie, Justiz und Wirtschaft.[4] Dabei musste Hartmann leidvoll erfahren: Keine Gruppe verweigert sich ihrer Erforschung so konsequent wie die Wirtschaftselite. Je größer das Vermögen, desto verschwiegener. »Auch wir Wissenschaftler kommen an diese Leute so gut wie nie ran«, sagt Hartmann.[5]

Von den Vermögenden abgewiesen zu werden, gehört auch zu den Alltagserfahrungen der Forscher des Sozio-ökonomischen Panels (SOEP), der bedeutendsten empirischen Sozialstudie in Deutschland. In den besseren Kreisen kam es regelmäßig zum kompletten Abbruch des Interviews, sobald nach der Höhe des Vermögens gefragt wurde. Darum hat das SOEP-Team in seinen Fragebögen über viele Jahre gleich ganz auf die Frage danach verzichtet. »Über die Vermögenden wissen wir nur wenig«, klagt Markus Grabka, einer der Forscher des SOEP.[6] Eine Einschätzung, die er mit Wolfgang Lauterbach teilt, Professor an der Uni Potsdam und Autor der größten empirischen Studie über »Vermögen in Deutschland«.[7] »Das Wissen über diese kleine – aber sehr bedeutsame – Gruppe in der Gesellschaft ist rudimentär«, gesteht der Reichenforscher.[8] Er nennt sie eine »unsichtbare Gruppe«, die sich »hinter Mauern verschanzt«. Der Frankfurter Soziologieprofessor Sighard Neckel bringt den aktuellen Erkenntnisstand der Wissenschaft auf den Punkt: »Die deutsche Oberschicht ist eine echte Forschungslücke.«[9]

Und sie ist eine Berichtslücke einer Mediengesellschaft. Wenn Journalisten versuchen, sich der vermögenden Klasse zu nähern, greifen sie zum Mittel des Rumtreibens, im Golfclub, auf der Rennbahn oder in Kampen auf Sylt. Sie lauschen. Offene Gespräche mit Millionären oder gar Milliardären über ihren Reichtum und ihren Lebensstil, über die sagenhaften Vermögenszugewinne der jüngsten Vergangenheit und über deren Legitimation, finden in deutschen Medien nicht statt. Die besitzende Klasse entzieht sich komplett der Berichterstattung über ihre Lebensverhältnisse. Wenn das *manager magazin* seine Liste der Reichsten veröffentlicht, kommt es anschließend stets zu Klagen von Multimillionären, die ihr Persönlichkeitsrecht verletzt sehen, weil veröffentlicht wurde, dass sie zu den Menschen mit dem dicksten Konto gehören.

Im Frühjahr 2012 hat auch der *Spiegel* versucht, sich den Reichen Deutschlands in einer Serie zu nähern und dabei umfangreiche Erfahrung mit der Verschwiegenheit in der »Tabuzone« der Millionärskaste gemacht.[10] Ein Fazit des *Spiegels:* »Die bekanntesten Vertreter des deutschen Wohlstandes sind zugleich die untypischen.«[11] Denn die typischen Reichen, die wirklich Auskunft über das Leben in der Welt des Geldes geben könnten, die sprechen mit keinem Journalisten.

Auch nicht mit mir. Als *stern*-Autor habe ich zahlreiche Versuche unternommen, mit Angehörigen der deutschen Oberschicht über ihren Reichtum zu sprechen. 2003 fragte der *stern* alle damaligen Vorstandsvorsitzenden der DAX-Unternehmen nach ihrem familiären Hintergrund.[12] Nach langwierigen Verhandlungen erklärten sich gerade mal sieben von ihnen dazu bereit, zu sagen, aus welcher sozialen Schicht sie stammen. Bei meinen Recherchen stellte sich schließlich heraus, dass von den 30 DAX-Chefs 29 aus einer Oberschichtfamilie stammten.

Meinen jüngsten Anlauf unternahm ich im Frühjahr 2012.[13] Ich hatte Dutzende Vermögende um ein Gespräch über ihre persönlichen Erfahrungen mit dem Reichtum gebeten. Nur eine Handvoll war dazu bereit, verlangten jedoch strikte Anonymität, die ich schriftlich zusichern musste. Die Büros der wenigen, die nicht sofort entrüstet ablehnten, schlugen ersatzweise ein Gespräch über die neue Stiftung vor oder die Erfolge des Unternehmens. In allen Fällen aber galt: Keine Fragen zum persönlichen Wohlstand!

Auf den Klatschseiten von *Gala* oder *Bunte* lässt sich allwöchentlich der Jetset beim Feiern ausgelassener Partys ablichten. Doch das sind lediglich Promis. Unter den Abgebildeten sind oft mehr Pleitiers als Millionäre. Ihr Kapital liegt nicht auf der Bank, es ist ihr Wiedererkennungswert. Wenn sie sich zeigen, dann zur Erhaltung ihres Marktwertes oder zu dessen Wiederbelebung.

Sicher, einzelne Milliardäre wie etwa SAP-Gründer Dietmar Hopp, Versandhauserbe Michael Otto oder der Schraubenunternehmer Reinhold Würth nehmen mitunter öffentlich Stellung zu Fragen der Gesellschaft. Doch niemals zu ihrem privaten Reichtum. Nur eine Handvoll Ausnahmereiche sind bereit, mit der Gesellschaft zu kommunizieren. Weniger als ein Prozent des einen Prozents. Weniger als ein Promille. Deutschlands finanzielle Oberschicht hat keine Gesichter. Quandt-Erbin Susanne Klatten ist die reichste Frau, Karl Albrecht der reichste Mann in Deutschland. Das allein macht sie noch nicht zu Rollenvorbildern in der Welt des Geldes. Sie wurden es, weil sie die verschwiegensten, die unsichtbarsten der Milliardäre sind.

Theo, der Bruder von Karl Albrecht, wurde 1971 entführt. Es war einer der spektakulärsten Kriminalfälle in der Geschichte der Bundesrepublik und ein traumatisches Erlebnis für die Vermögenden hierzulande. Auch die Entführung Richard Oetkers sowie die Ermordung Jakob von Metzlers durch seinen Kidnapper haben sich in das kollektive Gedächtnis eingebrannt. Die Gefahr einer Entführung wird von vielen aus der Geldelite als Grund für ihre öffentliche Zurückhaltung angegeben.

Im Krimi lauern skrupellose Kidnapper hinter jeder Ecke. Doch wie groß ist die Gefahr, entführt zu werden tatsächlich? Und ist sie in den vergangenen Jahren gewachsen? In der Polizeilichen Kriminalitätsstatistik (PKS) ist »erpresserischer Menschenraub« (§239a StGB) nicht einmal eine Randgröße. 1994, als die erste gesamtdeutsche PKS erstellt wurde, haben die Beamten 130 Fälle gezählt. 15 Jahre später, im Jahr 2009, kamen sie auf 123 Fälle (von gut sechs Millionen Straftaten insgesamt). Kein Anstieg, sondern ein leichter Rückgang wie übrigens in der gesamten Entwicklung des Verbrechens in Deutschland.[14] Angst orientiert sich nicht zwingend an der Realität. Eine objektiv gewachsene Gefährdung der Wohlhabenden kann nicht der eigentliche Grund sein für den Rückzug der Reichen aus der Öffentlichkeit.

Ausgerechnet die reichste und vermutlich einflussreichste Minderheit der Gesellschaft, die viele Entwicklungen maßgeblich mitbestimmt, entzieht sich beinahe vollständig der Beobachtung und Beurteilung durch die Medien und die Wissenschaft. Niemand kann ihnen Fragen stellen oder sie gar infrage stellen. Öffentlich nicht vorzukommen ist also kein Zeichen von Bescheidenheit der Reichen, es ist eine Demonstration von Arroganz. »Die im Dunkeln sieht man nicht«, hieß es noch bei Brecht. Heute ist es genau umgekehrt: Die da oben sieht man nicht.

In der Renaissance begann der »Aufstieg des Geldes«, wie ihn der Historiker Niall Ferguson beschrieben hat.[15] Erst die wachsende Bedeutung des Marktes machte ein neues, revolutionäres Phänomen möglich: den sozialen Aufstieg. Zunehmend drängten reiche Aufsteiger in Kreise vor, die zuvor für den Adel reserviert waren. Seitdem die Abstammung als alleiniges Unterscheidungsmerkmal der Oberschicht ausdient hat, muss sich die feine Gesellschaft fortwährend neue Merkmale und Signale ausdenken, um sich vom Volk abzugrenzen: Kleidung, Wohnen, Akzent, Manieren, der gesamte Lebensstil wurde zum Zeichen sozialer Zugehörigkeit. Zu diesen Merkmalen gehörte es auch, öffentlich wahrgenommen, gesehen zu werden: auf der Bühne, dem Podest, dem Balkon, in der Ehrenloge, in der ersten Reihe in der Kirche. Im vergangenen Jahrhundert entwickelte sich die Präsenz in den Medien zu einem Privileg der Oberschicht. In den Zeiten von YouTube, von Castingshows und der Allgegenwart massenmedialer Berichterstattung ist Öffentlichkeit jedoch kein Zeichen von Exklusivität mehr. Andy Warhols Prophezeiung, »in der Zukunft wird jeder für 15 Minuten berühmt sein« hat sich längst erfüllt.

Um sich noch unterscheiden zu können, wendet die heutige Oberschicht die gegenteilige Methode an: Sie zeigt ihre Stellung, indem sie sich das Recht nimmt, unerkannt zu bleiben. Die öffentliche Zurückhaltung ist ihr Erkennungsmerkmal. Es ist das Klassensignal der deutschen Oberklasse. Vermutlich ist das eine der wichtigsten Veränderungen der vergangenen Jahrzehnte in der Oberschicht. Die heutigen Reichen sind unbekannte Wesen. Sie sind scheu wie die Schneeleoparden im Tierfilm. Sie protzen nicht, sondern verstecken sich hinter Toreinfahrten, auf denen kein Name an der Klingel steht. Und hinter aggressiven Anwaltskanzleien. Die deutschen Reichen tun so, als gäbe es sie gar nicht.

»Die Geldelite in Deutschland ist sehr zurückhaltend«, weiß Michael Schramm. »Reichtum soll nicht zu sichtbar werden.«[16] Schramms Heimat ist die verschwiegene Welt des Geldes. Er ist persönlich haftender Gesellschafter der kleinen und feinen Frankfurter Privatbank Hauck & Aufhäuser. »Früher haben Banken ihre vermögenden Kunden zu »Sehen-und-gesehen-werden-Events« eingeladen«, berichtet Schramm. »Wenn wir heute ein Golfturnier veranstalten, dann auf Mallorca. Weil man dort gerade nicht gesehen wird.«

In Amerika war der Bankier schon zu Gast bei »First Million Parties«, bei der Neureiche ihre erste Million feiern. »Hier wäre das undenkbar.« In den USA gilt die Stretch-Limousine als das Symbol für Reichtum. »In Deutschland ist es der nicht gestrichene Gartenzaun«, sagt Schramm. Dahinter beginnt die unsichtbare Welt des großen Geldes.

In Frankfurt versteckt sich das Geld nicht. Selbst vom Taunus aus kann man es sehen. Das Geld der Banken. Im Bankenviertel sind seit 1990 zehn Geldhäuser in den Himmel gewachsen, allein fünf davon sind über 200 Meter hoch. Von wegen Zurückhaltung.

Laut und grell wie eine Werbepause im Privatfernsehen brüllen die Türme ihre Botschaft ins Land: Seht her! Wir machen Geld. Doch diese Banken senden nicht nur dieselben Signale wie die Werbung, sie wenden sich auch an dieselbe Zielgruppe: die Mittelschicht. Der höchste und auffälligste Frankfurter Turm ist der Commerzbank-Tower. Ohne das Geld der Steuerzahler hätte die Commerzbank die Bankenkrise nicht überlebt. Das »Geschäft« der Banken in den Türmen ist das Massengeschäft mit den 99 Prozent. Am Fuß des beeindruckenden Commerzbank-Towers weht ein stetiger Wind. Unscheinbare Bürogebäude ducken sich im Schatten des Riesen. Die feinsten Adressen werben nicht mit Leuchtreklamen. Die Eingänge sind nicht repräsentativ. Mitunter gibt es nicht einmal ein Firmenschild. Die Eingeweihten kennen die Adressen. Es sind die Banken für das eine Prozent.

Zwischen dem Badezimmer-Ausstatter Boffi und dem Schlafzimmer-Ausstatter Samina kann man den Eingang zu Hauck & Aufhäuser leicht verfehlen. »Unsere Kunden wollen in der Bank nicht neben ihrem Chauffeur am Schalter stehen«, sagt Michael Schramm. In seinem Geldhaus gibt es zwar noch einen Schalter, doch der gehört eher zur Dekoration. An den Wänden hängen Ölgemälde von Schramms Vorgängern. Sie reichen zurück bis ins Jahr 1796. Seit dieser Zeit stiegen Weltreiche auf und fielen, Griechenland ging fünf Mal Pleite. Hauck & Aufhäuser blieb und vermehrte die Einlagen der Vermögenden. »Ich träume davon, dass mein Porträt auch eines Tages in Öl dort auf dem Flur hängt«, sagt Schramm. Er trifft seine erlesene Kundschaft in deren Villa, gerne auch mal in einem ihrer Ferienhäuser. Oder im Empfangssaal des Bankhauses.

Wir sitzen in schweren, englischen Clubsesseln, serviert wird Tee und Gebäck. Schramm ist Anfang 40, ein Kind der Mittelschicht. Er wurde nicht reich geboren, sondern hat es durch Arbeit zu Reichtum gebracht. Ein echter Selfmade-Millionär. Das macht ihn zu einer Ausnahmeerscheinung. Ein Bürgerlicher im deutschen Geldadel. Nur in der Finanzbranche ist ein solcher Aufstieg noch hin und wieder möglich. Seine Herkunft aus der Mittelschicht ist Michael Schramm noch immer anzumerken: Er zeigt sich. Regelmäßig ist er Gast in den Börsensendungen der Nachrichtensender n-tv und N24. Schramm will sich noch offensichtlich beweisen.

Schramms Kunden sind in der Regel viel reicher als er selbst. Wer nicht zu den HNWIs gehört, wer nicht mindestens eine Million Dollar anlegen kann, ist bei Banken wie Hauck & Aufhäuser an der falschen Adresse. Nur die Premiumkunden bekommen von den Banken genau den Service, der normalen Sparern lediglich versprochen wird. »Wealth Manager« der Privatbanken arbeiten individuelle Strategien für das gesamte Vermögen eines wohlhabenden Kunden aus. Sie schicken Analysten um den Globus, die erfolgversprechende Anlagetipps vor Ort selbst unter die Lupe nehmen. Das Risiko der wohlhabenden Kunden wird gestreut zwischen sämtlichen Anlageformen: Aktien, Beteiligungen an Startups in Asien oder Südamerika, Anleihen, Fonds oder Immobilien. Die langjährigen Renditen und die Sicherheit sind mit denen der normalen Sparer nicht vergleichbar.

Einkommen ist Reichtum für Anfänger

Die Verwaltung von großen Vermögen ist eine schnell wachsende Disziplin der Finanzindustrie, mit jährlichen Wachstumsraten von rund sieben Prozent.[17] Die immense Geldvermehrung, über die sich die Habenden in den vergangenen zwei Jahrzehnten freuen durften, ist häufig ein Werk der cleveren »Wealth Manager«. Die Profis aus der feinen Privatbank erfüllen den Reichen den Traum, den viele träumen: Sie lassen das Geld für seine Besitzer arbeiten. So wuchs das Vermögen der Vermögenden in neue Dimensionen.

Die Reichen blicken zurück auf eine wahrhaft goldene Zeit. Trotz Finanzkrise hat die Oberklasse ihren Vorsprung zum Rest der Gesellschaft rasant ausgebaut. Beginnen wir mit der Bestandsaufnahme auf der untersten Stufe der Ungleichheit: dem Einkommen.

Nach Berechnungen der OECD hat sich die Einkommensungleichheit in Deutschland seit 1990 stark vergrößert. Und sie ist »erheblich stärker gewachsen als in den meisten anderen OECD-Ländern«.[18] Während die realen Einkommen der ärmeren 90 Prozent seit der Jahrtausendwende leicht schrumpften, konnten die oberen fünf Prozent ihre Einkünfte fast um ein Viertel steigern.

Wenn in Deutschland über Ungleichheit diskutiert wird, stehen sofort »die Manager« im Zentrum. Insbesondere Unternehmen, die an der Börse gehandelt werden, brauchen ein Gesicht, eine Identifikationsfigur, die in den Medien, in der Hauptversammlung und bei Investoren vorgezeigt werden kann. Manager gehören darum von Berufs wegen zu den wenigen sichtbaren Reichen. So ist der falsche Eindruck entstanden, Manager und Reiche seien identisch, als sei Josef Ackermann der Klassensprecher der gesamten Oberklasse. Tatsächlich sind aber nur fünf Prozent der HNWIs Angestellte eines Unternehmens, wozu auch Vorstände börsennotierter Unternehmen zählen.[19] Manager sind nur eine Randgruppe im Club der richtig Reichen.

Deren Vergütungen sind in den vergangenen Jahrzehnten dramatisch schneller gewachsen als die der Arbeitnehmer. 1987, bei Einführung des DAX, waren die Bezüge der DAX-Vorstände etwa 14 Mal so hoch wie der Durchschnittslohn in den DAX-Unternehmen. 2007 gönnten sich die Vorstände im Schnitt 51 Mal so viel wie ihren Mitarbeitern. In nur 20 Jahren hat sich der Abstand also mehr als versechsfacht.[20]

Etliche Unternehmen haben in den vergangenen Jahren den Corporate Governance Kodex eingeführt und veröffentlichen die Vorstandsbezüge auf die Person bezogen. Allgemein wurde erwartet, dass die Transparenz das ungezügelte Wachstum bei den Managergehältern dämpfen würde. Das Gegenteil ist geschehen.

Seitdem die Vorstände wissen, wie viel die Konkurrenz einstreicht, mag sich keiner mit dem Statusverlust eines unterdurchschnittlichen Gehalts abfinden. Die Transparenz hat die Gier gesteigert. Dabei wird eine entscheidende Veränderung deutlich: Das Gehalt des Generaldirektors stand noch in Bezug zu dem des technischen Direktors, welches wiederum einen Bezug zu den Einkommen der Abteilungsleiter hatte. Die Rechtfertigungsrichtung der Managerbezüge war über viele Jahrzehnte vertikal und reichte hinunter bis zu den Arbeitern. Heute werden Managergehälter horizontal gerechtfertigt. Vorstandsvorsitzende vergleichen sich ausschließlich mit Vorstandsvorsitzenden, natürlich global. Der Bezug zu den Löhnen der Mitarbeiter in der Heimat ist Vergangenheit. In ihrer Orientierung auf die Welt sind die Manager typisch für die gesamte Oberschicht insgesamt. »Dort sieht man sich überwiegend als Global Player. Deutschland ist da nicht zentral«, sagt Elitenforscher Hartmann.

Ist die Leistung der Manager tatsächlich sechs Mal schneller gewachsen als die der Beschäftigten? Ihre Bezüge haben sich offensichtlich nicht nur von denen der Arbeitnehmer abgekoppelt, sondern auch von der erbrachten Leistung. Trotzdem: Die angestellten Chefs müssen ihr Einkommen durch Leistung rechtfertigen, sonst suchen die Eigentümer sich jemand anderen. In aller Regel ist Leistung noch immer der Maßstab für die Bezahlung.

Ungleichheit beim Einkommen ist schmerzlich und häufig nicht gerecht, doch sie ist für das Funktionieren der Leistungsgesellschaft unverzichtbar. Der Anreiz, durch höhere Leistung ein höheres Einkommen erzielen zu können, womöglich sogar reich zu werden, ist der Treibstoff der Marktwirtschaft. Und die hat – bei aller berechtigten Kritik – ihren segensreichen Einfluss auf den Wohlstand der Menschen immer wieder eindrucksvoll nachgewiesen. Der britische Wirtschaftswissenschaftler Angus Maddison hat herausgefunden: In den ersten 1800 Jahren nach Christi Geburt hat sich die weltweite Wirtschaftsleistung versiebenfacht. In den 200 Jahren danach hat der Kapitalismus seinen Siegeszug angetreten. Seitdem wuchs die globale Wirtschaftsleistung um das 70fache.[21]

Die Aufmerksamkeit der Öffentlichkeit und der Politik ist gefesselt von der unwichtigsten Form des Reichtums, die zudem unverzichtbar ist: dem Einkommensreichtum. Das wird schon bei der Sprache deutlich:»Reiche« und»Besserverdienende« sind Begriffe, die synonym verwendet werden. Woher kommt diese Fixierung auf einen Nebenaspekt?

Lohn, Gehalt, Einkommen – das entspricht der Erfahrungswelt der deutschen Mittelschicht. Da kann jeder mitreden. Wie begütert die Begüterten hinter dem Gartenzaun tatsächlich sind, darüber kann sich die Mehrheit der Gesellschaft, die vom Verdienen lebt, kaum noch eine Vorstellung machen. Das Versteckspiel der Oberschicht zeigt Wirkung.

Über das kleine Geld, das Einkommen, wissen die Finanzämter fast alles, weil es versteuert werden muss. Auf die Vermögenssteuer hingegen verzichtet der Fiskus seit 1998. Seitdem erheben staatliche Stellen keine Informationen mehr über die Vermögen in Deutschland. Sie sind auf Daumenpeilungen angewiesen.»Wir bräuchten eigentlich eine Vermögensstatistik. Doch die gibt es nicht«, klagt Markus Grabka vom SOEP. Ansonsten erweisen sich staatliche Stellen in Deutschland als ausgesprochen wissbegierig, nur wenn es um die Vermögen geht, betreiben sie aktives Nichtwissenwollen.

Der Informationsmangel hat Folgen: Über Unbekanntes kann man schlecht streiten. Weil über die Vermögen, den wahren Reichtum, so wenig bekannt ist, beschäftigt sich die Gesellschaft mit ihrem Lieblingsfeindbild: den Besserverdienern. Die sind nicht so weit weg. Die kennt man noch. Dabei bleibt Reichtum auch für sie fast immer ein unerfüllter Traum.

Besserverdiener, wie naiv! Das sind oft die tüchtigen Angestellten. Die Vorstellung jedoch, abhängig Beschäftigte könnten es zu echtem Reichtum bringen, ist eine Illusion. Die Besserverdienenden sind das falsche Feindbild. Die Endlosdebatte über hohe Arbeitseinkommen sind Ersatzdiskussionen, die nur einer Gruppe dienen: der Geldelite. Ihr kommt die Konzentration auf eine gerechte Verteilung der Einkommen sehr gelegen. Besser könnte es für sie gar nicht laufen. Die Aufmerksamkeit ist abgelenkt von einem Nebenaspekt des Reichtums. Solange sich die Gesellschaft an Boni und Vorstandsbezügen festbeißt, achtet niemand auf das Wesentliche: Die wahre Dimension des Reichtums ist nicht das Einkommen, sondern das Vermögen.

Die Ungleichheit beim Einkommen wirkt wie der Mond in der Sonnenfinsternis. Ein kleiner Planet verdeckt einen größeren und viel bedeutenderen: die Verteilung der Vermögen.

Was ist schon Einkommen? Die Habenden wissen: Für das Einkommen muss man zuerst etwas leisten, bevor man es bekommt. Die Vermögenden hingegen haben schon. Für sie ist die Substanz ihres Reichtums entscheidend, weniger der Zugewinn. Einkommen ist allenfalls der Weg zum Wohlstand. Die Vermögenden sind längst am Ziel. Der Graben zwischen den 99 Prozent und denen ganz oben folgt nicht den Einkommens-, sondern den Vermögensgrenzen.

Die Umverteilung nach oben

Vermögen ist ungleicher verteilt als Einkommen. Genau genommen ist die Ungleichheit um das Dreifache höher.[22] »Und die Vermögenskonzentration hat in den letzten Jahren noch weiter zugenommen«, hat Markus Grabka vom SOEP nachgewiesen. Der Elitenforscher Michael Hartmann kommt zu demselben Ergebnis: »Einen wirklich deutlichen Zugewinn an Vermögen hatte in den letzten Jahren nur das reichste eine Prozent der Gesellschaft, am meisten das reichste Promille.«

1970 besaßen die reichsten zehn Prozent der Gesellschaft 44 Prozent des gesamten Vermögens.[23] Ihr Anteil ist auf inzwischen 66,6 Prozent angewachsen.[24] Wäre das Vermögen ein Kuchen, hätten die Wenigen heute zwei Stück mehr, die Vielen zwei Stück weniger. Bei der Umverteilung nach oben geht es nicht um Cent-Beträge: Das Gesamtvermögen der Deutschen beträgt 6,6 Billionen Euro.[25] Würde der Vermögenskuchen heute nach demselben Verteilungsschlüssel aufgeteilt wie 1970, dann müssten die reicheren zehn Prozent 1,5 Billionen Euro abgeben. An die ärmeren 90 Prozent. Die wären mit einem Schlag um 20 000 Euro reicher. Pro Person! Zu anderen Zeiten wäre eine Umverteilung in einem solchen Ausmaß Grund genug für eine blutige Revolution gewesen.

Das obere Zehntel verfügt also inzwischen über zwei Drittel des Vermögens. »Die Schere geht jedoch auch zwischen oben und ganz oben auseinander«, sagt Elitenforscher Hartmann. Arbeiten wir uns in der Reichtumspyramide nach oben, zu dem berühmten einen Prozent. Ihm gehört mehr als ein Drittel des gesamten Reichtums. Damit besitzt das reichste Prozent mehr als die ärmeren 90 Prozent. Die großen Gewinner der Umverteilung des jüngsten Jahrzehnts sind die oberen 80 000, das reichste Promille. Sie sind Privateigentümer fast eines Viertels des Vermögens aller Deutschen.

Die Vermögensverteilung noch einmal in Kurzform:[26]
– die ärmeren 90 Prozent besitzen 33,4 Prozent
– das reichste Zehntel besitzt 66,6 Prozent
– das reichste Prozent besitzt 35,8 Prozent
– das reichste Promille besitzt 22,5 Prozent

Wem diese Ungleichheit den Atem raubt, dem droht bei der nächsten Zahl ein Erstickungsanfall. Die genannten Daten über die Vermögensverteilung beziehen sich auf das gesamte Eigentum. Zieht man davon die selbst bewohnten Immobilien ab, bleibt im Wesentlichen das Finanzkapital übrig.[27] Vom Finanzkapital besitzen die reichsten fünf Prozent insgesamt drei Viertel.

Früher glaubten viele Wissenschaftler an den »Trickle-down-Effekt«. Der Reichtum tröpfelt von oben durch die Gesellschaft nach unten. So haben alle etwas davon. Geht es den Reichen gut, geht es allen gut. Der »Trickle-down-Effekt« war eine wichtige Legitimation der Ungleichheit. Doch die besitzende Klasse scheint eine Plastikfolie zwischen die Schichten gezogen zu haben. »Alle Studien zeigen: Unten kommt nichts an«, sagt Markus Grabka. Womöglich ist die Veränderung bei der Verteilung des Reichtums einer der Gründe für die Zurückhaltung der Wohlhabenden in der Öffentlichkeit. Man will den Verlierern im Verteilungsspiel ihre Niederlage nicht auch noch unter die Nase reiben. Man will sie nicht aufwecken.

Der versteckte Hedonismus

Jeanette Fiedler ist ständiger Gast in der Welt hinter dem verwitterten Gartenzaun. Sie ist vereidigte Sachverständige für Edelsteine und Schmuck. Zudem ist sie Geschäftsführerin des Uhren Schmuck Edelsteine Bildungszentrums in Pforzheim. »Ich kenne den Inhalt von so manchem Tresor«, sagt Frau Fiedler. Der Schmuckmarkt wächst solide. Vor allem besonders teure Stücke sind gefragt wie nie. Doch in der Öffentlichkeit sieht man den Schmuck nur selten. »Noch in den 80er Jahren haben die Ehefrauen der Vermögenden zu den kleinsten Anlässen den größten Schmuck getragen und hergezeigt«, sagt Frau Fiedler. »Heute trägt man höchstens mal einen Zweikaräter. Aber im Tresor stapeln sich die Fünfkaräter.« Nur, wenn die deutsche Öffentlichkeit nicht zuschaut, wird der Schmuck tatsächlich auch angelegt. »Auf Auslandsreisen, in den USA, da trauen die Frauen sich. Oder wenn man unter sich ist. Da zeigt natürlich jede, was sie hat.«

Wie lebt man Reichtum aus, wenn man ihn nicht zeigen mag? Das Sammeln alter Bugattis, Mercedes, Bentleys oder Jaguars ist eine akzeptierte Form, seinen Besitz zu zeigen. »Nachhaltiger Hedonismus«, die sympathische Wortschöpfung stammt von Martin Halder. Die Folge des Trends: »Die Oldtimerbranche ist in den letzten 15 Jahren schneller gewachsen als die IT-Branche«, sagt Halder. Der frühere Dozent an der European Business School (EBS) fährt selbst mit einem alten Porsche durch Berlin. Er kennt viele Gleichgesinnte, deren Oldtimersammlung die Kapazität selbst der größten Tiefgarage unter der heimischen Villa sprengt. Das brachte ihn auf die Idee der »Meilenwerke«. In stillgelegten und luxussanierten Industrieanlagen stellen Autosammler ihre wertvollsten Schätze aus. Im Meilenwerk finden alle Gewerke Platz, die der Oldtimerfreund zu seinem Glück braucht: Sattlereien und Restauratoren. Die Werkstätten haben sich auf Fabrikate aus jeweils einem Land spezialisiert. Es riecht nach Öl, Gummi und rußigen Abgasen. Aber auch Versicherungsvertreter und ein Clubraum der Rotarier haben unter dem Dach der finanzstarken Kundschaft eine Heimat gefunden. Die Exponate selbst stehen in Glasvitrinen, in denen das Klima vom Computer gesteuert wird.

Die Meilenwerke sind für jedermann geöffnet, der Eintritt ist kostenlos. Am Wochenende drücken sich Autoliebhaber aller sozialen Schichten die Nasen an den Glaskästen platt. Hier also führen die Reichen einen Teil ihres Millionenvermögens vor. Hier zeigen sie, was sie haben. Hier outen sie sich.

Nicht ganz. An den Glaskästen stehen keine Namen der Eigentümer. Als ich ihn nach den Autobesitzern frage, macht Martin Halder ein Gesicht wie der Chef einer Schweizer Privatbank, der nach dem Inhaber eines Nummernkontos gefragt wird. Das Meilenwerk-Geheimnis ist ihm heilig wie das Bankgeheimnis. Einen Unterschied gibt es indes: Wer selbst im Meilenwerk ausstellt, darf wissen, wem welches Stück gehört. »Der richtige Luxus erschließt sich nur einer Gruppe von Wissenden«, erklärt Halder. »Das ist echte Exklusivität.«

Halder versichert, dass viele seiner exklusiven Kunden im Alltag Golf fahren, um ja nicht aufzufallen. Meilenwerke gibt es in Stuttgart, Zürich und in Berlin. In der Hauptstadt plant

Halder gerade einen spektakulären Umzug. Auf die Insel. Eiswerder ist ein vergessenes Idyll mitten in der Havel. Gestrüpp wuchert zwischen hundert Jahre alten Werkhallen aus Backstein. Im Schilf schnattern die Enten. An warmen Sommertagen kann man zur Spandauer Zitadelle schwimmen. Auf dem Wasser will Halder eine kleine Marina bauen. Hier sollen anonyme Sammler von Luxusyachten ihre Lieblinge ausstellen. Am Ufer lassen sich Bootsbauer nieder. Die Oldtimer ziehen mitsamt der Glaskästen in die alten Werkhallen auf der Insel. Die ehemaligen Verwaltungsgebäude bieten Platz für Uhrmacher, Instrumentenbauer, Modedesigner und natürlich für Künstler. Eiswerden soll eine Freizeit- und Shopping-Insel für superreiche Hedonisten werden. Was ist schon die Friedrichstraße in Mitte? Da drängen sich nur Schnäppchenjäger oder reiche Russen.

Martin Halder fährt mit mir zu seinem Freund Andreas Murkudis. Halders Autosammler geben ihre Kreditkarte auch gerne mal im Laden von Murkudis ab. Von dessen Existenz erfahren nur Eingeweihte. Ein heruntergekommenes Bürogebäude in Berlin, keine Leuchtreklame. Halder steuert den Porsche durch die LKW-Einfahrt und parkt auf dem Lieferantenhof. Ein Loft im Erdgeschoss. Zu kaufen gibt es nur, was Murkudis gefällt. Babykleidung, handgestrickt von Bäuerinnen aus dem Emmental. »Von Frau Frankenhauser« hat Frau Frankenhauser auf den Anstecker geschrieben. Der Preis steht nicht darauf.

Auf einem Podest steht ein Paar schwarze Herrenschuhe. Handarbeit, versteht sich. Sie sehen aus, als sei ein Vorbesitzer damit bereits auf dem Jacobsweg gepilgert. Ignoranten würden sich genieren, sie dem Roten Kreuz zu spenden. Die Wissenden jedoch erkennen am Schuh die Zugehörigkeit. »Die Signale gelten nur den Eingeweihten«, erklärt Martin Halder. Armani, Gucci, Prada – Marken sind Signale für Möchtegerne.

Du bist, was du anziehst, das gilt noch immer. Doch früher war es denen da oben wichtig, ihre Stellung für alle und von Weitem sichtbar zu demonstrieren. Heute entwickelt sich ihre Kleidung zum Geheimcode. Die Oberschicht legt keinen Wert mehr darauf, vom Volk erkannt zu werden. Es herrscht Funkstille.

»Reichtum ist nicht sinnstiftend«, sagt Helge Achenbach. »Menschen, die 100 Millionen und mehr besitzen, sind häufig vereinsamt und haben Angst.« Achenbach weist den Sinnsuchern einen Weg: Kunst. Das Sammeln und Ausstellen wertvoller Kunstwerke ist eine hoch angesehene Form, seinen Reichtum zu genießen. Wer sich in Deutschland eine Yacht für zehn Millionen Euro bauen lässt, gilt als peinlicher Oligarch. Wer für denselben Preis ein Bild von Gerhard Richter ersteigert, ist ein Förderer der Kunst. Beim Kunst-Shopping können Millionäre ungeniert prassen und erwerben nebenbei ein Image von Kultiviertheit.

Kunstverstand ist jedoch nicht an den Kontostand gekoppelt. Daraus hat Helge Achenbach eine Geschäftsidee entwickelt. Er gilt als der Erfinder des »Art Consulting« in Deutschland. Menschen mit viel Geld berät er beim Kauf einzelner Werke oder gleich beim Aufbau einer bedeutenden Sammlung. Reiche umgeben sich häufig mit Kunstwerken. Das ist seit Jahrhunderten so. Wichtig wurde das Kunstsammeln in der Renaissance, zu der Zeit also, als auch das Geld an Bedeutung gewann. Das bedeutet jedoch nicht, dass Besitzer des Geldes automatisch einen Draht zur Kunst entwickeln. Bei vielen seiner Kunden muss Achenbach das Kunstinteresse erst wecken. Er schärft ihre Sinne, formt ihren Geschmack. »Durch Kunst werden manche zu einem neuen Menschen«, behauptet er.

Achenbach bietet ein Rundum-sorglos-Paket. Zu unserem Treffen bringt er gleich zwei Experten einer exklusiven Privatbank mit. Die drei sind ein eingespieltes Team. »Zwischen der Welt der Kunst und des Geldes gibt es große Schnittmengen«, sagt Achenbach. Kunst ist eine lohnende Geldanlage. Die durchschnittliche Rendite der weltweit gehandelten Kunstgegenstände wird auf weit über 10 Prozent geschätzt.[28] Der Kunstmarkt boomt. Die deutschen Auktionshäuser erlebten 2011 ein Rekordjahr.[29]

Der wachsende Kunsthandel ist jedoch kein Hinweis für eine ernsthafte Hinwendung der Wohlhabenden zur Kunst. Oldtimer, Wertpapiere und auch Kunst sind spekulative Anlageobjekte. Ob ihr Preis steigt oder fällt, hängt weniger von der Qualität, von objektiven Kriterien ab, sondern von der Mode, vom Herdentrieb, vom Zufall. Der Kauf hat darum stets den Charakter einer Wette. Steigt der Preis für das Spekulationsobjekt, gilt dies dennoch nicht als Glückssache. Besitzer und Publikum sehen darin einen Nachweis für Sachverstand und Genialität. Nicht nur bei den Geldgeschäften, auch beim Umgang mit Kunst wird deutlich: Zocken ist ein Teil der Lebensform der Oberschicht.

Der Handel mit Kunst hat Achenbach selbst reich gemacht. Joseph Beuys und Jörg Immendorff waren seine Weggefährten, Gerhard Richter ist sein Freund. Achenbach hat in seiner Heimatstadt Düsseldorf den zentral gelegenen Graf-Adolf-Platz fast komplett gekauft und neu gestaltet. Hier vereint er Gastronomie und Kunst. Drei gehobene Restaurants und Ausstellungsräume gehen ineinander über. Jörg Immendorff hat eigens für Achenbachs Welt ein rotes Affenlogo und ein paar Affenskulpturen aus Bronze geschaffen. Sie geben dem Platz seinen Namen: Monkey's.

»Kommen Sie, ich muss ihnen was zeigen«, sagt Achenbach und führt mich in das Restaurant Monkey's South. Voller Stolz zeigt er mir ein Bild, das über den Tischen an der Wand hängt. Eine monumentale Fotografie, zweieinhalb mal drei Meter. Das Werk zeigt den *Hafen von Salerno*. Es ist ein Original des Fotokünstlers Andreas Gursky, einer der weltweit wichtigsten zeitgenössischen Fotografen. Seine Kunst wird zum Teil für über vier Millionen Dollar gehandelt. Gursky stammt aus Düsseldorf. Achenbach kannte den heutigen Weltstar schon, als der noch davon träumte, eines Tages einmal von seiner Kunst leben zu können.

Bei unserem Gespräch malen Achenbach und seine beiden Kollegen, ein Sittenbild ihrer Kunstkundschaft, das fast schon

Mitleid hervorruft. Sie erzählen von dem Milliardär, der sich stets verkleidet, wenn er sich unters normale Volk mischen will. »Der läuft rum, dass die Leute versucht sind, ihm ein paar Euro zuzustecken« sagt Achenbach. Ein anderer hat jede Wand in seiner Villa mit teuren Gemälden voll gehängt. Nun wagt er sich nicht mehr aus dem Haus, weil er selbst dem Wachpersonal misstraut. So mancher Erbe hat den Bezug zu seinem Multimillionenvermögen verloren und fragt aufgeregt bei der Bank nach, ob er sich eine Kreuzfahrt für 20 000 Euro leisten kann. Achenbachs Geschichten handeln von reichen Söhnen, die von ihrer Umgebung missachtet, oft verlacht werden. »Kunst hilft vielen, eine Aufgabe zu finden und einen Platz im Leben der Gesellschaft«, sagt Achenbach. »Durch Kunst finden manche ihr Lebensglück.«

Als junger Mann war Helge Achenbach Sozialarbeiter und arbeitete im Jungenknast. Damals hat er den schweren Jungs geholfen, einen Platz in der Gesellschaft zu finden. So was Ähnliches, findet Achenbach, macht er noch heute. Nur diesmal mit schwerreichen Jungs.

Die Oberschicht ist nicht mehr staatstragend

Die Kunden von Helge Achenbach, von Michael Schramm, dem Banker, oder von Martin Halder aus dem Meilenwerk verdienen ihren Reichtum fast durchweg nicht durch ihre Arbeit, sondern durch ihr Eigentum. Ihr Lohn heißt Gewinn, denn Ihnen gehören Unternehmen. Manchmal arbeiten sie in ihrer Firma. Manchmal nicht. HNWIs sind in Deutschland zu 80 Prozent Unternehmer, Selbstständige oder Angehörige freier Berufe wie Anwälte oder Steuerberater.[30] Oder Ehefrauen. Von den Gattinnen mit Vollmacht auf ein stets gefülltes Konto sind 40 Prozent nicht in Vollzeit erwerbstätig.

»Heute besteht die Oberschicht nur noch aus der Wirtschaftselite. Reichtum ist ihr zentrales Merkmal«, sagt der Soziologe

Sighard Neckel. Dass einzig die Elite aus der Wirtschaft reich ist, klingt für unser heutiges Verständnis banal. Doch es bedurfte dazu einer gravierenden Veränderung in der deutschen Oberschicht. Vor dem Nationalsozialismus, als Deutschland noch eine strenge Klassengesellschaft war, gehörten auch Richter, Hochschulprofessoren, Staatssekretäre oder hohe Offiziere zum reichsten einen Prozent, Dienstwohnung inklusive Personal waren obligatorisch. Heute erscheint es uns ganz selbstverständlich, dass selbst herausragende Repräsentanten des Staates nicht mehr herausragend entlohnt werden. Ein Ministerpräsident muss sich von der Frau eines Freundes Geld leihen, wenn er ein geklinkertes Einfamilienhäuschen in einer langweiligen Wohnsiedlung kaufen will. Aus der aktuellen Bundesregierung gehören nur Arbeitsministerin Ursula von der Leyen und Verteidigungsminister Lothar de Maizière zur finanziellen Oberschicht. Doch nicht aufgrund ihres Ministeramtes, sondern ihrer Herkunft wegen. Der frühere Bundeskanzler Gerhard Schröder und sein Außenminister Joschka Fischer haben es erst nach ihrer Amtszeit zu einem Vermögen gebracht, das sie für die »Wealth Manager« der Banken interessant macht. Früher gehörten sie zu den wichtigsten politischen Persönlichkeiten der Welt. Reich sind sie erst, seit sie zur Wirtschaftselite gehören. »Die Funktionselite des Staates gehört heute nur noch zu einem sehr kleinen Teil zu den wirklich Reichen«, sagt Michael Hartmann.

Das hat zwei Gründe: Zum einen entlohnt der Staat sein Führungspersonal nicht mehr so üppig wie einst. Gleichzeitig zeigen immer weniger Reiche Neigung zum Dienst im Staat. Über Jahrhunderte war die Oberschicht, der Adel, Träger der politischen Ordnung. Das Privileg, politische Ämter besetzen zu dürfen, war die Basis ihrer Macht. So wie das eine Prozent heute identisch mit der Wirtschaftselite ist, waren Reichtum und Staat über Jahrhunderte untrennbar verbunden. Die Oberschicht unserer Zeit ist nicht mehr staatstragend.

Im Gegenteil. Die Verachtung für den Staat, seine Institutionen und seine Akteure ist in der Oberklasse der Gesellschaft besonders weit verbreitet. »Für diesen Staat will sich niemand von uns engagieren«, sagt der Herr Baron. Er will unbedingt anonym bleiben. »In unseren Kreisen redet man eigentlich nicht mit der Presse.« Die Wurzeln seines Adelsgeschlechtes reichen zurück bis ins zwölfte Jahrhundert. Der Herr Baron bewohnt ein stattliches Eigenheim: ein Schloss in Süddeutschland mit etwa 1200 Quadratmetern Wohnfläche. Wenn man seine Familie durch die Geschichte verfolgt, weiß man, wo jeweils oben war: Bis ins 17. Jahrhundert war die Theologie eine beliebte Profession. Im 19. und 20. Jahrhundert demonstrierten seine Vorfahren ihre gesellschaftliche Stellung als Minister, Generäle oder Abgeordnete. Auch unser Baron hat sich zeitweise in der Politik versucht, eroberte sogar ein Landtagsmandat. Doch die Politik, der Wettbewerb um Mehrheiten, blieb ihm fremd. »In der Politik muss man sich zeigen, sich beweisen, in die Verantwortung gehen. Das wollen viele von uns nicht mehr«, sagt der Baron. Inzwischen ist auch er ins Unternehmerlager gewechselt. Ganz der Familientradition verpflichtet. Immer oben.

Zu allen Zeiten blieb die Oberschicht am liebsten unter sich, doch so monokulturell geprägt wie heute war sie seit Jahrhunderten nicht mehr. Bevor sich das eine Prozent ausschließlich aus Unternehmern und Selbstständigen zusammensetzte, bedeutete »unter sich« zu bleiben stets, Kontakt zu pflegen zu den Spitzen aus allen Bereichen von Staat, Wirtschaft und Gesellschaft. Professoren, Staatsanwälte, Schuldirektoren, Richter, Offiziere, Bürgermeister, höhere Polizeibeamte, Minister und mitunter auch Pfarrer wohnten in derselben Straße, saßen bei Einladungen mit am Tisch oder waren selbst Gastgeber. Wenigstens mittelbar erfuhren so auch die reichen Unternehmer, worüber an den Universitäten nachgedacht wurde, welche Probleme in die Gerichte schwappten und wofür der Staat seine Steuergelder ausgab. Die

Funktionselite des Staates leistete bei den Reichen etwas, das man heute »Lobbyarbeit« nennt.

Seitdem die Reichen sich nur noch aus der Wirtschaftselite zusammensetzen, gilt eine Kontaktsperre. Der Austausch in der Klasse der Besitzenden beschränkt sich auf die kleine Erfahrungswelt von Unternehmern, Bankern und einer handvoll Topmanagern. Die heutige Oberschicht hat sich rundum isoliert und in eine Parallelwelt geflüchtet. Von dem, was in der realen Welt passiert, bekommt sie nicht einmal mehr mittelbar etwas mit. Das erklärt viel. Armut an Erfahrungen mit der Realität in der Mehrheitsgesellschaft ist ein prägendes Merkmal der Reichen.

Herbert Henzler lebte viele Jahre in der geistigen Isolation auf der Insel der Wirtschaftselite. Als Deutschlandchef der Unternehmensberatung McKinsey war er ein Hohepriester der Religion vom schlanken Staat. Steuern waren Teufelszeug. »Ich war immer der Überzeugung: Der Markt macht es besser als der Staat«, erinnert sich Henzler. Heute ist er pensioniert, aber nicht im Ruhestand. Die Credit Suisse, die ihn als »Senior Advisor« führt, stellt ihm ein repräsentatives Büro in ihrer Münchner Dependance zur Verfügung. Im Freizeithemd sitzt Henzler in der Besucherecke seines Büros und erklärt mir, was er über die wirtschaftliche Situation der Gesellschaft weiß.

Mit den Vermögen der Deutschen, behauptet Henzler, habe er sich in seiner Zeit bei McKinsey intensiv beschäftigt. Pro Kopf, so meint er sich zu erinnern, betrage es rund 180 000 Euro. Knapp vorbeigetippt. Das arithmetische Mittel des deutschen Pro-Kopf-Vermögens liegt bei nur 88 000 Euro.[31] Doch wegen der ungleichen Vermögensverteilung besitzen 90 Prozent der Deutschen erheblich weniger als das arithmetische Mittel. Der Durchschnitt ist eine irrelevante Größe. Er lässt keine Rückschlüsse auf den Lebensstandard in der Gesellschaft zu.

Über viele Jahre war Herbert Henzler einer der einflussreichsten Berater der deutschen Wirtschaft. Er leuchtete den Steuerleuten in den Unternehmen den Weg. Als ich ihn mit den Zahlen der Vermögensforscher konfrontiere, stutzt der einstige Leitwolf der Wirtschaftselite und unterbricht seinen Redefluss für einen Moment. Nach all den Jahren wird ihm plötzlich bewusst: Das Durchschnittsvermögen ist nur halb so hoch, wie er immer vermutet hatte. Und die übergroße Mehrheit besitzt nicht einmal annähernd so viel. Die Grundlage seiner ökonomischen Einschätzung der Gesellschaft war: ein Irrtum.

Dennoch ist Herbert Henzler eine löbliche Ausnahme. Er ist einer der wenigen, die aus der Wirtschaftselite herabgestiegen sind, um sich mit der Realität zu konfrontieren. Henzler ist sogar bereit, sich für den Staat zu engagieren. Als er pensioniert wurde, berief ihn Edmund Stoiber, der damalige Ministerpräsident von Bayern, zum Vorsitzenden des Wissenschaftlich-Technischen Beirates der Bayerischen Staatsregierung. Der Staat wollte etwas von dem Manager lernen. Es kam andersrum. »Meine Tätigkeit für die Staatsregierung hat mich in manchen Punkten umdenken lassen«, gesteht Henzler.

Der Beirat befasst sich mit Aufgaben des Staates und mit dessen Nöten, diese zu finanzieren. Zu früheren Zeiten hätte jemand wie Henzler dazu keinem Beirat angehören müssen. Über all diese Fragen haben Angehörige der Wirtschaftselite und hohe Beamte aus der Funktionselite des Staates bei ihren gesellschaftlichen Treffen ganz selbstverständlich und auf Augenhöhe debattiert. Henzler jedoch musste auf die Erkenntnis bis zur Rente warten: »Die vielen Investitionen in die Infrastruktur, die in den nächsten Jahren anstehen, die lassen sich nur mit Steuergeldern realisieren.« Plötzlich wurde dem Exmanager auch klar, wozu Steuern gut sind. »Darum bin ich heute sogar für Steuererhöhungen.«

Die Flucht in die Parallelgesellschaft

Die Isolation der Oberschicht ist eines der zentralen Themen von Thomas Perry.[32] Im Auftrag der HypoVereinsbank (HVB) analysiert der Marktforscher systematisch den Millionärsmarkt. Dazu hat ihm die HVB einen exklusiven Kontakt zu einigen Großanlegern ermöglicht. Nur so konnte Perry seit 2007 zahlreiche Tiefeninterviews mit richtig Reichen führen.

Thomas Perry arbeitete mehrere Jahre in dem renommierten Heidelberger Sozialforschungsinstitut Sinus Sociovision. Inzwischen hat er mit einigen Sinus-Kollegen ein eigenes Institut gegründet, das team q. Das Kapital des neuen Unternehmens ist eine Namensliste. Darauf stehen die Kontaktdaten von ein paar Dutzend Vermögenden, die Perry vertrauen und bereit sind, mit ihm offen, aber anonym über ihre Einstellungen zu sprechen. Der Zugang zu Reichen ist in Deutschland so ungewöhnlich und damit wertvoll, dass sich allein darauf eine ganze Firma gründen lässt.

Inzwischen hat Thomas Perry aus seinen Interviews bereits zwei Studien für die HVB destilliert, eine 2007, die zweite 2010.[33] »In dieser Zeit hat sich etwas Grundlegendes verändert«, berichtet Perry. »Das Gefühl einer existenziellen Bedrohung macht sich breit.« Schuld daran ist die Finanzkrise. Viele Jahre lang hatten die Künste der Wealth Manager das Vermögen der Premiumkundschaft enorm wachsen lassen. Zweistellige Renditen, ohne dafür selbst arbeiten zu müssen, daran hatte sich so mancher schon gewöhnt. »Viele erfahren nun zum ersten Mal, dass die Sicherheit ihres Reichtums nicht selbstverständlich ist«, sagt Perry. »Eine irritierende Welt drängt sich mit großer Macht auch in die materiell gesicherten Existenzen der Vermögenden. Auf diese Unsicherheit reagieren viele mit stärkerer Abschottung, mit Rückzug.«

Perry nennt diese Angstreaktion »Grounding«: Eine noch stärkere Konzentration auf den »kontrollierbaren Nahbereich«, auf die private, heimische, überschaubare Welt der Familie und der eigenen sozialen Schicht. Der einzige Bezugspunkt der vermögenden Kaste sind sie selbst. Die Blickrichtung geht nach innen. Die Außenwelt, die Gesellschaft, wird immer stärker als Bedrohung wahrgenommen.

Den wachsenden Trend zur Entmischung, zum Auseinanderdriften der sozialen Schichten, registrieren Sozialwissenschaftler schon seit einigen Jahren, insbesondere bei der Oberschicht. »Die typischen Eigenschaften der Oberschicht haben sich verstärkt. Die soziale Distanz wird immer wichtiger«, sagt der Soziologe Neckel. Die Millionäre flüchten in ihre Parallelwelt und meiden den Kontakt zu Nichtreichen.

Die Lebenswelt der Oberschicht ist reich an Beispielen dafür: Sie werden immer seltener Mitglied im Verein. Sie bevorzugen den Club. Nur ungern nutzen sie öffentliche Verkehrsmittel. Dazu zählt auch die Business-Class der Linienflugzeuge, in denen man nur wieder mit diesen Besserverdienern zusammengepfercht wird. Darum hat sich seit 2004 die Zahl der Flüge mit Privatjets in Deutschland verdoppelt. Auch bei der Lufthansa kann man inzwischen Privatflugzeuge buchen. Sie sieht darin einen der interessantesten Wachstumsmärkte in der Luftfahrt überhaupt.

Heiratsforscher registrieren bei der Oberschicht einen steigenden Trend zur »Homophilie«, zur Heirat mit Partnern gleicher Herkunft. Vorbei die Zeiten, in denen es üblich war, das der Konzernchef die Telefonistin oder der Chefarzt die Krankenschwester heiratete. Wenn zwei Sprösslinge aus vermögenden Familien heiraten, »poolen« sie damit ihren Reichtum. Vor allem verdoppeln sie ihre Chance auf eine große Erbschaft.

Besonders kompromisslos gibt sich die Oberschicht, wenn es um ihren Nachwuchs geht. Thomas Perry hat daher festgestellt, dass Privatschulen zu einem der wichtigsten Themen unter Vermögenden aufgestiegen sind. Und tatsächlich: Zwischen 2000 und 2010, während die Zahl der Schüler demografiebedingt insgesamt um zwölf Prozent schrumpfte, verdoppelte sich die Zahl der Privatschulen in Deutschland. [34]

Zum »Grounding« gehört, sich auf Altbewährtes zurückzuziehen. Ganz besonders, wenn es um die eigenen Kinder geht. Die frisch gegründeten Privatschulen sind noch arm an Traditionen. Zudem werden die allermeisten fast ausschließlich aus öffentlichen Mitteln finanziert. Hohe Schulgebühren als Selektionskriterium scheiden aus. Die Privatschulen in Deutschland werden daher vorwiegend vom Nachwuchs der besserverdienenden Aufsteigereltern besucht. Das obere eine Prozent bevorzugt Schulen im Ausland. Die Schweiz ist sehr beliebt. Doch ganz oben auf der Wunschliste steht das Vereinigte Königreich. Dort kostet ein Schuljahr im Internat zwischen 24000 und 33000 Euro. [35] Im vergangenen Jahrzehnt hat sich die Zahl der deutschen Schüler auf englischen Internaten mehr als verdoppelt. [36]

In der Kaderschmiede

Lange Zeit war Bildung so etwas wie ein Alleinstellungsmerkmal der Oberschicht. Die Reformen in den 60er und 70er Jahren haben das verändert. Der Vorsprung der Oberklasse ist geschmolzen. Die Mittelschicht hat den Marsch durch die Bildungsinstitutionen angetreten und kräftig aufgeholt. Ehrgeizige Aufsteigereltern beschallen ihre Ungeborenen mit Chopin und bestehen auf Englisch-Unterricht im Kindergarten. Um ihren Kindern beim Rennen um die besten Plätze auch weiterhin die Pole-Position garantieren zu können, müssen nun auch die vermögenden Eltern ihre Anstrengungen erhöhen. England, das Mutterland der Klassengesellschaft, hat eine lange Erfahrung darin, wie man den Rest auf Abstand hält. Es entwickelt sich zum Vorbild der deutschen Oberschicht, vor allem, was die Aufzucht des Nachwuchses angeht.

Die »Public Schools« genannten Privatschulen formen die künftige Elite teilweise schon seit Shakespeares Lebzeiten. Klassenbewusstsein ist ihre Kernkompetenz. Auf den Internetseiten, mit denen die Schulen um zahlungskräftige Eltern werben, sind alte Gemäuer und Bibliotheken wie in den *Harry Potter*-Filmen zu sehen. Die Mädchen tragen Rock mit Schottenmuster, die Jungs Anzug mit Krawatte, auch im Physiklabor. Mathe oder Geschichte, das lernt man mitunter auch an einem deutschen Gymnasium. In den Prägeanstalten der englischen Upper Class stehen ganz andere Lektionen auf dem Lehrplan. Die künftigen Reichen lernen, künftig wie Reiche aufzutreten. »In den Privatschulen sollen die Kinder vor allem den Habitus lernen«, sagt der Reichenforscher Wolfgang Lauterbach.

»Bildung für alle« war das große, politische Projekt der Bundesrepublik vor allem in den 70er Jahren. Und tatsächlich: Für eine kurze Phase von etwa zwei Jahrzehnten war Bildung für die Tüchtigen ein Aufzug, der sozialen und auch wirtschaftlichen Aufstieg ermöglichte. Doch spätestens seit der ersten PISA-Studie im Jahr 2000 ist klar: In keinem anderen Land werden die Schüler aus den besseren Vierteln so stark bevorzugt wie in Deutschland. Ihr Herkunfstsbonus ist eine Konstante, die sich durch das gesamte deutsche Bildungssystem zieht. Und darüber hinaus.

Die Promotion ist nach der Habilitation der zweithöchste Bildungsabschluss, den man in Deutschland erwerben kann. Wer promoviert, hat alles richtig gemacht. Wenn Bildung überhaupt für jemanden eine Eintrittskarte in die VIP-Lounge der Gesellschaft ist, dann für promovierte Juristen, Ingenieure oder Wirtschaftswissenschaftler. Und genau deren Karrieren hat der Elitenforscher Michael Hartmann untersucht. Für diese Bildungselite gilt: Die Chance auf eine herausgehobene Führungsposition nach der Uni ist für den promovierten Nachwuchs des einen Prozents drei Mal so groß wie für gleich qualifizierte Promovierte aus der Mittelschicht.

Das Lernen von Wissen, von Fakten und fachlichen Fähigkeiten ist längst kein Weg nach ganz oben mehr. Der Aufzug der sozialen Mobilität hält nicht im Penthouse. Er verkehrt nur auf den Etagen der Mittelschicht. Dennoch ist Lernen für die 99 Prozent wichtiger als je zuvor. Nicht um aufzusteigen, sondern als einzige Methode, den Abstieg zu vermeiden. Bildung dient heute vor allem der Statussicherung.

Die Mittelschicht, die brav auf dem Gymnasium und an der deutschen Uni paukt, überschätzt die Chancen der Bildung gewaltig. Die Oberschicht hingegen weiß: Für die Aufnahme in den Club braucht man kein gutes Zeugnis. »Uns geht es nicht um die Noten. Für uns ist der Auftritt, das Selbstbewusstsein, der ganze Habitus entscheidend«, sagt die Headhunterin.

»Chief Operating Officer Germany« steht auf ihrer Visitenkarte. Sie ist auf der Suche nach Kandidaten für Führungspositionen bei einer Investmentbank. Bei der European Business School (EBS) hofft sie fündig zu werden. Die EBS ist eine der wenigen privaten Hochschulen in Deutschland. Bei nationalen und internationalen Hochschulrankings belegt sie regelmäßig Spitzenplätze unter den Business-Schulen. Sie gilt als eine Kaderschmiede der Finanzwirtschaft. Die Studiengebühren betragen knapp 6000 Euro pro Semester. Die EBS ist nicht Oxford oder Harvard, doch elitärer kann man in Deutschland nicht studieren.

Heimat der EBS ist das Schloss Reichartshausen am Ufer des Rheins, umgeben von den Weinbergen des Rheingaus. Auf der Schlosswiese ist ein Zelt aufgebaut für die »Recruiting Fair«, eine Jobmesse. Bewerber sind hier nicht die Absolventen, sondern die Unternehmen, die den Nachwuchs mit steilen Karrieren und Einstiegsgehältern in schwindelerregender Höhe locken: UBS, HSBC, Citi Group, Allianz oder die Royal Bank of Scotland. Wer in der Finanzwelt einen Namen hat, versucht an die Kandidaten aus der EBS zu kommen. In Wirtschaftskreisen gelten sie durchweg als »high potentials«.

»Ehrlich, ich schau mir die Zeugnisse nie an«, sagt an seinem Messestand der Vertreter der Schweizer Bank UBS. »Ich bin doch selber EBSer, also Absolvent. Und ich stelle auch hauptsächlich

EBSer ein. Die wissen gleich am ersten Tag, wie man sich beim Kunden zu benehmen hat.« Der UBS-Mann beobachtet die Konkurrenten an den anderen Ständen genau. »Die meisten kenne ich. Die anderen Investmentbanken schicken auch ihre Ehemaligen, um an die Jungen ranzukommen.« Ein Junge mit letzten Brüchen in der erwachsen werdenden Stimme, spricht den UBS-Vertreter an: »Verzeihen Sie, darf ich Ihnen meinen Herrn Vater vorstellen?«

Die Jobmesse ist Teil des 22. Symposiums der EBS. Organisiert wird es stets von den Studenten selbst. Drei Tage Nonstop-Programm auf mehreren Bühnen gleichzeitig. Wenn die Studenten der EBS rufen, kommt die Championsleague der deutschen Wirtschaft. Der CEO-Andrang ist so groß, dass die Vorstandsvorsitzenden von Hugo Boss (Claus-Dietrich Lahrs), von ABB (Peter Terwiesch) oder von ERGO (Torsten Oletzky) ihre Vorträge auf Nebenbühnen halten müssen, während im Forum die wirklich Wichtigen sprechen.

Zum Beispiel Julian Kappus. Er ist Student der EBS, »Chairman« des Symposiums, 19 Jahre alt und hält die Begrüßungsrede vor einigen Hundert erlesenen Gästen. Als ob er nie etwas anderes gemacht hätte. Seine Stimme ist fest. Zwischen den Sätzen schaut er seine Zuhörer an. Das Publikum muss die Begeisterung nicht spielen. In seinem dunklen Anzug bewegt er sich so selbstverständlich wie Gleichaltrige im Kapuzenpulli.

Bereits in der ersten Woche an der EBS, wenn sie einander noch fast gar nicht kennen, wählen die Erstsemester aus ihrer Mitte den »Chairman« des Symposiums. Zu diesem Zeitpunkt war Kappus gerade erst 18 Jahre geworden. Dennoch war klar, dass er das Rennen machen würde. Auftritt und Selbstsicherheit ist auch unter den Kommilitonen die entscheidende Disziplin.

Inzwischen ist er 19 Jahre alt und bereits im dritten Semester. »Ich bin in England zur Schule gegangen. Da macht man früher seinen Abschluss.« Kappus war auf der Oakham-School, gegründet 1584. Schulmotto: »Et quasi cursores vitai lampada tradunt«: Und wie die Läufer geben sie die Fackel des Lebens weiter.

In den ersten Wochen in Oakham erlebte Kappus so etwas wie einen Kulturschock. »Außerhalb der Schule gab es einen Kiosk. Wir deutschen Schüler haben uns da ganz normal hinter den Leuten aus der Stadt in der Schlange angestellt. Unsere Mitschüler aus England haben uns natürlich ausgelacht.« Die künftige englische Oberschicht weiß, dass nicht alle Regeln für alle gelten. Kappus hat festgestellt, dass viele der Freunde, die er an der EBS gefunden hat, wie er im Ausland zur Schule gegangen sind. »Die Trefferquote ist schon erstaunlich hoch. Aber man versteht sich einfach besser. So was prägt.«

Kappus führt mich durchs Schloss, zeigt mir die alten Gemäuer. Ein Erstsemester kommt uns entgegen. Man sieht es an der typischen Gymnasiastenfrisur, nicht am Verhalten. »Chairman« des Symposiums ist eine bedeutende Position am EBS. Der Freshman erkennt Kappus, springt zur Tür und hält sie auf für den etwa Gleichaltrigen. Der tätschelt ihm im Vorbeigehen die Schulter, lächelt unverbindlich und sagt: »Danke, mein Lieber.«

Julian Kappus und seine Kommilitonen sehen sich als die künftige Leistungselite Deutschlands. Das entspricht dem generellen Selbstbild der Oberschicht: Wir sind die Leistungselite. »Die einzig akzeptierte Legitimation für Reichtum in unserer Gesellschaft ist die Leistung«, sagt der Reichenforscher Lauterbach. Wer sich sein Vermögen selbst erarbeitet hat, dem wird der Wohlstand auch in Deutschland nicht geneidet. Nur: Sind die mit dem größten Besitz tatsächlich auch diejenigen in unserer Gesellschaft, die am meisten leisten?

Zu großer Reichtum ist gefährlich

John Kenneth Galbraith ist da vollkommen anderer Ansicht. Der Wirtschaftshistoriker der Universität Harvard wurde berühmt durch seine Analysen der Spekulationsblasen und der Bankenkrisen in der Geschichte des Geldgewerbes. Für Galbraith ist die finanzielle Oberschicht nicht Leistungsträger der Wirtschaft, sondern ein Risikofaktor. Die Vermögenden sind die Verursacher aller Zusammenbrüche in der Geschichte der Finanzindustrie. Das ist die erste und wichtigste Gemeinsamkeiten aller Bankenkatastrophen: Wenn die Reichen zu reich werden, wird es gefährlich.[37] Nicht nur heute werden den Wohlhabenden besondere Fähigkeiten zugesprochen.

Galbraith beobachtet zu allen Zeiten »die starke Neigung zu dem Glauben: Je mehr Geld jemand in Form von Einkommen oder Vermögen besitzt oder je mehr mit ihm in Verbindung gebracht wird, desto zwingender sei sein wirtschaftliches und soziales Verständnis, desto scharfsinniger und durchdringender sei sein Geist. Geld ist der Maßstab der kapitalistischen Leistung. Je mehr Geld, desto größer die Leistung und die Intelligenz, die dahinter stecken.«[38] Für Galbraith ist es eine »trügerische Vorstellung, Geld und Intelligenz müssten miteinander einhergehen«.[39]

Die historischen Erkenntnisse des 2006 verstorbenen Gelehrten lassen sich auf das heutige Deutschland anwenden: »Der Mythos von der Leistungselite ist längst als Märchen entlarvt«, sagt Michael Hartmann. In seiner Elitestudie untersucht er die Besetzung der wichtigsten und lukrativsten Jobs in großen deutschen Unternehmen. Ergebnis: 80 Prozent der Nummer-eins-Chefs stammen aus einer Familie, die zu den reichsten fünf Prozent der Gesellschaft gehören. Die Hälfte allein aus dem reichsten Promille.[40] Die Schlüsselpositionen in den Unternehmen werden also nicht zuerst nach Fähigkeit oder nach Qualifikation vergeben. Das Auswahlkriterium ist nicht Leistung, sondern Herkunft.

Doch das Einkommen aus dem Job ist für die richtig Reichen nur Taschengeld. Je größer das Vermögen, darauf weist Reichenforscher Lauterbach hin, desto geringer ist die Bedeutung des Erwerbseinkommens. Darum sind unter den HNWIs auch überdurchschnittlich viele Personen nicht oder nur teilweise erwerbstätig. »Viele verfügen über ein unverdientes Vermögen«, sagt Lauterbach.

Markus Grabka vom SOEP, Berechnungen der Hans-Böckler-Stiftung oder Studien der OECD – die Liste der Quellen, die Lauterbachs Einschätzung bestätigen, ist wahrlich lang. Alle kommen zum selben Ergebnis: Das gewaltige Wachstum der großen Vermögen ist kein Resultat harter Arbeit. Die Reichen haben ihr Geld für sich arbeiten lassen. Es waren vor allem Gewinne aus Kapitalgeschäften, die ihren Kontostand in neue Dimensionen katapultierte. Geldvermehrung durch clevere Vermögensverwaltung ist jedoch kein Ergebnis von Leistung. Und wenn, dann allenfalls die der Wealth Manager.

Der Soziologe Sighard Neckel beobachtet, wie sich in der Wirtschaftselite der Wert des »bürgerlichen Erwerbsfleißes« gewandelt hat zur »Ökonomie der günstigen Gelegenheit«.[41] Und tatsächlich hat Wolfgang Lauterbach herausgefunden: Wer über ein großes Vermögen verfügt, verdient meist mehr Geld mit Zockerei an der Börse, mit der »günstigen Gelegenheit«, als mit Erwerbsarbeit. Nicht das Arbeitseinkommen – also die Bezahlung für erbrachte Leistung – ist für die Zugehörigkeit zur Oberklasse entscheidend. Erst das leistungslose Einkommen der Kapitalerträge macht den Unterschied.

In Deutschland sind nur rund fünf Prozent der Bevölkerung direkte Aktienbesitzer.[42] Spekulieren an der Börse ist nur ratsam, wenn man über genügend Finanzkapital verfügt, um das Risiko auf verschiedene Anlageformen streuen zu können. 95 Prozent der Bevölkerung können das nicht. Der Zugang zur schönen Welt der Kapitalerträge ist also ein Privileg, das im Wesentlichen Wohlhabenden vorbehalten bleibt.

Leistung gehörte stets zu den Grundwerten im Selbstverständnis der Bundesrepublik. Sie ist Teil der Identität der Gesellschaft. Doch in den vergangenen zwei Jahrzehnten hat sich die »Leistungsgesellschaft« zu einer »Erfolgsgesellschaft« gewandelt. Darauf weist Sighard Neckel immer wieder hin. Erfolg hat Leistung als zentralen Wert abgelöst.

Erfolg und Leistung, das klingt fast wie ein sich fest umschlingendes Begriffspaar. Wie Ying und Yang, wie Stan und Olli, wie zwei Seiten einer Medaille. Was für ein Irrtum. Die Physik definiert Leistung als Arbeit pro Zeit. Das ist auch im Verständnis der meisten Menschen so: ohne Anstrengung, ohne Mühe, ohne Arbeit keine Leistung.

Erfolg ist indes auch mühelos zu haben. Vor allem in der besitzenden Klasse wird der Erfolg an Renditen, am Profit, am Gewinn gemessen. Zweistellige Kapitalerträge lassen sich auch erzielen, wenn man sein Geld der richtigen Bank anvertraut. Arbeit oder Leistung ist dazu nicht erforderlich. »Die Oberschicht legitimiert sich durch Gewinn, nicht mehr durch Leistung«, sagt Neckel.

In den Unternehmen kamen in den vergangenen Jahren immer ausgeklügeltere Methoden und Techniken zum Einsatz, um die Leistung der Beschäftigten individuell zu messen und zu bewerten. Dabei stehen nicht nur die rein monetären Aspekte unter Beobachtung. Immer wichtiger werden »weiche« Kriterien wie Teamfähigkeit, langfristiges Handeln, Verantwortungsbewusstsein. Höhere Leistung wird höher entlohnt. Mangelnde Leistung wird nicht toleriert. Die Fortschritte bei der Leistungsbemessung sind eine Grundlage für den Erfolg der deutschen Wirtschaft.

Bei Millionen Arbeitnehmern, bei der Mittelschicht, wird also zuerst die Leistung so objektiv wie möglich ermittelt. Der Erfolg, die Bezahlung, richtet sich nach den gemessenen Ergebnissen. Bei der Geldelite ist es genau andersrum: Zuerst wird der Erfolg gemessen, der Gewinn. Aus dessen Höhe werden dann Rückschlüsse auf die Leistung gezogen. Meist Trugschlüsse. In der Oberschicht ist die ursprüngliche Verbindung zwischen Leistung und Erfolg gestört und in ihr Gegenteil verkehrt. »Leistung ist nicht mehr die moralische Geschäftsgrundlage für Reichtum«, sagt Sighard Neckel. Die Oberschicht hat die Legitimation für ihren Reichtum verloren. Die wahre Leistungselite Deutschlands ist die Mittelschicht.

Zumindest ein Erfolg kann den Vermögenden nicht abgesprochen werden. Ein Propagandaerfolg: Sie haben ihr Image als Leistungselite in weiten Teilen der Bevölkerung etabliert und gefestigt. Das war nicht selbstverständlich. Denn Leistung ist ein natürlicher Verbündeter der Mittelschicht. Sie ist ihre Chance zum Aufstieg, ihre Leiter nach oben. Wer bereits oben ist, auf einem der begehrten Plätze, für den bedeutet Aufstieg nicht Verheißung, sondern Bedrohung. Die Währung der Oberschicht heißt darum nicht Leistung, sondern Herkunft. Zu allen Zeiten ging es denen da oben zuerst darum, die eigene Stellung zu sichern und die ihrer Familie. Auf Generationen hinaus.

Nein, nicht zu allen Zeiten. In ihren ersten Jahrzehnten erlebte die Bundesrepublik eine besondere Situation. Im Nationalsozialismus war ein Teil der alten Oberschicht enteignet, vertrieben und ermordet worden. Die überlebenden Eliten waren mit den Nazis verstrickt und daher moralisch diskreditiert. Die Gesellschaft, auch die Wirtschaftselite, formierte sich teilweise neu. In dieser Phase waren die Bedingungen zum Neuanfang, zur Unternehmensgründung ungewöhnlich günstig. Es war die Zeit, in der Männer wie die Brüder Theo und Karl Albrecht oder der Versandhauschef Werner Otto ihre Geschäftsideen in die Tat umsetzten. Andere schufen aus bereits bestehenden mittelständischen Firmen ein globales Imperium, etwa der Schraubenfabrikant Reinhold Würth oder Reinhard Mohn, Eigentümer von Bertelsmann.

Die Heldengeschichten solcher sagenhaften Aufstiege prägen noch immer das Bild der deutschen Oberschicht. Doch diese Generation ist fast schon ausgestorben. Nur wenige der Gründer beteiligen sich noch aktiv an der Leitung ihrer Unternehmen. Die meisten sind bereits verstorben. Selbst ihre Erben sind vielfach schon im Rentenalter. »Von den großen deutschen Unternehmen in Privathand werden heute vier Fünftel von Erben geführt«, sagt Michael Hartmann.

Aus Unternehmern werden Anleger

Doch der Erhalt und die Weitergabe des Lebenswerkes an die nächste Generation ist längst nicht mehr die einzige Option. Michael Schramm, der Bankier von Hauck & Aufhäuser, muss immer häufiger die alten Eigentümer beim Verkauf ihrer Firma beraten. »Das dynastische Denken nimmt weiter ab«, stellt Schramm fest. Thomas Perry teilt seine Beobachtung: »Dass die Söhne einmal die Nachfolger im Unternehmen werden sollen, ist häufig noch ein Ideal, aber nicht mehr die Realität.« Die im Reichtum aufgewachsenen Kinder verspüren immer weniger Neigung, sich den stressigen Chefposten anzutun. Die Alten zeigen Verständnis, machen Kasse und verfüttern die Beute an ihre Brut. Take the money and run. Reichtum ist viel schöner ohne Verantwortung, ohne Stress.

Bei den Fragen nach ihren künftigen Zielen, die Thomas Perry den Vermögenden regelmäßig stellt, stehen folgende Antworten weit oben auf der To-do-Liste: Wellness, »die Reise nach innen«, eine bessere Work-Life-balance und »mehr Oasen im Privatleben schaffen«.

Das viele Geld, das früher in der Firma steckte, überlassen die vom Reichtum Gesegneten den Geldprofis von der Privatbank. Von nun an sorgt nicht mehr der Unternehmergeist für den Profit, sondern die clevere, globale Anlagestrategie der »Wealth Manager«. In der Geldelite tut sich was: Aus Unternehmern werden Anleger.

Die Kapitalisten verkaufen die Produktionsmittel, ihre ursprüngliche Machtbasis. Ein Unternehmen führen ist aktiv. Geld zur Bank bringen ist passiv. Die besitzende Klasse wandelt sich vom Aktivposten der Volkswirtschaft zu einem passiven Kostgänger.

Dennoch sieht sich die Oberschicht selbst unverdrossen als eine Ansammlung von Unternehmerpersönlichkeiten. Thomas Perry hat bei seinen Gesprächen ein »Selfmade-Selbstverständnis« bei seinen Gesprächspartnern diagnostiziert. Und gänzlich veraltet ist dieses Bild tatsächlich nicht. Die Welt der Vermögenden ist im Umbruch und nicht einheitlich. Neben denen, die den Ertrag früherer Generationen genießen, gibt es in der Geldelite noch immer erfolgreiche Unternehmensgründer, die sich ihren Reichtum selbst erarbeiten.

Um ein eigenes Geschäft zu gründen, braucht man vor allem eines: Startkapital. Wer nicht von Hause aus begütert ist, muss sich verschulden. Bei der Bank. Ist die erst überzeugt, hat man einen Schuss frei. Genau einen. Im Jahr 2011 zählte das Institut für Mittelstandsforschung in Bonn insgesamt 400 000 Unternehmensgründungen. Und 380 000 Insolvenzen.[43] Erfolg ist beim Weg in die Selbstständigkeit also die absolute Ausnahme. Der typische Gründungsgrund ist auch nicht die gute Geschäftsidee, sondern die Not, die Ausweglosigkeit vieler Langzeitarbeitsloser. Wer scheitert und nach der Pleite noch Schulden bei der Bank hat, muss einen Insolvenzantrag stellen und sechs Jahre warten, bis er wieder voll geschäftsfähig wird. Kein Konto, kein Handyvertrag, kein neuer Mietvertrag. Eine Pleite ist gleichbedeutend mit dem Verlust der wirtschaftlichen Existenz. Neuanfang ist schlicht nicht vorgesehen. Deutschland kennt keine Kultur des Scheiterns.

Bei Menschen mit Reichtumshintergrund, so hat das Institut für Mittelstandforschung ermittelt, läuft die Unternehmensgründung vollkommen anders ab: Die kleine Hürde mit dem Startkapital räumt die Familie gerne aus dem Weg. So fällt es dem Nachwuchs leicht, die erste Geschäftsidee zu verwirklichen. Trotz bester Ausbildung gelingt auch Oberschichtkindern nicht immer alles gleich im ersten Anlauf. Macht nichts. Beim zweiten Versuch läuft es schon besser. Oder beim dritten. Wenn die Familie an den Sprössling glaubt, legt sie ihm den Ball so oft auf den Elfmeterpunkt, bis er das Ding schließlich reinmacht. So wird man »Selfmade-Millionär«.

Die Oberschicht hat sich in den zurückliegenden Jahrzehnten immer weiter auf die Wirtschaftselite reduziert. Nun verliert sie auch auf diesem, ihrem letzten Terrain an Boden. Thomas Perry wundert das nicht. »Die Vermögenden wollen ausdrücklich nicht Elite sein.« Das ist die zentrale Botschaft aus Perrys zahlreichen Reicheninterviews. Eine Verantwortung für die Gesellschaft empfinden nur wenige. »Die Oberschicht gibt der Masse der Gesellschaft keine Orientierung«, sagt Perry.

In der alten Klassengesellschaft war die Oberschicht eine treibende Kraft in allen Bereichen, auch in der Kultur. Heute nicht mehr. Modetrends werden im Ghetto gesetzt. Populäre Musik entsteht in der Subkultur. Künstler, Schriftsteller oder Filmemacher sind fast durchweg Kinder der Mittelschicht. Die boomende Kreativitätsindustrie hat kaum Verbindungen in die Welt des Geldes. Reiche Kunstliebhaber fördern nicht die Kunst, sondern spekulieren mit Kunstwerken wie mit Aktien. Perry folgert daraus: »Kulturelle Impulse kommen meist nicht von ganz oben.«

Es ist Zeit, zu resümieren und zu fragen: Welche Funktion für das Gemeinwesen erfüllt die Oberschicht überhaupt noch? Sie ist keine Führungsschicht, keine Leitschicht. Statt öffentlich aufzutreten versteckt sie sich. Sie ist keine moralische Instanz und gibt keinerlei Orientierung. Aus der Funktionselite des Staates hat sie sich zurückgezogen. Politische, intellektuelle oder kulturelle Impulse gehen von ihr nicht aus. Ihre Behauptung, sie sei die Leistungselite, ist nachweislich falsch. Selbst in den Unternehmen nimmt ihre Neigung ab, Verantwortung zu übernehmen. Die Vermögenden beschränken sich auf eine einzige Rolle: Sie kassieren den Gewinn. Ihnen gehört das Geld. Reichsein reicht den Reichen.

Das Märchen von der Chancengleichheit

Die Gesellschaft lässt das zu. Sie hat offenbar keine Erwartungen an die Oberschicht, sie formuliert keine Ansprüche. Die Vermögenden müssen ihr Reichsein durch nichts rechtfertigen. Das widerspricht dem Grundgedanken der Leistungsgesellschaft.

Wer keine angemessene Leistung erbringt, verliert seine Stellung. Im Gegenzug muss für die Tüchtigen die Chance zum Aufstieg bestehen, die Möglichkeit, selbst in den Stand der Geldelite aufzurücken. Dieser Austausch der Eliten ist keine Revolution. Er ist Alltag in der Leistungsgesellschaft. Soziale Mobilität und Chancengerechtigkeit sind darum mehr noch als ein Merkmal der Leistungsgesellschaft. Sie sind das Maß, an dem sich jede Leistungsgesellschaft messen lassen muss.

Allgemeines Krankenhaus Hamburg-Altona, Perinatalzentrum, Abteilung Geburtshilfe. Noch mutterwarm liegen die Neugeborenen nebeneinander. Am Anfang sind noch alle gleich. Keine sozialen Unterschiede, keine Hierarchie, kein oben, kein unten. Niemand kann jetzt schon sagen, wer einmal Rechtsanwalt wird, wer Vorstandsvorsitzender oder Unternehmer. Und wer ein kleiner Angestellter, Abteilungsleiter oder arbeitslos. Jetzt, in den ersten Stunden, bietet das Leben all diesen kleinen Menschen die gleichen Chancen. Von wegen! Die Würfel sind längst schon gefallen.

Entscheidend ist die Autobahn, die kaum hundert Meter neben dem Krankenhaus im Elbtunnel verschwindet. Die A7 trennt den Arbeiterbezirk Altona von den noblen Elbvororten, die sich eines der höchsten Pro-Kopf-Einkommen der gesamten Republik erfreuen und einer beeindruckenden Konzentration von Vermögen.

In den nächsten Tagen werden die Ergebnisse der Klassenlotterie sichtbar. Dann werden Mütter und Kinder das Krankenhaus verlassen. Welche Kinder dürfen ins feine Blankenese? Und wen schickt das Schicksal nach Altona? Ausschlaggebend für die Entwicklung eines Menschen, welche Lebenschancen auf ihn warten, das entscheidet in Deutschland die soziale Herkunft. Heute mehr denn je. Du wirst, was deine Eltern sind.

Gleiche Chancen für alle, das ist natürlich eine Illusion, in allen Gesellschaften. Doch die Chancengerechtigkeit wenigstens zu verbessern, ist seit der Kanzlerschaft von Willy Brandt eines der wichtigsten Ziele der deutschen Politik. Kinder von beiden Seiten der Autobahn sollen die Chefsessel erobern und es zu Reichtum bringen können. Klaus von Dohnanyi war Bildungsminister im Kabinett von Willy Brandt und damit zuständig für die Verwirklichung der Idee. »Was die Chancengleichheit angeht, haben wir viel zu wenig erreicht, viel zu wenig«, lautet die Bilanz von Klaus von Dohnanyi.

Aber was ist mit dem Putzfrauensohn Gerhard Schröder? Der brachte es immerhin zum Bundeskanzler. Sein Vize Joschka Fischer wurde ohne Abitur Außenminister. In der Politik gelten andere Regeln als in der Wirtschaftselite. Dort wird nicht nach Herkunft selektiert, sondern nach Durchhaltefähigkeit. Wer da nach oben will, muss bereit sein, sich auf eine jahrelange Ochsentour zu begeben. »Das ist für den Nachwuchs des Großbürgertums nicht attraktiv«, weiß Elitenforscher Michael Hartmann.

Schröder und Fischer gehören zudem zu einer Generation, in der Aufsteigen generell noch leichter möglich war. Bis in die 70er Jahre erlebte Deutschland eine Blütezeit der sozialen Mobilität. Die Bedingungen waren ungewöhnlich gut: Die Väter dieser Generation – auch der des Exkanzlers – waren zu Tausenden im Krieg gefallen. So konnten die Jungen oft schon früh in Positionen aufsteigen, die ansonsten ihre Väter noch besetzt hätten. Wichtiger jedoch war: Die Wirtschaft wuchs kräftig und brauchte jeden. Für eine kurze Zeit konnten sogar Hauptschüler bis ins Management gelangen. »Wenn die Marktbedingungen gut sind, profitieren auch die unteren Schichten. Dann kann ein Teil von ihnen in höhere Positionen aufsteigen«, sagt Hartmann. »Wenn es dagegen schlecht läuft, dann verdrängt der Nachwuchs aus bürgerlichen Kreisen die Konkurrenz fast vollkommen.«

Genau das ist geschehen. Die 60er und 70er mit ihren außergewöhnlichen Möglichkeiten für alle Klassen waren eine historische Ausnahmesituation. Vor allem für die Generation der Babyboomer sind diese Zeiten längst vorbei. Doch noch immer prägt die längst vergangene Ausnahmezeit die Vorstellung, die sich viele von den Aufstiegsmöglichkeiten machen. Sie glauben noch an das Märchen von der Chancengleichheit.

Reinhard Pollack vom Wissenschaftszentrum Berlin hat die heutige Realität der Chancengleichheit erforscht. Im Auftrag der Heinrich Böll Stiftung hat er die soziale Mobilität in Deutschland untersucht und mit der in anderen Ländern verglichen.[44] Ergebnis:»Deutschland weist im internationalen Vergleich eine sehr geringe soziale Mobilität auf, oder anders formuliert: Die Chancen, gesellschaftlich auf- oder abzusteigen, sind in kaum einem anderen industrialisierten Land so ungleich verteilt wie in Deutschland.«[45]

Reichenforscher Lauterbach nennt Deutschland eine »erstarrte Gesellschaft«. Sieghard Neckel glaubt:»Die Bedeutung der sozialen Mobilität wurde durch Herkunft ersetzt. Was wir erleben ist eine Refeudalisierung der Gesellschaft.« Deutschland hat wieder einen Adel: den Geldadel.

Deutschland, eine Steueroase für Reiche

Zum Selbstverständnis dieses Staates gehört es, in die Verteilung des Reichtums regulierend einzugreifen. Die starken Schultern tragen die größere Last. So lautet das Mantra des deutschen Sozialstaates. Doch im wahren Leben läuft es exakt andersherum. Die Mittelschicht schultert die Last des Gemeinwesens fast alleine.

Die Deutschen sind ein außergewöhnlich soziales Volk. Sie leisten sich gleich zwei Solidargemeinschaften: Steuerzahler und Beitragszahler. Die Mittelschicht zahlt brav in beide Systeme ein. So sind die ärmeren 90 Prozent Mitglied in der gesetzlichen Sozialversicherung. Die meisten sind dazu verpflichtet. An der einen Hälfte des deutschen Sozialstaates ist die Oberschicht allenfalls noch symbolisch beteiligt. Die Beiträge zur Sozialversicherung beziehen sich ausschließlich auf das Arbeitseinkommen.

Unternehmensgewinne und Profite aus Kapitalgeschäften – die entscheidenden Einnahmequellen der Reichen – bleiben gänzlich verschont. Doch selbst beim Arbeitseinkommen kappt die Beitragsbemessungsgrenze die Zahlungen ab einem monatlichen Einkommen von 5600 Euro. Der Milliardär zahlt keinen Cent mehr in die Sozialversicherung als seine Chefsekretärin. In aller Regel zahlt er sogar deutlich weniger, nämlich nichts. Unternehmer und Selbstständige sind von der Versicherungspflicht generell befreit, und somit fast der gesamte Geldadel.

Die mit den stärksten Schultern tragen an der Last der Sozialversicherung einfach nicht mit. Sie lassen die Mittelschicht mit den Kosten der Arbeitslosigkeit allein. Sie finanzieren keine Renten und müssen sich nicht um die Folgen der Demografie sorgen. Sie bezahlen nicht für die Kosten der Gesundheitsversorgung der sozial Schwachen. Die Reichen sind keine Vollmitglieder der deutschen Solidargemeinschaft.

Bei der Privaten Krankenversicherung (PKV) wird das besonders anschaulich. Zwar gehören nicht alle Mitglieder der PKV zur Oberschicht, aber aus der Oberschicht sind alle bei einer privaten Krankenkasse versichert. Die PKV wirbt damit, dass diese Form der Versicherung über das gesamte Leben verteilt nicht teurer ist als die gesetzliche Krankenversicherung. Mitunter wird behauptet, sie sei unterm Strich sogar günstiger. Und das, obwohl die PKV auch teuerste Behandlungen klaglos bezahlt. Zudem berechnen die Ärzte der PKV bis zu dreieinhalb Mal höhere Honorare für identische Leistungen. Niedrigere Beiträge bei höheren Ausgaben – wie kann das funktionieren? Den Unterschied machen die Kosten der Solidarität. Gesetzlich Versicherte schleppen die Familien, die sozial Schwachen und die chronisch Kranken mit durch, deren Beiträge oft nicht annähernd die Kosten ihrer Gesundheitsversorgung decken. Es ist der Preis der Solidarität. Die Oberschicht bezahlt ihn nicht. Sie ist davon komplett und von Gesetzes wegen ausgenommen.

Doch Steuern, die müssen sogar die Reichen zahlen. Über Jahrzehnte hat die Wirtschaftselite sich dargestellt als verfolgte und vom Finanzamt ausgebeutete Minderheit. Das obere eine Prozent sieht sich als die Lokomotive, die den Zug der Staatsfinanzen ganz alleine zieht. Und den Bahnhof gleich mit. Als Beleg für die Behauptung wird gebetsmühlenartig auf die Statistik der Einkommensteuern verwiesen. Und in der Tat: Das eine Prozent der Spitzenverdiener zahlt ein Viertel aller Einkommenssteuern. Ein cleverer und zugleich dreister Propagandatrick. Mit Wahrheiten lügen.

Die Fixierung der Deutschen auf das Einkommen setzt sich beim Thema Steuern fort. Die Einkommenssteuer wird erheblich überbewertet. Tatsächlich macht sie nicht einmal ein Drittel des gesamten Steueraufkommens aus: 32,6 Prozent.[46] Die Spitzenverdiener zahlen davon ein Viertel. Macht rund acht Prozent der gesamten Einnahmen des Fiskus.

Für die Geldelite sind die Einkünfte aus der Erwerbsarbeit jedoch nicht entscheidend, sondern der Profit aus ihren Vermögen. Von diesen Kapitalerträgen zieht das Finanzamt pauschal 25 Prozent ab – wenn sie nicht gleich auf die Cayman Islands verschoben wurden. Beim Arbeitseinkommen hingegen wird ein Spitzensteuersatz von bis zu 45 Prozent fällig. Die Bezahlung der Leistung wird fast doppelt so hoch besteuert wie der leistungslose Profit der Zockerei.

In Deutschland heißen die Einnahmen des Fiskus »Steuern«, weil der Staat mit ihnen das Verhalten der Bürger und der Wirtschaft steuern will. Das funktioniert: Reiche, die es sich leisten können, ziehen sich aus den Mühen des Unternehmertums zurück und werden zu Anlegern. Dieser Weg wird den Vermögenden vom Finanzamt nahegelegt. Im Zentrum der Überlegungen steht immer weniger die Geschäftsidee, sondern die Anlagestrategie. Arbeit, Fleiß und Leistung werden bestraft, der mühelose Erfolg belohnt. Von wegen »Leistung muss sich lohnen«. Die deutsche Steuerpolitik fördert nicht Leistung, sondern Reichtum.

Der Staat bevorzugt das Vermögen, wo er nur kann: Deutschland ist eines der wenigen OECD-Länder, in dem Vermögen, mit der Ausnahme von Grundbesitz, überhaupt nicht besteuert wird. 1997 wurde die Anwendung der Vermögensteuer aufgrund einer Entscheidung des Bundesverfassungsgerichtes ausgesetzt. Die Richter beanstandeten jedoch nicht die Steuer selbst, sondern die Methode, mit der sie erhoben wurde. Der Gesetzgeber hätte eine neue Vermögensteuer einführen können. Hat er aber nicht. Es ist kompliziert, Vermögen bis ins letzte Detail gerecht zu erfassen und zu besteuern. Um dabei kleine Ungerechtigkeiten zu vermeiden, lebt Deutschland lieber mit der großen Ungerechtigkeit, dass Vermögen gar nicht besteuert wird.

Der Beitrag der Erbschaftssteuer zum gesamten Steueraufkommen ist abgesunken in den Promillebereich. Alle vermögensbezogenen Steuern zusammengerechnet machen nur einen Anteil von 2,3 Prozent des gesamten Steueraufkommens aus. Das ist der niedrigste Wert aller großen Industriestaaten. In den USA und in Großbritannien, den Mutterländern des Kapitalismus, tragen Steuern auf Vermögen nicht lediglich mehr, sondern ganze fünf Mal mehr zur Staatsfinanzierung bei. Von einer Vermögensverschonung wie in Deutschland kann selbst die Tea Party nicht einmal träumen. »Dass die Vermögenskonzentration in den letzten Jahren so zugenommen hat, hängt auch mit der Steuerpolitik zusammen«, sagt Markus Grabka vom SOEP. Die Vermögensumverteilung von Billionen Euro ist also ein Werk der deutschen Finanzpolitik. Deutschland ist eine Steueroase für Vermögen.

Vom Arbeitslohn kassiert der Staat im Durchschnitt 45 Prozent Steuern und Abgaben zur Finanzierung der Gemeinschaftsaufgaben.[47] Die Reichen leben vorwiegend vom Gewinn aus Unternehmertätigkeit und vom Profit aus ihren Kapitalgeschäften. Davon gehen im Schnitt lediglich 22 Prozent an den Fiskus.[48] Deutschland hat also eine negative Steuerprogression: Je größer der Reichtum, desto geringer ist der Steuersatz.

Die für den Geldadel wichtigsten Steuern sind die Kapitalertragssteuer und Körperschaftssteuer, die auf Unternehmensgewinne erhoben wird. Inzwischen beträgt der Anteil der Kapitalertragsteuer am gesamten Steueraufkommen nur noch 2,7 Prozent. Der Beitrag der Körperschaftssteuer ist sogar noch mickriger: 2,5 Prozent. Nehmen wir zum Vergleich die Tabaksteuer: Sie bringt es auf immerhin 2,8 Prozent. Die Raucher blasen mehr Geld in die Staatskasse als alle Unternehmensgewinne aller Unternehmen zusammen.

In den vergangenen Jahrzehnten machte noch jede Bundesregierung der besitzenden Klasse schöne Steuergeschenke. Zu Lasten der Mittelschicht, zu Lasten der Arbeitnehmer. Die beinahe revolutionäre Veränderung zeigt sich in Zahlen, die Claus Schäfer von der Hans Böckler Stiftung berechnet hat. [49] Mehrwertsteuern, Mineralölsteuern und Lohnsteuern werden von der Masse der Gesellschaft aufgebracht. 1960 betrug der Anteil dieser »Massensteuern« am Gesamtaufkommen noch etwa 38 Prozent. Die »Gewinnsteuern«, die typischen Steuern der Reichen, hatten einen Anteil von etwa 35 Prozent. Bis 2010 hat sich der Anteil der »Massensteuern« mit 71 Prozent fast verdoppelt, während die »Gewinnsteuern« unter 20 Prozent abgerutscht sind. Die Oberschicht überlässt die Finanzierung des Staates weitgehend der Mittelschicht.

Tax the Rich!

Der Rückzug des Geldadels ist kein virtuelles Phänomen, das nur in Tabellen und langen Datenreihen auszumachen ist. Man kann ihn sehen. Mit bloßem Auge. Buchstäblich an jeder Straßenecke. Früher haben die Deutschen überlegen gelächelt, wenn in amerikanischen Filmen die Autos über die minderwertigen US-Straßen hoppelten. Heute sind die Straßen hierzulande genauso bucklig. Die öffentlichen Gebäude sind vielfach in einem räudigen Zustand. Das Land der Dichter und Denker lässt seine Bibliotheken sterben. Universitäten bringen die Regenrinnen inzwischen innen in den Vorlesungssälen an, weil das Geld für die Sanierung der Dächer fehlt. Klassenzimmer werden nur noch gestrichen, wenn Eltern in den Ferien selbst Hand anlegen. In einigen Gemeinden Brandenburgs müssen Anwohner die Straßen zu ihren Häusern in Eigenregie bauen und finanzieren, weil die Kommunen vollkommen pleite sind. Weil der Staat verarmt, lässt Deutschland seine öffentliche Infrastruktur vielerorts verrotten. Die Investitionen der öffentlichen Hand sind mit den Jahren dramatisch zusammengestrichen worden. In den 70er Jahren investierte der Staat – gemessen am Bruttoinlandsprodukt (BIP) – drei Mal so viel wie heute.[50] Während das eine Prozent immer mehr Fett ansetzte, hat sich der schlanke Staat zu einem magersüchtigen runtergehungert.

Ludwig Erhard hat die Reichen noch ganz anders zur Kasse gebeten. Er verlangte von ihnen einen »Lastenausgleich«. Damit sollte die Eingliederung der Vertriebenen finanziert werden. Tatsächlich war es eine Vermögensabgabe, und zwar in einer erheblichen Größenordnung. 1948 wurde der Wert der Vermögen geschätzt. Von diesem Wert mussten die Besitzer glatt die Hälfte abgeben. Nicht alles auf einmal, sondern über 30 Jahre verteilt, macht im Schnitt eine jährliche Belastung von 1,67 Prozent. Der Lastenausgleich hatte immerhin ein Volumen von einem Prozent des Bruttoinlandsproduktes (BIP).[51] Gäbe es Erhards geniale Erfindung heute noch, müssten die Vermögenden jedes Jahr rund 27 Milliarden Euro zusätzlich in die Staatskasse zahlen. Damit könnte der Staat die Verletzungen, die von der Finanzkrise in seinen Haushalt gerissen wurden, zwar nicht komplett heilen. Sie würden die Schmerzen jedoch spürbar lindern.

Ludwig Erhard war kein Kommunist, in seiner Amtszeit als Minister erlebte die Bundesrepublik keinen Sozialismus. Von Wirtschaftsliberalen und von Unternehmern wird Erhard noch heute als die Ikone der Marktwirtschaft, des freien Unternehmertums und der Leistungsgesellschaft verehrt. Zu Recht. Würde heute jemand eine Rückkehr der Vermögenden in die Gemeinschaft der Steuerzahler in der Größenordnung des Lastenausgleichs fordern, er würde als ahnungsloser Sozialist beschimpft, als Gefahr für den Standort Deutschland. Bei Erhard nannte man das Wirtschaftswunder.

Die »Last«, die es heute auszugleichen gilt, ist die Bewältigung der Krise des Finanzmarktes. Welchen Schaden die Zockerei der Reichen angerichtet hat, lässt sich am besten bei einem Blick in die Geschichte der deutschen Staatsverschuldung ermessen.[52] Die Bundesrepublik ging mit einem flachen Schuldenhügel von rund 20 Prozent des BIP an den Start. Beim Ausbau des Sozialstaates kamen noch einmal Schulden in gleicher Dimension dazu. Wir sind bei 40 Prozent. Den dritten Schuldenschub verursachten die Kosten der Wiedervereinigung. Der Hügel wurde zum Berg: 60 Prozent. Das Krisenmanagement infolge der Lehman-Brothers-Pleite hat die öffentliche Verschuldung noch einmal um 15 bis 20 Prozentpunkte anwachsen lassen. Vorläufig. Heute sind wir bei über 80 Prozent. Die Größenordnung der Verschuldung, die der Geldadel der gesamten Gesellschaft aufgeladen hat, entspricht also den Kosten der jeweils größten Projekte in der Geschichte der Bundesrepublik: Ausbau des Sozialstaates und Wiedervereinigung.

Vor dem Bankencrash hat einzig die kleine Minderheit der Großanleger von den wundersamen Tricks der Investmentbanker profitiert, und das in einem unvorstellbaren Ausmaß. Die Fairness verlangt, dass die Verursacher und einzigen Profiteure auch für den Schaden geradestehen müssen. Die Konsequenz wäre dann: höhere Steuern und Abgaben für Vermögende!

Doch Deutschland geht einen anderen Weg der Krisenbewältigung: Es verschuldet sich. Beim wem? Bei den Reichen. Geld zum Verleihen haben vor allem die mit den großen Finanzvermögen übrig. Die Anleger zeichnen die Staatsanleihen indes nicht aus

Verantwortungsgefühl für die Gemeinschaft. Sie verlangen natürlich Zinsen. Die Reparatur der Finanzmarktschäden macht seine Verursacher reicher und mächtiger. Durch die Staatsverschuldung wird der Geldadel zum Gläubiger. Aus den Rettern werden Schuldner. Die Gläubiger, das war schon immer so, diktieren die Regeln. Die 99 Prozent stehen in der Schuld des einen Prozents. Für Generationen.

Noch immer nicht genug. Umverteilung des Billionenvermögens nach oben, plus dramatische Steuerentlastung der Reichen in den vergangenen Jahrzehnten, plus Rettung des bereits verzockten Finanzkapitals – der Hals der Oberschicht ist noch nicht voll. Legale Bereicherung reicht vielen nicht, sie müssen auch noch betrügen. Mit Steuerhinterziehung.

Die Tricks der Oberschicht

Die Oberschicht schickt ihr Geld auf Reisen. Die Finanzmarktanalysten der Schweizer Firma Helvea haben berechnet, dass allein auf Konten in der Schweiz rund 200 Milliarden Euro Schwarzgeld aus Deutschland liegen.[53] Luxemburg, Liechtenstein, die Cayman Islands und andere sichere Häfen für schwarzes Geld noch gar nicht mitgezählt.

Die Deutsche Steuergewerkschaft schätzt, dass jährlich 30 Milliarden Euro illegal am Finanzamt vorbeigeschleust werden. Die OECD vermutet sogar einen noch höheren Betrag. Jeffrey Owens, der Steuerexperte der OECD, beklagt den laxen Vollzug der Steuergesetze in Deutschland. »Wir reden von vielen, vielen Milliarden Euro«, sagt Owens.[54] Er geht davon aus, »durch besseren Steuervollzug die Einnahmen um mindestens 20 Prozent steigern zu können.« In Deutschland wären das gut 100 Milliarden zusätzliche Steuereinnahmen, wenn die Steuergesetze konsequent befolgt würden. Tricksen bei der Steuer ist Teil der Lebensform des Reichtums geworden.

Es gehört zu den guten Manieren am Hofe des Geldadels. Unterstützt werden die Habenden dabei von einer ganzen Steuertrickser-Industrie. Die Zahl der Steuerberater hat allein zwischen 2000 und 2010 um 30 Prozent zugenommen.[55] Bei der Steuervermeidung gelten die gleichen Grundsätze wie bei der Geldanlage: Das Ganze rentiert sich erst richtig, wenn die Beute fett genug ist, um auch noch die besten und teuersten Profis mit durchfüttern zu können. Schließlich sind sie es, die sich die kreativen und am Ende wirklich lukrativen Steuerkonzepte ausdenken. Sie ziehen alle Register und manchmal erfinden sie auch neue. Steuerberater sind die Kollegen der Wealth Manager. Oft arbeiten sie sogar im Team an einem »Fall« zusammen.

Es sind nicht die kleinen Leute, die den Staat um das große Geld betrügen. Konten in Liechtenstein und Steuervermeidungsbüros in Premiumlagen der Großstädte kennt die Mittelschicht nur aus der Zeitung. Trotzdem versucht sie mit Bordmitteln ein wenig mitzuspielen. *1000 ganz legale Steuertricks* von Franz Konz ist eines der meistverkauften Bücher deutscher Sprache. Am Wochenende laden sich Familienväter die neuste Steuersoftware auf den heimischen PC, um dem Finanzamt den einen oder anderen Euro abzutrotzen.

Der Umgang mit den Steuern ist einer der wenigen Bereiche des Lebens, bei dem die Oberschicht stilbildend für die gesamte Gesellschaft geworden ist. Die Jagd nach Steuerschlupflöchern wurde auch in der Mittelschicht zum Volkssport. Dabei bleibt der Profit der Trickserei bei Arbeitnehmern meist in der Größenordnung von Flaschenpfand. Ihre Steuern werden monatlich und automatisch einbehalten. Bei Selbstständigen und Unternehmern verlässt sich die Finanzverwaltung indes auf deren eigene Angaben. Im Durchschnitt werden familiengeführte Unternehmen nur alle 30 Jahre überprüft, »Millionäre in manchen Bundesländern nur alle 20 Jahre«, sagt Dieter Ondracek, der ehemalige Vorsitzende der Steuergewerkschaft. »Die Dummen sind letztlich die Arbeitnehmer. Denn sie haben gar keine Möglichkeit, steuerunehrlich zu sein.«[56]

Das steuerliche Wellnessprogramm geht inzwischen sogar vielen Wohlhabenden zu weit. In Zeitungen und Zeitschriften fordern einige Steuererhöhungen für sich und ihre Reichtumsklasse.[57] SAP-Gründer Dietmar Hopp verlangt das nicht nur, er überweist gleich freiwillig einen höheren Betrag an die Staatskasse.

Andere Vermögende gründen eine Stiftung. Die meisten geben an, sie wollten der Gesellschaft »etwas zurückgeben«. Zurückgeben kann man nur, was man zuvor genommen hat.

Die Vermögen gehen stiften

Über viele Jahrzehnte war Deutschland ein Entwicklungsland in Sachen Stiftungen. Doch allein 2011 gingen 817 neue Stiftungen an den Start. Inzwischen erlebt Deutschland einen wahren Stiftungsboom. Genau genommen seit dem Jahr 2007. Damals hat der damalige Finanzminister Peer Steinbrück die Möglichkeiten ausgeweitet, mit gemeinnützigen Stiftungen Steuern zu sparen. Der entscheidende Auslöser des Booms war also nicht das Bedürfnis, die Gesellschaft zu unterstützen – das war auch vorher möglich –, sondern die günstige Gelegenheit, dabei die eigene Steuerlast zu drücken.

Wie viele Geldinstitute, bietet auch die Bank Hauck & Aufhäuser ihren Kunden ein Servicepaket »Stiftungsmanagement« an. In einem Werbetext der Bank heißt es dazu: »Auf diesem Weg arbeiten wir gerne mit Ihren Steuerberatern und Anwälten zusammen, um bei dem komplexen Umfeld alle Vorteile einer Stiftung zu sichern. Neben zahlreichen Faktoren spielt der steuerliche Aspekt eine wichtige Rolle.«[58]

Nur ein kleinerer Teil der Stiftungen hat es sich zur Aufgabe gemacht, das Besondere zu fördern: Begabungen, außergewöhnliche Leistungen oder wissenschaftliche Exzellenz. Hier treten die

Stiftungen nicht in Konkurrenz zum Staat. Der kann aus Gründen der Gerechtigkeit nicht viele Tausend Euro für die Ausbildung einer einzelnen talentierten Pianistin zahlen, wenn er Gleichaltrigen aus Kostengründen sogar eine Blockflöte verweigert. Der Staat neigt zwangsläufig zur Gleichmacherei. Stiftungen jedoch können das durchbrechen und das Herausragende ermöglichen. Dann sind sie eine Bereicherung für die Gesellschaft.

Doch die allermeisten Neugründungen betätigen sich am entgegen gesetzten Aufgabenspektrum der Stiftungsaktivität. »Soziale Zwecke« ist der mit weitem Abstand häufigste Stiftungsgrund:[59] Sie wollen »etwas Gutes tun«, »Bedürftigen helfen«, »am liebsten was mit Kindern«.

Die Deutschlandkarte der Stiftungen zeigt eine deutliche Ballung in der unteren Hälfte, Tendenz leicht unten links.[60] In Baden-Württemberg und in Bayern leben besonders viele HNWIs, die reich genug zum Stiften sind. Die Bedürftigkeit ist jedoch exakt anders herum verteilt. Sie ist oben rechts am größten, in den neuen Bundesländern. Trotzdem hatten 92,5 Prozent aller Neugründungen im Jahre 2011 ihren Sitz in den alten Bundesländern. Stiftungsgelder landen also vor allem in der Nachbarschaft des Stifters, nicht in der Nachbarschaft der Bedürftigkeit.

Michael Schramm von Hauck & Aufhäuser kennt den Grund, warum die Stiftung oft ein Heimspiel wird: »So mancher will sich mit einer Stiftung unsterblich machen.« Dass die Stiftung gern als Mittel genutzt wird, seinen Reichtum in akzeptierter Form zu zeigen, sieht auch Ulrich Schneider so, der Geschäftsführer des Paritätischen Wohlfahrtsverbandes: »Stiftungen wollen wahrgenommen werden. Sie wollen Hochglanzbroschüren.«

Nun ist das eine Prozent nicht von Hause aus die kompetenteste Gruppe, wenn es um Bedürftigkeit geht. Wie selbstverständlich gehen die reichen Stifter davon aus, dass sie im Zweifel besser helfen, als es der Staat vermag. Doch die Wohltäter aus der Wirtschaftselite schlampen bei den Hausaufgaben: der Marktanalyse.

Hilfe ist in Deutschland keine Angelegenheit von Ehrenamtlichen, die nach Feierabend Gutes tun, sondern eine Branche mit zwei Millionen Beschäftigten. Die Hilfsindustrie ist die größte Branche der gesamten deutschen Volkswirtschaft.[61] Das deutsche Hilfssystem ist das am stärksten ausdifferenzierte in der Geschichte der Menschheit. Zu glauben, als erfahrener Unternehmer der Autozulieferindustrie sei man auch in der Lage, sich in dem umkämpften Hilfsmarkt segensreich engagieren zu können, setzt eine Menge Hybris voraus. Man stelle sich den umgekehrten Fall vor: Ein Geschäftsführer einer erfolgreichen Kette von Behindertenheimen käme auf die Idee, so eben mal eine Firma zu gründen, die Vorderachsen für BMW zuliefert.

Die Hilfsstiftungen, ob sie nützliche Arbeit leisten oder lediglich den Profis auf den Füßen stehen, widersprechen jedoch immer dem Grundgedanken dieses Sozialstaates. Das Grundgesetz garantiert jedem Bedürftigen Unterstützung. Hilfe ist ein Grundrecht. Kein Hilfesuchender muss in Deutschland Bitte oder Danke sagen. Das ist der entscheidende Unterschied zwischen Sozialstaat und Charity. In der Demokratie entscheiden letztlich die Bürger darüber, wem wie geholfen wird. Und nicht der Fürst.

»Als Stifterin hatte ich plötzlich eine ungeheure Macht, die ich so gar nicht wollte«, erzählt mir eine schwäbische Multimillionärin, die sich an einer eigenen Stiftung versucht. Auch sie will anonym bleiben. »Ich wollte irgendwas Soziales machen. Da kamen dann Menschen mit ihrer persönlichen Not zu mir. Was macht man da? Ich saß da und musste entscheiden: Der kriegt was, der kriegt nichts. Damit war ich ganz unglücklich.« Die hilflose Helferin kam sich vor wie der Fürst, der den Daumen hebt oder senkt. Sie versuchte, sich mit anderen Stiftungen in ihrer Region auszutauschen und stellte fest: »Viele haben das gleiche Problem wie ich: Woher soll man wissen, wem man am besten hilft. Letztlich bleibt doch jeder Stiftungszweck willkürlich.«

Die reiche Schwäbin hat ihr Vermögen nicht erarbeitet. »Ich kann ja auch nichts dafür, dass ich ein Unternehmen geerbt habe.« Als ihr klar wurde, dass sie die Firma nicht erfolgreich würde führen können, verkaufte sie. Im Jahr darauf stand sie in der Liste der »500 reichsten Deutschen« des *manager magazin*. Worüber sie sich sogleich beim Verlag beschwerte.

Erben ist der Königsweg zu wahrem Reichtum

Ihre Reichtumsgeschichte ist typisch für den Geldadel. Reich wird man vor allem durch eine reiche Familie. Die Erbschaft ist der Königsweg zum Vermögen. Melanie Böwing-Schmalenbrock hat in ihrer Doktorarbeit die »Wege zum Reichtum« untersucht.[62] Schon bevor die Forscher über gesicherte Daten verfügten, sind sie von einer überragenden Bedeutung des Erbens ausgegangen. Jetzt lautet das Fazit der Soziologin: »Erbschaften sind noch weitaus wichtiger, als die Wissenschaft bisher schon angenommen hat.«

Es gibt zwei Wege, ein Vermögen auf die nächste Generation zu übertragen: mit kalter Hand oder mit warmer, Vererben oder Schenken. Meist entscheiden die Steuerberater, welche Methode bevorzugt wird. Über 86 Prozent der reichen Haushalte gaben bei Böwing-Schmalenbrocks Untersuchung selbst an, bereits eine bedeutende Erbschaft oder Schenkung erhalten zu haben. 56 Prozent wurden gleich zwei Mal bedacht, ein Viertel sogar drei Mal oder mehr. Von den durchschnittlichen Haushalten in Westdeutschland erben lediglich 20 Prozent. Ostdeutsche haben so gut wie gar nichts zu vererben. Von den reichen Haushalten schätzen zwei Drittel, dass für ihren Wohlstand Erbschaften besonders wichtig waren. Das bedeutet umgekehrt: Nur ein Drittel der Vermögenden wurde ohne das Geld der Vorfahren, allein durch eigene Leistung reich.

Einkommen ist ungleich verteilt. Vermögen noch ungleicher. Alles kein Vergleich zum Erben. Die Übertragung des Vermögens auf die nächste Generation ist höchste Form der Ungleichheit. Das ist das Ergebnis der umfangreichen Studie »Erben in Deutschland«, die das Deutsche Institut für Altersversorgung (DIA) vorgestellt hat.[63] »Der eine erlebt einen Wolkenbruch, der andere einen Nieselregen und noch mal andere nicht mal den Morgentau«, schreiben die Autoren in der Einleitung. In über der Hälfte der Fälle, in denen überhaupt etwas vererbt wird, geht es um Beträge unter 25 000 Euro. Bei nicht einmal einem Viertel aller Erbschaften haben Immobilien und das Ersparte auf der Bank zusammen einen Wert von über 150 000 Euro. Nur zehn Prozent aller Erbschaften sind überhaupt erbschaftsteuerpflichtig. Erben ist also ein Privileg einer absoluten Minderheit. Dennoch äußert sich die absolute Mehrheit bei Umfragen regelmäßig gegen eine stärkere Besteuerung der Hinterlassenschaft. Die Mittelschicht verteidigt vehement die Privilegien der Oberschicht. Sie streitet für eine andauernde Umverteilung nach oben. Die Verteilung des Reichtums wird betoniert, für Generationen. Die Mittelschicht kämpft für die Kinder des Geldadels. Und gegen die eigenen.

Von dem »Erwerb von Todes wegen«, wie das Steuerrecht es nennt, bekommt der Staat so gut wie nichts. 2010 starb Theodor Albrecht, einer der beiden Aldi-Brüder. Geschätzte Hinterlassenschaft: 16 Milliarden Euro. Laut Steuertabelle wären davon mindestens 4,8 Milliarden Euro Erbschaftssteuer fällig. Die Bundesrepublik Deutschland hat 2010 insgesamt jedoch nur 4,4 Milliarden Euro Erbschaftssteuer eingenommen.

Würden auch die reichsten Hinterbliebenen ihr Erbe streng nach der Tabelle versteuern, dann müssten allein die zwei Prozent mit den größten Erbschaften insgesamt gut 50 Milliarden Euro an Erbschaftssteuern an den Fiskus überweisen.[64] 50 Milliarden Einnahmen sind es in der Theorie. Tatsächlich haben die Finanzämter in den vergangenen Jahren durchschnittlich etwa vier Milliarden Euro Erbschaftssteuer eingenommen, nicht einmal ein Zehntel. Wie kommt diese riesige Differenz zustande? Es ist ein

Werk der Steuerberater. Der Generationswechsel des Vermögens ist die Champions League der Steuervermeidungsindustrie. »Estate Planning«, der Umweg um das Finanzamt bei der Vermögens- übertragung, ist inzwischen ein eigener Ausbildungsgang an deutschen Hochschulen. Zum Beispiel an der European Business School im Rheingau.[65]

In der Praxis buddeln dann zertifizierte »Estate Planner«, Steuer- berater und »Wealth Manager« der Bank in einem Team gemein- sam an Steuerschlupflöchern. Praktisch alle Privatbanken, die im Geschäft des Vermögensmanagement tätig sind, bieten ihren Kunden das Rundum-sorglos-Paket »Vermögensnachfolge« an. In einem Werbetext der feinen Berenberg Bank heißt es dazu etwa: »Gern arbeiten wir mit Ihrem steuerlichen und rechtlichen Berater zusammen, um die beste Strategie zum richtigen Zeitpunkt zu entwickeln.«[66] Das Ziel ist klar: kein Cent Erbschaftssteuer für den Staat.

Erben, das hat Reichenforscher Wolfgang Lauterbach herausge- funden, sind anders als andere Reiche. »Wer durch Leistung und Unternehmertum reich geworden ist, engagiert sich deutlich stär- ker für die Gesellschaft, als derjenige, der durch Erbschaft reich geworden ist.« Die Wahrscheinlichkeit, dass sich ein vermögender Unternehmensgründer für die Belange der Gemeinschaft inter- essiert und engagiert, ist zweieinhalb Mal größer als bei einem Gleichreichen, dem die Ahnen das Konto überschwemmten.[67] Erben sind die isoliertesten Reichen, die sich am weitesten in ihre Parallelgesellschaft zurückgezogen haben.

In den vergangenen Jahrzehnten erlebte der deutsche Geldadel eine wahrhaft königliche Zeit. Doch das nächste Jahrzehnt wird noch viel besser. Grund dafür ist die Demografie. Nach Berech- nungen des Deutschen Instituts für Altersforschung geht bis 2020 mehr als ein Viertel des privaten Vermögens an die nächste Gene- ration. 260 Milliarden werden den Besitzer wechseln. Und das in jedem Jahr![68] Noch nie in der Geschichte wurden in so kurzer

Zeit solche gigantischen Werte vererbt. Und dabei umverteilt. Der Reichtum rückt noch weiter nach oben. Die Vermögenskonzentration wird schon in wenigen Jahren Dimensionen erreichen, die wir uns heute noch nicht vorstellen können. Der Aufstieg des einen Prozents hat gerade erst begonnen.

Die richtigen Großeltern. Vater und Mutter aus dem Geldadel. Auf einem Internat in England den Habitus verinnerlichen. Einen Partner aus bestem Hause heiraten. Hin und wieder versuchen, ein Unternehmen zu gründen. Das Geld für sich arbeiten lassen. Bei der Verwaltung und Vermehrung des Vermögens den »Wealth Manager« nicht stören. Ein Team erstklassiger Steuerberater engagieren. Kontakte mit der Gesellschaft meiden. Und dann natürlich: erben. Am besten: nochmal erben.

Reiche wissen: So wird man reich.

2 DIE UNTERSCHICHT
In Deutschland haben die Armen Geld genug

Es waren Probleme, die man riechen konnte. Schon vor der Haustür. Im Treppenhaus des Plattenbaus wurde der Gestank intensiver. Er quoll aus der Wohnung im Erdgeschoss. Der Hund war offenbar nicht völlig stubenrein. Und auch die Katzen nicht. Angeblich drei. Auf den Treppenstufen gammelten Mülltüten. Andrea Thiel öffnete die Wohnungstür nur einen Spalt weit. Nicht aus Angst. Sie wollte vermeiden, dass mir der Durchzug die Federn ihres Großsittichs ins Gesicht blies. Vor dem Badezimmer schimmerte eine Pfütze. Die Toilette war leck. »Ich hab's dem Hausmeister gemeldet«, sagte Frau Thiel. Der Herd war irgendwo in der Küche unter einem Berg von Krempel vergraben. Dieselbe undefinierbare Masse Zeug blockierte die Türen zu den beiden Kinderzimmern. Die Waschmaschine, Spende einer Hilfsorganisation, stand auf dem Balkon. »Es kommt einfach keiner, der sie mir anschließt.«

So lebte Andrea Thiel mit ihren Zwillingen Yasmin und Florian in einer Dreiraumwohnung in Berlin-Marzahn. Sie war damals Ende 40, langzeitarbeitslos und hatte Diabetes. Der Vater, auch langzeitarbeitslos, beteiligte sich nicht an der Erziehung und trug nichts zum Lebensunterhalt der Familie bei. Er hatte insgesamt sechs Kinder mit vier Frauen und wohnte bei seiner aktuellen Freundin am anderen Ende von Marzahn. Die Zwillinge waren elf Jahre alt und gerade zum zweiten Mal sitzen geblieben. Florian war so dick – 75 Kilo –, dass die Kinderärztin sich ernsthafte Sorgen machte. »Er ist halt 'ne Eisvernichtungsmaschine«, entschuldigte sich seine Mutter. »Und die

Yasmin, die schaut schon nach den Jungs. Da kann man nichts machen.«

Bei meinem ersten Besuch lag eine Kinderunterhose auf dem Teppich, irgendwo auf dem halben Weg zwischen dem Couchtisch und dem riesigen Fernseher. In den folgenden Wochen war ich alle paar Tage bei den Thiels. Jedes Mal schien es, als habe sich die Unterhose bewegt, in Richtung des Kabelstrangs, aus dem die vielen Elektrogeräte mit Strom versorgt wurden. Mit der Zeit verfingen sich immer mehr Hunde- und Katzenhaare in dem Wäschestück. Streu aus dem Vogelkäfig segelte darauf. Schließlich war aus der Unterhose ein kleiner Hubbel auf dem Teppich geworden, der in den Farben des ewig flimmernden Fernsehers leuchtete.

Florians Bett war einige Monate zuvor zusammengebrochen. Seitdem versuchte Frau Thiel herauszufinden, bei wem sie einen Antrag für ein neues Bett stellen soll. Sozialamt? Jugendamt? Jobcenter? Yasmin und Florian störte der Dreck und der Sperrmüll nicht, genauso wenig wie die Nachbarkinder. Die Wohnung der Thiels war ständig voller Kinder aus den Wohnblocks. Manche blieben hin und wieder über Nacht, wenn es bei ihnen zu Hause zu ungemütlich wurde. Oder zu gefährlich. Andrea Thiel schlug ihre Kinder nicht, sie nahm keine Drogen und war nie betrunken. Das machte Florians und Yasmins Zuhause für so manche ihrer Freunde zu einer friedlichen Insel, auf der sie sich ausruhen konnten von ihrem Leben in der Wohnung daneben, darüber oder im Haus gegenüber.

Überzogen? Eine Ausnahme?

2008 besuchte ich die Thiels zum ersten Mal.[1] Wäre dies mein erster Kontakt zur neuen deutschen Unterschicht gewesen, ich hätte die Thiels für einen extremen Einzelfall gehalten, untypisch und ohne Aussagewert für diesen Teil der Gesellschaft. Doch in den Jahren, bevor ich die Thiels traf, war ich unzählige Male in solchen Wohnungen in Stadtvierteln, die man soziale Brennpunkte nennt: in Essen-Katernberg, in Köln-Chorweiler, in Hamburg-

Wilhelmsburg, in Berlin-Neukölln oder in Halle-Neustadt. Oft entdeckte ich in den Wohnungen elektronische Geräte, die mir bis dahin unbekannt waren. Aber niemals Bücher. Stets saß ich auf riesigen Couchgarnituren. Nie wurde der Fernseher auch nur leiser gedreht. Meistens teilten meine Gastgeber die Wohnung gleich mit mehreren Tieren. Ich traf völlig überforderte Menschen. Sie hatten die Kontrolle verloren über die Erziehung ihrer Kinder, über ihr Geld, ihre Zeit, ihre Gesundheit, ihre Wohnungen, ihre Sexualität. Über ihr Leben. Andrea Thiel und ihre Kinder sind ein drastisches Beispiel für eine Familie der Unterschicht. Aber ein typisches.

Das Armutsdogma

In Deutschland gibt es nur ein Merkmal, mit dem soziale Unterschiede dargestellt werden: Geld. Die soziale Frage wird auf das Haushaltsnettoeinkommen reduziert. Doch die Lebenssituation von Familie Thiel und ihren Nachbarn, von Menschen am Rande der Gesellschaft wird dadurch nicht realistisch beschrieben. Die Probleme der Benachteiligten sind viel weitgehender, grundsätzlicher und gemeiner, als es ein paar fehlende Euros ausdrücken können.

In den vergangenen zwei Jahrzehnten hat sich in Deutschland eine neue Unterschicht gebildet. Sie ist gekennzeichnet durch eigene Lebensformen, eine eigene Ästhetik, eigene Medien, eigene Werte und Vorbilder. Es ist wie ein anderes Land, mitten in Deutschland. Der Abstand dieser Parallelgesellschaft zur Mitte vergrößert sich. Doch der Graben verläuft nicht entlang der ökonomischen Grenzen, sondern der kulturellen. Die Spaltung am unteren Rand der Gesellschaft ist eine kulturelle Spaltung.

Diese Erkenntnis ist unangenehm. Sie schmerzt. Und sie widerspricht der Ideologie vieler sozial engagierter Menschen. Die geben ihre langjährige Überzeugung nicht widerstandslos auf, nicht ohne Kampf. Das sollte auch ich erfahren.

2004 schrieb ich meine erste Reportage aus der fremden Welt in unserer Nachbarschaft. Sie führte mich nach Essen-Katernberg. Ich traf die zweieinhalbjährige Sydney, die den ganzen Tag im Kinderzimmer mit japanischen Zeichentrickfilmen und Duplos ruhig gestellt wurde. Sydneys Mutter Doris Bauer[2] und deren schwangere Freundin Gabi Wert[3] schauten im Wohnzimmer fern und rauchten. Hin und wieder stand Mutter Bauer auf, um gegen eine Zimmertür zu hämmern. »Is' schon nach Mittag«, brüllte sie. Hinter der Tür schlief ihr 20-jähriger Sohn aus einer anderen Beziehung. »Ich hab es ihm schon mehrmals gesagt: Such dir Arbeit! Mehrmals. Aber ...« Resigniert schaute sie die geschlossene Tür an.

Die beiden Frauen fanden es absolut normal, dass sie ihre Kinder alleine aufziehen mussten. Ihre Lover blieben nie lange. Wenn ein Schwangerschaftstest positiv ausfiel, packten die Männer am nächsten Morgen ihre Sachen. »Die Kerle wissen ja, dass Vater Staat für uns sorgt«, sagte Gabi Wert. »Naja, so toll nun auch wieder nicht«, widersprach Frau Bauer. »Sich mal was gönnen, zu McDonalds oder so, also so oft ist das nicht drin.«

Im Zuge der Recherche sprach ich mit vielen Sozialwissenschaftlern an deutschen Universitäten über meine Erfahrungen. Ich wollte wissen, welche Erkenntnisse sie über die Lebensform der Unterschicht hatten, jenseits der rein ökonomischen Fragen.[4] Selten ist mir bei Recherchen mit so offener Aggression begegnet worden.

Sozialwissenschaftler, die den unteren Rand der Gesellschaft erforschen, nennen sich in Deutschland meist »Armutsforscher«. Die Festlegung auf nur eine Erklärung von gesellschaftlicher Benachteiligung, nämlich die ökonomische, ist damit nicht das Ergebnis ihrer Forschung, sondern der Grund ihrer Berufung. Ergebnisoffene Forschung ist also gar nicht vorgesehen.

Entsprechend war die Reaktion auf meine Fragen: »Mit jemandem, der nach Gründen für die skandalösen Lebensverhältnisse der Armen abseits der ökonomischen Gegebenheiten sucht, will ich gar nicht reden«, sagte ein Professor aus Ostdeutschland und legte sogleich auf. Ein norddeutscher Kollege von ihm drohte gar: »Die Armen sind auch nicht anders als der Rest der Gesellschaft. Sie haben nur weniger Geld. Wenn Sie diese Tatsache leugnen, machen wir Sie fertig, das schwöre ich Ihnen.«

Der Streit um Worte

Meine Reportage wurde schließlich mit dem deutschen Sozialpreis 2005 ausgezeichnet.[5] Er wird von der Bundesarbeitsgemeinschaft der Freien Wohlfahrtspflege (BAGFW) vergeben. Präsidentin war Barbara Stolterfoht, ehemalige Sozialministerin in Hessen. Wenige Tage vor der feierlichen Preisverleihung in der Dependance der Dresdner Bank am Pariser Platz in Berlin musste ich wegen der Recherche für ein anderes Thema mit Frau Stolterfoht telefonieren.[6] Sofort begann sie, mich wegen meines »ungeheuerlichen« Artikels zu beschimpfen. Meinen Versuch, sie zu besänftigen, konterte sie : »Ja, ja, ich weiß: Arbeit macht frei.«

Knapp eine Woche später musste ausgerechnet Frau Stolterfoht bei der Preisverleihung vor der versammelten sozialpolitischen Prominenz Deutschlands die Laudatio auf mich und meine Reportage halten. »Ich achte die Unabhängigkeit der Jury, doch ich bin anderer Meinung«, begann sie ihre Anti-Laudatio, die eine Fundamentalkritik an meiner Arbeit darstellte. Am Tag darauf war mein Artikel Gegenstand einer Debatte im deutschen Bundestag.[7]

Es gibt eine Erklärung für diese ungewöhnlich heftige Reaktion: In meinem Artikel hatte ich das Glaubensbekenntnis der deutschen Sozialstaatsgemeinde angezweifelt. Ich hatte behauptet: Die Lebenssituation der Unterschicht ist nicht auf Geldarmut zurückzuführen. Das Gegenteil ist richtig: Geldarmut ist nicht die Ursache der beschriebenen Verhaltensweise, sondern ihre

Folge, eine Folge der Unterschichtskultur. Das wahre Elend ist also die Armut im Geiste, nicht die im Portemonnaie. Gegen diese Benachteiligung kann Geld nur wenig ausrichten. Die Unterschicht braucht keine höheren Transferzahlungen, sondern vor allem bessere Bildung.

Mitte der 2000er Jahre war diese These für viele eine unerträgliche Provokation. Harald Schmidt hatte das »Unterschichtenfernsehen« noch nicht als Spottobjekt entdeckt. Die Super-Nanny und Schuldenberater Peter Zwegat hatten der RTL-Gemeinde noch nicht die Abgründe in deutschen Familien vorgeführt. Heinz Buschkowsky aus Neukölln, Deutschlands berühmtester Bürgermeister, war damals noch völlig unbekannt. Die Talkshows hatten den Streit über das »Prekariat« noch nicht in ihr Standardprogramm aufgenommen.

Inzwischen ist die ganze Aufregung kaum noch nachvollziehbar. Das Wort »Unterschicht« steht nicht mehr auf dem Index der politischen Korrektheit. Dass Bildungsarmut die entscheidende Benachteiligung der Unterschicht darstellt, diese Erkenntnis ist heute keine Provokation mehr, sondern eine Binsenweisheit, die in keiner Sonntagsrede fehlen darf. Politik, Wissenschaft, Sozialindustrie – die ganze Gesellschaft hat sich bewegt. Ein kleines Stück nur, aber immerhin. Dennoch lautet die Überschrift über allen sozialen Problemen in Deutschland noch immer: Armut. Es ist das falsche Etikett. In Deutschland haben die Armen Geld genug.

Sie besitzen Mikrowellenherde, Spielkonsolen, Smartphones, Computer und natürlich Flachbildfernseher. Ja, das ist ein Klischee. Doch es ist gleichzeitig die Wahrheit, nachgewiesen von den Erhebungen des Statistischen Bundesamtes.[8] Dass in der Unterschicht die Frustration häufig mit der neusten Unterhaltungselektronik betäubt wird, haben längst auch die Hersteller der Geräte erkannt und ihre Verkaufstrategie auf diese Erkenntnis aufgebaut. Das Fotohandy oder der Festplattenrecorder, die neuste Technik wird fast immer über die Unterschicht in den Markt eingeführt.

Der DVD-Spieler ist ein Beispiel, an dem sich der Mechanismus erklären lässt. Heute besitzt fast jeder Leser dieses Buches einen DVD-Spieler. Die meisten Bücherleser haben mit dem Kauf gewartet, bis der Preis unter 100 Euro gerutscht war. Anfangs haben die Geräte jedoch 300 oder 400 Euro gekostet. Wer hat so viel dafür bezahlt? Die Branche kann sich darauf verlassen, dass ihre Neuheiten von den Menschen mit dem niedrigsten Haushaltseinkommen gekauft werden. Folgerichtig wendet sich der Media Markt mit seinem Slogan »Ich bin doch nicht blöd« an diejenigen, die den Verdacht haben, sie könnten es doch sein.

Die Wirtschaft investiert riesige Summen für Werbung, um an das Geld der Menschen zu kommen, die offiziell arm sind. Darauf basiert das Geschäftsmodell des viel zitierten »Unterschichtenfernsehens«. Privatsender finanzieren sich ausschließlich durch Werbung. Das gilt auch für Gerichtsshows und Reality Soaps am Vormittag. Aus Sicht der Industrie sind die »Armen« zahlungskräftige umworbene Kunden.

Armut ist keine absolute Größe. Darum wird heute stets von »relativer Armut« gesprochen. Entscheidend ist dabei vor allem eines: Wer definiert sie? Für WHO und OECD ist arm, wer weniger als die Hälfte des mittleren Einkommens zur Verfügung hat. In der EU liegt die Armutsgrenze bei 40 Prozent. In Deutschland ist die gebräuchliche Größe nicht die relative Armut selbst, sondern die Gefahr, dass man womöglich verarmen könnte, die »Armutsgefährdung«. Die ist bereits bei 60 Prozent erreicht. Je nachdem, welche Grenze gerade gilt, beginnt die Armut für Alleinlebende in Deutschland bei einem monatlichen Haushaltsnettoeinkommen von 690 Euro, oder 860 Euro, oder 1035 Euro. Alles bezogen auf die Daten des Statistischen Bundesamtes. Um die Verwirrung perfekt zu machen, definiert jedes wissenschaftliche Institut das Einkommen auf seine ganz eigene Weise. Damit weichen auch die Angaben zum mittleren Einkommen, dem Bezugspunkt sämtlicher Definitionen, erheblich von einander ab.[9] Wie wenig plausibel dieser Katalog von Armutsdefinitionen die Realität abbildet, zeigt ein Ländervergleich. Deutschland ist eines der reichsten Länder in der Welt, eines der reichsten in der Europäischen Union. Der Sozialstaat garantiert Bedürftigen ungewöhnlich hohe Transferzahlungen. Dennoch ist Deutschland ein Land mit einer hohen Gefahr zu verarmen. Statistisch gesehen. Was das statistische Armutsrisiko angeht, sind Ungarn oder die Slowakei weitaus ungefährlicher.[10] Am sichersten ist die Tschechische Republik. Da ist die »Armutsgefährdungsquote« nur etwa halb so hoch wie in Deutschland. So sieht die Welt durch die Definitionsbrille der Armutsforscher aus.

Europas Armutsflüchtlinge haben das offenbar noch nicht begriffen. Sie fliehen regelmäßig aus den armutssicheren Ländern ausgerechnet in das Zentrum der Armut, nach Deutschland. Eigentlich müssten die Migrationsströme umgekehrt verlaufen. Länder wie Ungarn oder Tschechien sind dem Ideal der Armutsforscher bedeutend näher: Die niedrigste Armutsgefährdungsquote ist nämlich erreicht, wenn alle nichts haben. Dann ist keiner mehr arm.[11] Die relative Armut sagt nichts über den tatsächlichen Wohlstand der Menschen aus. Der Begriff Armut ist irreführend, wenn man Lebenssituationen in Deutschland beschreiben will.

Doch Armut ist ein besonders wirksames Wort. Es projiziert Bilder im Kopf. Die Lobbyisten der Sozialindustrie haben das erkannt und für sich ausgenutzt.[12] Ulrich Schneider ist Hauptgeschäftsführer des Paritätischen Wohlfahrtsverbandes und so etwas wie der Cheflobbyist der Armutsszene. In einem langen Gespräch hat er mir erklärt, wie er und einige seiner Sozialmanagerkollegen sich vor Jahren in einer strategischen Entscheidung auf das Wort »Armut« geeinigt haben: »Armut war für uns immer auch ein politischer Kampfbegriff«, hat er zugegeben. Eine

Anleitung zum Kampf mit dem Begriff gibt er in seinem Buch »Armes Deutschland«: »Armut ist ein zutiefst interessengebundener Begriff. Eingebettet in parteitaktisches oder machtpolitisches Kalkül, eignet er sich trefflich, um Regierungen in Erklärungsnöte zu bringen und ihr Versagen nachzuweisen.«[13]

Das machtpolitische Kalkül war überaus erfolgreich. Heute wird bereits von den »Ärmsten der Armen« gesprochen.[14] Gemeint sind damit Familien in Deutschland. Die »Ärmsten der Armen« war ursprünglich die Bezeichnung für Slumbewohner in Kalkutta, auf deren Schicksal Mutter Theresa das Scheinwerferlicht der Weltöffentlichkeit lenkte.

Der hundertjährige erfolgreiche Kampf gegen die Armut

Die absolute Armut hat mit der relativen Armut in Deutschland gottlob nichts gemein. Das garantiert der deutsche Sozialstaat. Seit Generationen. Die Bekämpfung der Armut mit System ist keine Erfindung der Bundesrepublik. Bereits im 19. Jahrhundert diskutierten Politiker und Wohlfahrtsverbände im »Deutschen Verein für öffentliche und private Fürsorge« (kurz Deutscher Verein) über das Existenzminimum. Wissenschaftler wurden beauftragt herauszufinden, wie viele Kalorien ein erwachsener Mann mindestens benötigt und wie viel weniger Frauen und Kinder. Die ersten Regelsätze gab es in der Fürsorge schon 1898: wöchentlich 3 Mark für das Familienoberhaupt, 2,50 Mark für »die beim Manne lebende Ehefrau«.[15]

Auf dieser Welt hat niemand eine ähnlich lange Erfahrung mit der Berechnung von Regelsätzen und der Zusammenstellung von Warenkörben wie der deutsche Sozialstaat. Die Listen, in denen aufgeführt wird, was Bedürftigen als Existenzminimum zusteht, sind Spiegelbilder ihrer Zeit. In den 70er Jahren hielt das Sozialamt für Frauen unter anderem sieben Schlüpfer, zwei

Büstenhalter, zwei Hüfthalter und zwei Blusen für angemessen.[16] Über das Recht auf eine Zweithose für Männer wurde damals ausgiebig vor den Sozialgerichten gestritten. Später kamen Fahrrad, Radio, Schwarz-Weiß-Fernseher und schließlich Farbfernseher dazu. 1985 war der Warenkatalog schon viele Seiten dick und geradezu absurd detailliert. Darin stand beispielsweise: »150 Gramm Delikatessgurken (nicht in Scheiben)«, »100 Gramm Eiscreme, Fürst-Pückler-Art, Haushaltspackung« oder ein Ticket »DB-Schienenverkehr, Hin- und Rückfahrt, 2. Klasse, 30 km«.[17] Armut in Deutschland, schon vor 30 Jahren beinhaltete das ein Recht auf eine Haushaltspackung Fürst-Pückler-Eis.

Wer sich die Geschichte der Warenkörbe anschaut, wird feststellen: Alle paar Jahre lag mehr im Körbchen. Diejenigen, die von Leistungen des Sozialstaates abhängig sind, haben an der Steigerung des materiellen Wohlstandes in Deutschland sehr wohl teilgenommen. Das gilt auch für die Regelsätze der Transferzahlungen. Für die ganz besonders: »In den 70er Jahren betrug der Lohnabstand noch etwa 40 Prozent zu den mittleren Lohngruppen. Heute ist er praktisch nicht mehr vorhanden«, sagt der Fürsorgeexperte Jonathan Fahlbusch vom Deutschen Verein. Wirtschaftliche Armut hat der Sozialstaat schon vor Jahrzehnten endgültig besiegt.

Sönke Simonsen gehört zur ärmsten Gruppe in der Gesellschaft. Für ihn hält der Staat einen Lebensraum von neun Quadratmetern für angemessen: zwei mal viereinhalb Meter, umbaut von dünnen Pappwänden, ein Stuhl, ein Ess-Arbeits-Abstelltisch, eine Schlafpritsche, ein Schrank, sechs Regalbretter. Klo, Dusche und Küche muss Simonsen sich mit seinen 15 Nachbarn teilen. Doch Sönke Simonsen ist kein Sozialfall. Er ist nicht arbeitslos, sondern studiert in Hamburg Maschinenbau. Seine staatliche Unterstützung heißt nicht Hartz IV, sondern BaföG. Er wohnt in einem öffentlichen Studentenwohnheim.

Für Hartz-IV-Empfänger wäre es unzumutbar, hier zu leben. Nach geltender Rechtsprechung würde eine solche Unterbringung den Tatbestand der Verletzung der Menschenwürde erfüllen. Die Sozialgerichte halten für einen Alleinstehenden, der auf Arbeitslosengeld II angewiesen ist, eine Wohnung von etwa 45 Quadratmetern für angemessen. Der Sozialstaat garantiert jedem Bedürftigen eine ordentliche Wohnung. Sogar eine überdurchschnittlich große. Wer vom Amt mit Wohngeld unterstützt wird, wohnt nicht etwa auf weniger, sondern auf zwei Quadratmetern mehr Wohnfläche als der Durchschnitt der Deutschen. Das geht aus dem Armuts- und Reichtumsbericht der Bundesregierung hervor.[18]

Nach Abzug der Miete bleiben dem Student Simonsen noch 350 Euro zum Leben. Das entspricht etwa dem Hartz-IV-Regelsatz. Studierende sind die Gruppe in unserer Gesellschaft mit dem niedrigsten Einkommen, niedriger auch als Arbeitslose.[19] Sönke Simonsen erfüllt alle Kriterien, um als arm zu gelten. Es ist eine offizielle Armut, aber keine gefühlte. »Arm? Was für ein Quatsch!«, sagt der 21-Jährige.

Millionen Studierende leben wie er. Sie leiden kaum unter dem Geldmangel und unter ihren bescheidenen Wohnverhältnissen. In ein, zwei Jahrzehnten werden auch sie wehmütig an die schöne Studienzeit zurückdenken. Wie alle Studentengenerationen vor ihnen. Studenten haben wenig Geld, aber sie haben eine Aufgabe, Status, eine Perspektive für die Zukunft und vor allem Teilhabe – die Chance, am kulturellen, wirtschaftlichen und politischen Leben der Gesellschaft teilzunehmen.

Der Ausflug an die Universität zeigt, dass in unserer Gesellschaft Armut nicht mehr die entscheidende Dimension der Benachteiligung ist. Ausgeschlossen zu sein, ohne realistische Aussicht darauf, den Anschluss wiederzufinden, das ist weitaus bedrückender. Die soziale Frage ist nicht Geld, sondern Teilhabe.

Die Überwindung der materiellen Armut ist eine wirkliche Erfolgsgeschichte des deutschen Sozialstaates. Daran ändern auch die Debatten über »relative Armut« nichts. Der Missbrauch der »Armut« als politischen Kampfbegriff ist eine Missachtung einer der größten historischen Leistung der Deutschen. Was das Materielle angeht, blickt Deutschland auf eine beispiellose, über 100-jährige Geschichte zurück. Generationen von Wissenschaftlern, Verwaltungsfachleuten und Wohlfahrtsfunktionären haben jeden Winkel des materiellen Bedarfs millimetergenau vermessen, exakt bis auf die einzelne Gurkenscheibe. Doch bei der Teilhabe ist Deutschland ein Entwicklungsland.

Über viele Jahrzehnte war der Kampf gegen die ökonomische Armut notwendig und enorm erfolgreich. Er bewirkte, was man sozialen Fortschritt nannte. Doch irgendwann war die materielle Lücke zwischen Unterschicht und Mittelschicht geschlossen. Bei der Wohnungsgröße haben die Empfänger staatlicher Unterstützung die Steuerzahler bereits überholt. Die Regelsätze beim Arbeitslosengeld II liegen spürbar über dem Einkommen, das in unteren Lohngruppen erzielt werden kann. Weiterer sozialer Fortschritt ist durch die Verbesserung der wirtschaftlichen Lebensumstände kaum noch erreichbar.

Doch weiterer Fortschritt ist notwendig. Dringend. »Einmal unten – immer unten«, ist eine Regel, die ganz besonders in Deutschland gilt. Das hat Reinhard Pollak vom Wissenschaftszentrum Berlin in einer Studie für die Heinrich Böll Stiftung nachgewiesen.[20] Darin zeigt er, dass es in der industrialisierten Welt kaum eine Gesellschaft mit so geringer sozialer Mobilität gibt wie die in Deutschland. Das gilt besonders für diejenigen mit dem niedrigsten sozialen Status. Die Unterschicht fühlt sich zu Recht abgehängt.

Über viele Jahrzehnte hat die Gesellschaft versucht, alle sozialen Probleme mit Geld zu lösen. Es ist der Reflex des deutschen Sozialstaates. Die Transferzahlungen an die Betroffenen wurden erhöht und erhöht. Und dennoch klafft der gefühlte und auch der tatsächliche Graben in der Gesellschaft immer weiter auseinander. Auf die Erfolglosigkeit der Methode Geldverteilen antwortet der Sozialstaat mit: mehr Geld verteilen. Deutschlands Strategie bei der Bekämpfung der Benachteiligung gleicht der einer Fliege, die im Zimmer eingeschlossen wurde. Mit Anlauf knallt sie gegen die Scheibe. Und noch mal. Und noch mal. Und noch mal.

Wohnen, Essen, Kleidung, Geld – Deutschland hat stets die Folgen der Benachteiligung bekämpft. Aber nicht die Ursachen. Nach vielen erfolgreichen Jahrzehnten verpufft die Methode Geldverteilen inzwischen beinahe wirkungslos. Die herrschende Lehre, wonach der Geldmangel alle Fragen beantwortet und Geldverteilen alle Probleme löst, hat sich als Irrtum erwiesen. Verantwortlich für das Scheitern ist nicht der angebliche Geiz des teuersten Sozialstaates in der Geschichte Deutschlands. Im Gegenteil: Schuld ist die falsche Diagnose »Armut«, auf die nur eine falsche Therapie folgen kann. Schuld ist ein unrealistisches Bild der Menschen, die Hilfe brauchen. Schuld ist die ausschließliche Fixierung der Sozialideologie auf »Armut«. Schuld ist der Kampfbegriff »Armut«.

Schade. Armut war eine so praktische Universalerklärung. Simpel und knackig. Sie passte in jede Überschrift. Die verwendeten Zahlen simulierten Durchblick, exakt bis auf die Stellen hinterm Komma. Das beruhigt. Das tatsächliche Phänomen neue Unterschicht hingegen ist beunruhigend. Es lässt sich nicht in Zahlen und Tabellen fassen. Und schon gar nicht in Euro und Cent umrechnen.

Was ist Unterschicht?

Wenn Unterschicht nicht Geldarmut bedeutet, was dann? Woran erkennt man sie? Wie unterscheiden sich Familien wie die Thiels von der bürgerlichen Gesellschaft? Im Folgenden will ich versuchen, einige Merkmale und Kennzeichen zu erläutern. Es ist eine Auswahl, die keinen Anspruch auf Vollständigkeit erhebt.

Du bist, was du arbeitest

Verbissen kämpften Peter und Anja Wilke[21] aus dem Ruhrgebiet für ihre Krankheit. Nicht für die Gesundheit. Sie wollten krank sein. Jedenfalls offiziell, amtlich beglaubigt und mit Stempel. Dann hätte das Jobcenter endlich aufgehört zu nerven, mit Job- oder Fortbildungsangeboten. Zuletzt versuchte Peter Wilke es mit einer Depression. »Ich merke, dass ich immer dünnhäutiger werde«, sagte er lächelnd. »Ich kann mich rasend schnell auf- regen. Besonders, wenn ich mich ungerecht behandelt fühle.« Als ich die Wilkes 2010 traf, lebten sie mit ihren beiden Kindern in einer angenehmen Wohnung auf knapp 100 Quadratmetern. Vater Peter war seit 13 Jahren arbeitslos, seine Frau Anja seit sieben Jahren. Alle staatlichen Zahlungen zusammengerechnet kamen sie auf ein Haushaltsnettoeinkommen von nicht ganz 2000 Euro. »Mal ehrlich«, sagte Peter Wilke. »So viel könnte ich doch nie verdienen, auf keinen Fall. Und die Anja erst recht nicht. Mensch, die sollen uns in Ruhe lassen.«

Hätte lediglich einer der Eheleute einen Job gefunden, wäre die Familie dennoch im Hartz-IV-Bezug geblieben. Nur, wenn beide gleichzeitig vermittelt worden wären, hätte sich ihre wirt- schaftliche Situation spürbar verbessern können. Diese ökonomi- sche Logik ist auch in den Jobcentern bekannt. Ein arbeitsloses Paar bekommt man nur im Paket vermittelt, das weiß jeder Fall- manager. Und verschwendet von vorneherein nur äußerst ungern Mühe an »Bedarfsgemeinschaften«, in denen zwei Erwachsene langzeitarbeitslos sind.

Auch im Leben von Gabi Wert aus Essen-Katernberg gab es etwas, das sie als objektiven Hinderungsgrund empfand, arbei- ten zu gehen: »Schulden«, war ihre knappe Erklärung. Hätte sie einen Job angenommen, wäre ihr jeder Euro über dem Sozialhilfe- satz abgezogen und für den Schuldendienst verwendet worden. Genauso wie Frau Wert waren auch die arbeitslosen Erzeuger ihrer

Kinder nicht auf Arbeitssuche. Warum nicht? »Na, das versteht doch wirklich jeder«, sagte Wert. »Alimente, Alimente.« Dieselbe Logik wie bei ihren Schulden: Väter, die Geld verdienen, müssen Unterhalt zahlen. Was danach für sie selber übrig bleibt, entspricht nur der Höhe des Arbeitslosengeldes.

Es gehört zum selbstverständlichen Alltagswissen in den Unterschichtsquartieren, dass Arbeit sich nicht für jeden lohnt. Das Institut der deutschen Wirtschaft hat berechnet, dass ein zweifacher Familienvater etwa zehn Euro Stundenlohn verdienen muss, um auf Harzt-IV-Niveau zu kommen. Das liegt deutlich über allen Forderungen der Gewerkschaften für einen Mindestlohn.[22]

Langzeitarbeitslosigkeit ist das augenfälligste Merkmal der Menschen am unteren Rand der Gesellschaft. Die Begriffe »Hartz-IV-Empfänger« und »Unterschicht« werden häufig sogar synonym benutzt. Zu Unrecht. Viele Menschen haben zwar seit Langem keinen Job, doch sie leben in einer harmonischen Familie. Die Super Nanny oder Peter Zwegat werden nicht gebraucht. Sie haben ihre Gesundheit und ihr Leben im Griff und nehmen Teil am Leben dieser Gesellschaft. Längst nicht alle Hartz-IV-Empfänger gehören zur Unterschicht.

Doch umgekehrt sind die allermeisten Angehörigen der Unterschicht langzeitarbeitslos. Die Arbeitswelt steht nicht im Zentrum des Lebens in Essen-Katernberg oder Berlin-Marzahn. Für weite Teile der Mittelschicht ist der Beruf, mit all seinen Erfordernissen, mehr als reiner Broterwerb. Er ist auch sinnstiftend. Doch nur für die Mittelschicht. Ehrgeiz, Fleiß, Erfolg und vor allem Leistung haben in der Kultur der Unterschicht einen völlig anderen Stellenwert.

Bis vor ein, zwei Generationen galt das Versprechen noch: Wer gesund ist und fleißig, findet einen Platz in unserer Arbeitswelt. Das galt auch für die Männer aus Essen-Katernberg. Sie arbeiteten auf Zollverein, der größten Zeche Europas. Die ungelernten Arbeiter sortierten Steine von den Kohleförderbändern und erledigten einfache Arbeiten. 1986 wurde Zollverein geschlossen und die meisten Katernberger arbeitslos. Dasselbe geschah überall in Deutschland. Die Jobs für Menschen ohne Ausbildung sind weg. Sie kommen nie zurück. Wer nichts gelernt hat, ist in unserer heutigen Wirtschaft überflüssig.

In den Zeiten der Massenarbeitslosigkeit hatten die Ungelernten keine Chance, einen Job zu finden, so lange Millionen gut ausgebildeter Fachkräfte arbeitslos waren. Zuerst wurden sie also aus dem Arbeitsleben ausgeschlossen.

Doch dann haben sie sich auch selbst zurückgezogen. Verständlich. Wer ohne realistische Chance ist auf einen Job, dem kann man nicht vorwerfen, wenn die Verhaltensweisen des Berufslebens sein Denken und seinen Alltag nicht mehr weiter bestimmen. Wozu morgens aufstehen? Wozu lernen? Welche Ziele verfolgen? Welche Leistung erbringen? Arbeit rutschte zuerst aus dem Fokus und schließlich ganz aus dem Blickfeld der Unterschicht.

So entstand eine ganze Lebensform, in der Erwerbsarbeit kaum noch eine Rolle spielt. In der das Erfahrungswissen und die Verhaltensweisen der Arbeitswelt verloren gingen und nun nicht mehr an die nächste Generation weitergegeben werden kann. In der das Geld so selbstverständlich vom Amt kommt wie der Strom aus der Steckdose. In der trickreiches Taktieren in den Versorgungsämtern ökonomisch weitaus lohnender ist als ein Job.

»Lang andauernde Arbeitslosigkeit lässt die Individuen nicht unberührt, vielmehr kann sie zu Verhaltensweisen führen, die die Reintegration in den Arbeitsmarkt verhindern, selbst wenn sie aufgrund der Arbeitsmarktentwicklung wieder möglich wäre.« So fasste es der kürzlich verstorbene Soziologe Hartmut Häußermann zusammen.[23]

Die Politik, die Öffentlichkeit, die ganze Gesellschaft hat das Entstehen dieser neuen Lebensform lange Zeit nicht wahrgenommen, ja sogar geleugnet. Weil Arbeitslosigkeit jeden treffen konnte – die Nachbarin, den Verwandten, die gut ausgebildete

Facharbeiterin, sogar den Kollegen – entstand der Eindruck: Alle Arbeitslosen könnten und würden arbeiten, wenn man sie nur ließe. Ein Irrtum.

Seit den Arbeitsmarktreformen im Jahre 2005 hat sich die Lage auf dem Arbeitsmarkt dramatisch verbessert. Die Zahl der Arbeitslosen hat sich von knapp fünf Millionen Mitte 2005 auf 2,8 Millionen im Frühsommer 2012 fast halbiert. In weiten Teilen Deutschlands herrscht ein akuter Mangel an Arbeitskräften. Die Bundesagentur für Arbeit hat Vertreter nach Spanien und Griechenland entsandt. Im Arbeitsministerium wird hinter verschlossenen Türen darüber diskutiert, den seit 1973 geltenden »Anwerbestopp« für ausländische Arbeitnehmer aufzuheben.

Der Boom am deutschen Arbeitsmarkt ist der Lackmustest für das gängige Klischee von den Menschen am unteren Rand der Gesellschaft. Wäre die These zutreffend, dass die Unterschicht am Erwerbsleben in den vergangenen Jahren nicht teilgenommen hat, weil es nicht genügend Jobs gab, dann müsste das Problem Arbeitslosigkeit kurz vor seiner Lösung stehen. Doch die Unternehmen suchen die dringend benötigten Arbeitskräfte ausdrücklich nicht in Berlin-Neukölln und nicht in Köln-Chorweiler. Sie bevorzugen neue Mitarbeiter aus dem europäischen Ausland, obwohl sie für deren Suche, Fortbildung und Integration viel Geld investieren müssen. Viele deutsche Unternehmen haben in der Rekrutierung von Arbeitskräften aus dem europäischen Ausland eine strategische Aufgabe erkannt, die mit über den künftigen Erfolg entscheidet.[24] Die Arbeitsmarktreserven in den Unterschichtsvierteln sind in den Personalabteilungen jedoch kein Thema.

Von der Gesundung am Arbeitsmarkt profitieren auch ausschließlich jene Millionen Arbeitslosen, die bislang, trotz Fleiß und Fähigkeiten, keinen Job gefunden haben. Sie werden jetzt massenhaft eingestellt. Wer bleibt zurück? Wer bleibt in Zeiten des Arbeitskräftemangels heute noch lange ohne Job?

Die größte Gemeinsamkeit der Langzeitarbeitslosen ist mangelnde Bildung. Rund die Hälfte der Menschen, die länger als zwei Jahre nicht erwerbstätig waren, sind Menschen ohne Berufsausbildung. Ihr Anteil hat sich seit 2001 um 20 Prozent erhöht.[25] Ein weiterer Teil der Langzeitarbeitssuchenden sucht offenbar nicht ernsthaft nach einem Ausweg aus der Arbeitslosigkeit. Die Arbeitsagenturen sind für ihre Nachsichtigkeit bekannt. Dennoch ist die »Sanktionsquote« von »Leistungsbeziehern«, die sich drücken wollten, zwischen 2007 und 2011 um 50 Prozent gestiegen.[26]

Ulrich Walwei ist Vizedirektor am Institut für Arbeitsmarkt und Berufsforschung (IAB), dem Forschungsinstitut der Bundesagentur für Arbeit. »Für die Gruppe der heutigen Langzeitarbeitslosen verwenden wir das Bild eines Pfirsichkerns«, sagt Walwei. Das Fruchtfleisch ist inzwischen abgenagt. Um an den harten Kern heranzukommen, wollen die Arbeitsagenturen neue Wege gehen. Das Stichwort heißt »soziale Aktivierung«. In Holland werden Fallmanager zu Coaches ausgebildet, die mit Langzeitarbeitslosen für einen Marathonlauf trainieren. »Über solche Maßnahmen denken wir hier auch nach«, sagt Ulrich Walwei. »Um den Kern der Langzeitarbeitslosen aktivieren zu können, müssen wir in Zukunft immer stärker sozialtherapeutisch arbeiten.«

Bei vielen Arbeitslosen geht es nicht lediglich darum, einen Abschluss nachzuholen oder alte Qualifikationen aufzufrischen. Die Hilfe muss viel tiefer ansetzen. Ziel der Maßnahmen ist Selbstdisziplin, ein Gefühl für Leistung zu entwickeln, Erfolg zu erleben, Verantwortung für sich selbst zu übernehmen. Die Arbeitsagentur muss der Unterschicht beibringen zu arbeiten.

In der Wandlung der Bundesagentur zu einer Therapieeinrichtung wird ein weiteres Missverständnis deutlich. Noch immer wird die Unterschicht mit den Arbeitern verwechselt. Viele Statistiken führen »Arbeiter« weiterhin als unterste soziale Kategorie. In Diskussionen über benachteiligte Kinder wird gern von »Arbeiterkindern« gesprochen.

All das ist grob falsch. Die stolzen Arbeiter waren nicht nur eine Produktionsgemeinschaft, sondern auch eine Wertegemeinschaft. Fleiß, Verlässlichkeit oder Durchhaltevermögen musste ihnen niemand beibringen. Die heutige Unterschicht erinnert viel mehr an das, was Karl Marx »Lumpenproletariat« nannte. Menschen, die sich gehen ließen. Die nicht fähig waren zu disziplinierter Arbeit. Denen das Zeug zum zuverlässigen stolzen Arbeiter fehlte. »Die Müßiggänger schiebt beiseite!«, heißt es in der deutschen Version der »Internationalen«, dem Kampflied der Arbeiterbewegung.[27]

Was einst die »Arbeiterklasse« war, entspricht der heutigen Mittelschicht, der wertschöpfenden Leistungselite der Volkswirtschaft.

Du bist, was du isst

Andrea Thiel hing in der Sofaecke und atmete schwer. Sie war Ende 40, stark übergewichtig und zuckerkrank. »Fünf Mal spritzen muss ich am Tag. Und dann noch der Bluthochdruck. Also körperlich bin ich ein Wrack«, erklärte sie mir. Man musste kein Arzt sein, um zu erkennen, dass sie eine Herausforderung für jedes Gesundheitssystem darstellte.

Gleich hinter Andrea Thiel stapelte sich eine der Erklärungen für ihre vielen Krankheiten. In dem Spalt zwischen Couch und Wohnzimmerwand wuchs ein Berg aus leeren Plastikflaschen bis über die Rückenlehne hinaus. »Cola light« stand auf den Etiketten. Ungesund und teuer gleichermaßen. »Moment mal«, wehrte sich Andrea Thiel, »das muss ich trinken. Ich bin doch Diabetikerin.« Ein Arzt hatte ihr erklärt, dass sie wegen ihrer Krankheit Coca-Cola nicht mehr trinken dürfe. Da war Frau Thiel auf Cola light umgestiegen und verschmähte fortan selbst Wasser oder Tee.

»Diät kann ich mir nicht leisten. Körner oder Bio ist bei Hartz IV nicht drin«, behauptete sie. »Das stimmt so nicht«, widersprach die Ärztin Beate Habrecht, Frau Thiels Diabetologin. »Man kann sich als Diabetiker auch mit wenig Geld richtig ernähren.« Andrea Thiel hatte ihrer Ärztin erlaubt, mit mir über sie zu sprechen. Beate Habrecht war eine erfahrene Diabetologin. Die Ausreden ihrer Patientin konnte sie beinahe auswendig mitsprechen. »Patienten mit der Problematik von Frau Thiel haben wir inzwischen viele, und es werden immer mehr.«

Thiels Form der Diabetes hing eng mit ihrer ungesunden Lebensweise zusammen. Beate Haberecht berichtete, ein wachsender Anteil der Zuckerkranken sei nicht in der Lage, die Ernährung auf die Erfordernisse der Krankheit einzustellen. Sobald die Ärztin Tacheles mit ihnen redete, wechselten die Patienten den Arzt. Genau wie Andrea Thiel. Zu den vereinbarten Terminen im folgenden Quartal tauchte sie in der Praxis der Diabetologin einfach nicht mehr auf. »Eine typische Wanderpatientin. Die wandert vom einen zum anderen. Irgendwann ist sie dann wieder bei mir.«

Helmut Heseker, Präsident der Deutschen Gesellschaft für Ernährung, sieht eine enge Verbindung zwischen Bildung und gesunder Ernährung: »Weniger gebildeten Personen fehlt oft das vorausschauende Denken und Handeln«, sagt Heseker. »Heute lieber verzichten, um morgen gesund zu sein – also der Belohnungsaufschub, das funktioniert offenbar nicht.«[28]

Diabetes ist eine der Krankheiten, von der die Unterschicht besonders häufig betroffen ist. Im Prinzip gehören fast alle chronischen Krankheiten zu den typischen Unterschichtsleiden.[29] Wissenschaftler können einen engen Zusammenhang zwischen Bildung und dem Gesundheitszustand nachweisen. Menschen mit einem niedrigen Schulabschluss (oder ohne) haben im Vergleich zu der am besten gebildeten Gruppe ein etwa doppelt so hohes Risiko, an Diabetes zu erkranken. Das Schlaganfallrisiko ist drei Mal so hoch. Insgesamt leiden Frauen mit niedriger Bildung etwa doppelt so häufig unter gesundheitlicher Beeinträchtigung, Männer mehr als drei Mal so oft.

Der Gesundheitszustand der Unterschicht war stets schlechter als der in anderen sozialen Schichten. Früher waren krankmachende Arbeit, ungesunde Wohnverhältnisse und eine mangelnde medizinische Versorgung dafür verantwortlich. All das trifft heute nicht mehr zu: Gesundheitsgefährdende Arbeit gibt es in Deutschland kaum noch. Zudem ist gerade die Unterschicht besonders von Arbeitslosigkeit betroffen. Wohnungen in schlechtem Zustand gibt es so gut wie keine mehr.[30] Auch bei der ärztlichen Versorgung ist die Benachteiligung überwunden. Menschen mit »Armutsrisiko« sitzen 2,5 Mal häufiger im Wartezimmer als jemand ohne »Armutsrisiko«.[31]

Der Grund ist also weniger bei den äußeren Bedingungen des Lebens zu finden, sondern beim Verhalten der Menschen: Rauchen, übermäßiger Alkoholkonsum, ungesundes Essen, Bewegungsmangel. Fast alle riskanten Verhaltensweisen werden bei Menschen mit niedrigem Bildungsabschluss zwischen doppelt und drei Mal so häufig festgestellt wie beim Schnitt der Gesellschaft. Kaum ein Zusammenhang ist von Sozialwissenschaftlern und Medizinern in den vergangenen Jahren so lückenlos nachgewiesen worden.

Dabei hat sich gesundheitsbewusstes Verhalten in den vergangenen Jahren zu einem großen Trend in dieser Gesellschaft entwickelt. Von diesem Trend hat die Unterschicht sich jedoch abgekoppelt. »Ein gesundheitsförderlicher Lebensstil, gekennzeichnet durch Nichtrauchen und sportliche Betätigung bei nicht erhöhtem Körpergewicht, ist bei Männern und Frauen mit niedriger Bildung zwei Mal seltener anzutreffen als bei denjenigen mit hoher Bildung«, resümiert der Armuts- und Reichtumsbericht.[32]

Mit Geld hat das alles nicht zu tun. Im Gegenteil: Einen Monat rauchen ist teurer als der Monatsbeitrag selbst in einem exklusiven Fitnessstudio. Fast Food ist teurer als Selberkochen. Alkohol ist teurer als selbst gepresster Obstsaft, die Presse mitgerechnet. Ungesundes Verhalten ist insgesamt teurer als gesundes.

Zu diesem Ergebnis kommt auch der Armuts- und Reichtumsbericht der Bundesregierung. »Nach Eliminierung von Einkom-
mens- und Altersunterschieden ist der Anteil von Männern und
Frauen mit einer guten bzw. sehr guten Gesundheit in der höchsten im Vergleich zur niedrigsten Bildungsgruppe immer noch um
das zwei- bzw. 1,8-fache erhöht.«[33]
Krank machendes Verhalten ist eines der augenfälligsten und
am besten nachgewiesenen Merkmale der neuen Unterschicht.
Und es ist eine der wichtigsten Ursachen für Arbeitslosigkeit. Ein
großer und wachsender Anteil der Langzeitarbeitslosen hat gesundheitliche Beeinträchtigungen, die ihre Chancen am Arbeitsmarkt
entscheidend reduzieren oder ganz zunichtemachen.[34]

Du bist, was du übst

»Los, Jungs, nicht nachlassen, jetzt noch mal beißen!« Auf dem
Teltowkanal, mitten in Berlin-Neukölln, tuckerte ein kleines
Motorboot, am Steuer der Trainer der Rudergesellschaft Wiking.
Vor dem Mund hielt er ein Megaphon und brüllte den Muskel-
paketen in dem Vierer ohne Steuermann seine Anweisungen zu.
Männerschweiß tropfte ins Boot. Über eine Stunde pullten die
vier schon im Grenzbereich. In ihren Ohren rauschte das Blut.
Ihre Oberschenkel fühlten sich an, als würden sie gleich platzen.
Eine ganz normale Trainingseinheit.

Seit mehr als 100 Jahren ruderten Jugendliche schon durch
Neukölln, Deutschlands berühmtestes Unterschichtsviertel. Die
Talente, die im Traditionsverein Wiking für nationale Meistertitel
trainierten, kamen aus allen Teilen Berlins an den Teltowkanal.
Nur nicht aus Neukölln. Im Vereinsheim erklärte mir Matthias
Hermann, der Vorsitzende: »Wir versuchen wirklich alles, um
es zu verhindern. Aber wir entwickeln uns zu einem rein bür-
gerlichen Verein.« Regelmäßig zogen die »Wikinger« darum auf
Werbetour durch alle Schulen des Bezirks. Den 11- bis 13-Jährigen

zeigten sie Filme und ließen sie auf einem Rudergerät die Kräfte messen. In den Wochen danach kamen tatsächlich ein gutes Dutzend typischer Neuköllner Jungs zum Probetraining. Die meisten waren nach einer Woche wieder weg. Doch eine Handvoll, mitunter auch zwei, hielt ein, zwei Monate durch. »Dann schicken wir sie alle wieder weg«, sagte Hermann.

Warum? Konnten sie den Mitgliedsbeitrag nicht zahlen? »Das würden wir schon regeln. Nein, daran liegt es nicht«, sagte der Vorsitzende. Er druckste. Was er zu sagen hatte, war ihm selbst unangenehm: »Ich komme immer mehr zu der Überzeugung: Die heutige Unterschicht kann nicht rudern«, sagte Hermann.

Die überraschende Diagnose des Vereinsvorsitzenden erklärt mehr über die Unterschicht als so manche soziologische Studie: Beim Rudern darf niemand aus der Reihe tanzen. Wenn nur einer im Achter den Rhythmus der Gemeinschaft stört, fallen alle acht ins Wasser. Und wenn einer nicht zum Training erscheint, stehen die anderen untätig auf dem Steg herum. Beim Rudern müssen sich alle unterordnen, zu hundert Prozent, ohne Wenn und Aber. Wer das nicht kann, dem nützen Kraft und Geschicklichkeit wenig. Der kann nicht rudern.

»Das ist total frustrierend«, sagte Hermann. »Die Jungs wollen, aber die können einfach nicht.« Hin und wieder begegneten die Ruderer auf dem Kanal auch Berufsschiffen. Da muss jeder Handgriff sitzen, da müssen alle Anweisungen befolgt werden. Hermann berichtete von vielen Beinahe-Unfällen, weil die Jungs »nie gelernt haben, sich auch nur zwei Minuten zu kontrollieren. Und mit zwölf oder dreizehn, da kann man das denen auch nicht mehr beibringen. Mensch, die sind noch nicht mal richtig in der Pubertät, und schon ist alles vorbei.«

Disziplin, Zuverlässigkeit, Leistungsbereitschaft, Pflichtbewusstsein – die oft belächelten Sekundärtugenden entscheiden nicht nur, ob jemand ein guter Sportler ist. Sie bestimmen den Lebensweg eines Menschen maßgeblich mit. Oft teilen sie ein, wer auf welcher Seite des großen Grabens lebt, wer oben und wer unten ist. Wer mehrmals in der Woche trainiert, selbst wenn die Motivation mal im Keller ist. Wer in der Lage ist, Ziele für sich zu definieren und über lange Zeit zu verfolgen. Wer seine Leistung steigert. Wer sich, bei aller Konkurrenz, auf eine Gemeinschaft einstellen kann und dabei jederzeit den Rhythmus und das Gleichgewicht der Gruppe beachtet. Wer, wenn's drauf ankommt, Anweisungen eines Steuermannes zuverlässig befolgt. Kurz: Wer rudern kann, gehört nicht zur Unterschicht.

Keine drei Kilometer entfernt vom Wiking-Vereinsheim liegt der Neuköllner Jahnpark. Im Zentrum steht ein Denkmal für den Turnvater Jahn, den Begründer der Arbeitersportbewegung. Heute ist der Park fest in der Hand afrikanischer Dealer. Und die Unterschicht treibt kaum noch Sport. Rund die Hälfte aller Jugendlichen in Deutschland trainiert regelmäßig. Gleichaltrige aus der Unterschicht tun das nur zu einem Drittel.[35] Und in der deutschen Olympiamannschaft kämpfen fast ausschließlich Studenten oder Sportler mit Abitur um die Medaillen.

Bei Mittelschichtseltern stehen Sport sowie Musik besonders hoch im Kurs. Die Kinder sollen etwas lernen, wozu man einen langen Atem braucht. Doch genau wie der Sport ist auch das Musizieren nicht mehr Teil der Unterschichtskultur. Wer über lange Jahre ein Instrument gelernt hat. Wer im Zusammenspiel mit anderen den Rhythmus einhält, die Töne trifft und sich in der Lautstärke anpasst. Wer sich regelmäßig mit anderen Bandmitgliedern in einer Garage oder einem Keller zum Proben trifft. Wer die Anweisungen des Dirigenten umsetzen kann. Wer in einem Orchester oder einer Band spielen kann, gehört nicht zur Unterschicht.

»Musik machen fast ausschließlich Kinder aus intakten, bürgerlichen Familien«, sagt Volkmar Bussewitz. Er ist der Leiter der Musikschule in Neukölln. Dort können Kinder auch ein Instrument lernen, wenn die Eltern es sich nicht leisten können. »Trotzdem kommen wir an die bildungsabgewandten Familien nicht ran«, sagt Bussewitz. In Neukölln, berichtet er, gibt es ganze Schulen, an denen kein einziges Kind ein Instrument lernt.

Sport treiben oder musizieren ist nicht nur gesund, es ist auch eine Form der Teilhabe an der Gesellschaft. Doch Menschen aus der Unterschicht sind immer seltener Mitglieder in einem Verein, einer Gewerkschaft oder einer Partei. Engagement, für sich oder für andere, ist generell kein charakteristisches Merkmal der Unterschichtskultur, unabhängig von den finanziellen Möglichkeiten. Arbeitslose haben wenig Geld, doch umso mehr Zeit. Erwerbstätige engagieren sich 40 Prozent ehrenamtlich, Arbeitslose nur 27 Prozent.[36]

Auch in der Kirche zählt die Unterschicht nur selten zu den aktiven Gemeindemitgliedern. Darauf weist Katrin Göring-Eckardt, Präses der Synode der Evangelischen Kirche selbstkritisch hin: »Wir müssen uns aber auch kritisch fragen, ob wir Arme nicht eher als Objekt unserer Fürsorge betrachten, als in ihnen ein Subjekt und potenziell aktives Mitglied der Gemeinde zu sehen. ... Arme sollten nicht nur in unseren Suppenküchen essen, sondern sie sollen im Kirchenchor singen und im Gemeinderat mitgestalten.«[37]

Dieselbe Apathie zeigt sich beim politischen Engagement. Die typischen Wohnbezirke der Unterschicht vermelden bei Wahlen stets die niedrigste Beteiligung. Angehörige aus der Mittel- und Oberschicht sind doppelt so oft Mitglied einer politischen Partei und setzen sich fünf Mal häufiger bei Demonstrationen für ihre Belange ein.[38] Der Demokratie geht die Unterschicht verloren.

Du bist, wie du wohnst

Annette Weber-Vinkeloe hielt es länger in Neukölln aus als die meisten. »Wir hatten eine wirklich schöne, große, helle Altbauwohnung.« Die Familie investierte Enthusiasmus und Engagement in das nachbarschaftliche Leben. »Aber nach und nach sind alle weggezogen, die so sind wie wir.« Der Supermarkt setzte einen Wachmann neben die Kasse. Die Nachbarn lärmten im Suff. Irgendwann musste der Buchladen aufgeben. Letzter Anlass war eine Attacke gegen ihren Sohn. »Es war das dritte Mal. Ich wollte nur noch weg.«

Ich schaute mir die Straße an, in der Annette Weber-Vinkeloe nicht mehr leben wollte. Eine ruhige Seitenstraße mit hohen Bäumen, auf den Parkbänken saßen Erwachsene und tranken Bier aus Plastikflaschen. Anwohner hatten ihre kaputten Sofas und Kühlschränke auf dem Bürgersteig entsorgt. Daneben wuchsen die blauen Berge aus Müllsäcken. Resigniert überließen die Hauseigentümer das Erdgeschoss der gesamten Straße den Graffitisprühern. Die Mauersockel der Häuser waren hüfthoch mit Urin vollgesogen. Aus Ekelerfahrung liefen die Fußgänger in gebückter Haltung, um die Hundehaufen rechtzeitig zu erkennen.

Praktiker wissen: Die Unterschicht ist ausgesprochen tierlieb. Darum stellen Träger von sozialen Einrichtungen in aller Regel keine Sozialarbeiter mit Tierallergien ein.

Am Fahrradständer vor dem Supermarkt parkte ein Dogo Argentino, ein Modehund in Deutschlands Underdog-Bezirken. Er war weiß und ponygroß. In seiner Heimat Argentinien dient das Tier zur Jagd auf Pumas. Allgemein wird der Hund als »sehr durchsetzungsstark« beschrieben, einer, der einen ausgesprochen charakterfesten Halter benötigt. Sonst wird er gefährlich.

Wenn man morgens durch menschenleere Straßen zur Arbeit geht, während die Nachbarn noch schlafen. Wenn man aus Furcht immer wieder die Straßenseite wechseln muss. Wenn die Klingelschilder regelmäßig vollgeschmiert werden. Wenn es nach Müll stinkt. Wenn der Supermarkt um die Ecke zwei Regale Tiernahrung und zwei Regale Alkoholika anbietet, die Frischeabteilung aber aus einem Eimer fauligem Wasser besteht, in dem ein paar glitschige Bunde Petersilie dümpeln. Wenn das, was Sozialforscher »Kultur im öffentlichen Raum« nennen, von der Lebensweise der Unterschicht dominiert wird, dann flieht die Mittelschicht.

Heinz Buschkowsky ist der Bürgermeister von Neukölln. Der SPD-Mann spricht ohne Filter, ohne Rücksicht auf politische Korrektheit. »Die Bildungshungrigen, die Aufstiegswilligen, die was wollen und was können und deren Familien intakt sind, die hauen ab, die verlassen solche Underdog-Quartiere. Das ist eine Abstimmung mit dem Möbelwagen.«

Die Stadtentwicklungsforscher registrieren in allen Ballungszentren eine regelrechte Massenflucht aus den Problemvierteln.[39] In Städten wie Berlin zieht Jahr für Jahr jeder zehnte Haushalt um. Motor der Entwicklung ist nicht allein die »Kultur im öffentlichen Raum«, sondern stärker noch die Sorge um die Kinder. Spätestens beim Nachwuchs hört jede Toleranz der Mittelschicht auf. Die Menschen, die am häufigsten umziehen, sind darum Kinder unter sechs Jahren. Bevor das Kind in die Schule kommt – nichts wie weg an den Stadtrand. Mit den Kindern von »denen« soll mein Kind nicht aufwachsen. »Die Mitte grenzt sich massiv nach unten ab. Da gibt es inzwischen fast eine Kontaktsperre«, sagt der Soziologe Carsten Wippermann. In der Mittelschicht herrscht »Statuspanik.«

In der öffentlichen Debatte wird stets »Armut«, die sozialpolitische Universalerklärung, als Spaltpilz zwischen der Mittel- und der Unterschicht ausgemacht. Doch die »Armen« sind nicht diejenigen, die umziehen, weil ihre Wohnung oder ihr Stadtviertel zu teuer geworden ist. Die Unterschicht wird von der Mittelschicht verlassen. Annette Weber-Vinkeloe ist nicht umgezogen, weil ihre Nachbarn wenig Geld hatten. Anstand ist unabhängig vom Kontostand. Viele Menschen mit schmalem Portemonnaie haben keine Probleme mit der Müllentsorgung, verzichten auf das Zusammenleben mit großen Tieren in kleinen Wohnungen und erziehen ihre Kinder verantwortungsvoll. Frau Weber-Vinkeloe hat aufgegeben, weil sie den Lebensstil ihrer Nachbarn nicht mehr ertragen konnte. »Ich glaube, dass sich die Gesellschaft stärker nach kulturellen Kriterien gruppiert als nach ökonomischen«, erklärte mir der Stadtsoziologe Hartmut Häußermann in einem Interview.[40]

Wäre das Einkommen tatsächlich entscheidend für die Spaltung der Gesellschaft, müssten der konjunkturelle Aufschwung und die dramatische Erholung des Arbeitsmarktes eine Entspannung in den Problemvierteln bewirken. Doch das Gegenteil ist der Fall: »So absurd es sich anhört: Für viele Menschen in den benachteiligten Stadtteilen ist der Aufschwung eine einzige Katastrophe«, sagt der Sozialwissenschaftler Wolfgang Hinte, Vorstand des Instituts für Stadtteilbezogene Soziale Arbeit und Beratung (ISSAB) in Essen.

In den Zeiten der Massenarbeitslosigkeit wurden auch die fähigen Arbeitssuchenden von jeweils besser Qualifizierten verdrängt. Doch im Boom der letzten Jahre fanden viele der nicht ganz perfekten Arbeitslosen wieder eine Stelle, wenn sie sich engagierten. »Sowie die einen Job haben, ziehen die dann um«, sagt Hinte. Diejenigen, die gehen, sind diejenigen, die am dringendsten gebraucht werden: die letzten Elternsprecher, Fußballtrainer, Streitschlichter, Kümmerer, Vorbilder, die letzten Stützen einer ohnehin schon wackeligen Sozialstruktur. Die Zurückgebliebenen bleiben unter sich und verstärken sich gegenseitig in ihren Verhaltensweisen. »In den letzten Jahren ist die Unterschicht noch unterschichtiger geworden«, sagt Wolfgang Hinte.

Du bist, wie du liebst

Er war verlegen. Er wurde sogar ein wenig rot. »Bernd, Bernd. Trägst du auch Tangas?«, rief ein neunjähriges Mädchen quer durch den Speisesaal. »Der neue Freund meiner Mutter hat immer so superscharfe Dinger an.«

Bernd Siggelkow ist evangelischer Pfarrer und Chef der »Arche« in Berlin-Hellersdorf. Dort finden die Kinder aus dem Viertel, was sie in ihren Familien nicht bekommen: Zuwendung, Erwachsene, die sich mit ihnen beschäftigen, und eine warme Mahlzeit. 1995 gründete Siggelkow die Arche. Heute gibt es Archen bereits in zehn Städten.

Hin und wieder trafen wir uns zum Mittagessen im Speisesaal im Keller der Arche und tauschten unsere Erfahrungen und Beobachtungen aus der Unterschicht aus. Die Frage nach dem Tanga beschäftigte Siggelkow noch eine ganze Zeit. »Das Leben der Kinder in diesem Viertel ist total sexualisiert«, sagte er. Oft kamen Kinder mit sexuellen Problemen zu ihm. »Gerade gestern erst wieder eine Elfjährige. Die wollte wissen, ob sie noch normal sei, weil sie noch nie Sex hatte.«[41]

Wenn Siggelkow über Eltern sprach, dann über Mütter. »Väter gibt's hier nicht.« Auch die Mütter vertrauten ihm ihre Probleme an. Oft klagten sie darüber, dass ihre Kinder sie stören. »Dann frage ich: wobei? Und die antworten: beim Sex.« Siggelkow traf Mütter, die sich entschieden, »mal lesbisch auszuprobieren«. Weil sie es im Porno so schön fanden. Andere konnten nicht verstehen, dass es ihre Kinder verstörte, wenn sie beim Sex mit fremden Männern die Schlafzimmertür offen ließen. Siggelkow berichtete von Müttern, »bei denen Sex das absolute Highlight ihres Lebens« war. Meistens das einzige.

Auch Thomas Rüth war beunruhigt. Dem Sozialpädagogen aus Essen-Katernberg war irgendwann klar geworden: Da fehlt doch was. Er arbeitete mit 12 oder 13-jährigen Jugendlichen zusammen. Die Kinder waren nicht schüchtern. Sie gingen miteinander. Sie schliefen ganz selbstverständlich miteinander. Aber sie schrieben keine Liebesbriefchen. Sie hielten nie Händchen. Und vor allem: Sie küssten sich nicht. Das war es, was fehlte.

Regelmäßig saßen Rüth und seine Kollegen in den Wohnstuben der Familien des Stadtteils. Natürlich flimmerten stets die Glotzen. Doch das Programm kam nicht immer vom Privatsender, sondern auch aus dem DVD-Spieler: Pornos. Die Kinder saßen auf dem Sofa und guckten mit. Und guckten ab. Im Porno küsst man sich nicht. »Viele dieser Kinder wachsen im emotionalen Notstandsgebiet auf. Die wissen alles, wirklich alles über sexuelle Praktiken. Aber wenn wir denen etwas über Liebe erzählen, über Zärtlichkeit, dann verstehen die überhaupt nicht, wovon wir reden«, sagte Thomas Rüth.

In die Beratungsstelle von Karl Wahlen kamen Kinder, die Pornos nachspielten. Sie spielten Gang-Bang oder zwangen sich gegenseitig zum Oralsex auf der Schultoilette. Wahlen betreute Mädchen, die mit irgendwelchen Jungs irgendwo Sex hatten – auf der Tischtennisplatte, dem Kinderspielplatz oder unter einem Balkon des Wohnblocks. Die Freunde der Jungen filmten die Szenen mit ihren Handys und stellen die Filmchen ins Netz. Karl Wahlen leitete die Beratungsstelle des Psychosozialen Dienstes in Neukölln. »Die Konkurrenz, unter der die Mädchen beim Sex stehen, ist massiv«, sagte Wahlen. »Aber bei den Gesprächen hier wird schnell klar, dass die im Inneren spüren, dass ihnen das nicht gut tut. Aber dann sagen sie oft: ›Was habe ich denn sonst?‹«

Einer der Helden dieser Kinder nennt sich »Frauenarzt«. Vincente de Teba Költerhoff aus Berlin-Tempelhof gilt als der härteste Porno-Rapper Deutschlands. Er ist wegen pornografischer Gewaltdarstellungen vorbestraft. Seine »Songs« sind reine Vergewaltigungsfantasien und beinahe durchweg indiziert. »Die Nutte ist das Fleisch«, brüllt er ins Mikro. »Hey, Nutte, mach die Beine breit!« »Wir ficken dich, bis dir die Lippen brechen.«[42]

Ich traf ihn im Café. »Also, was in meinen Texten vorkommt, da drauf steht doch jede Frau. Je jünger, je mehr. Normal«, behauptete »Frauenarzt«. War das Prahlerei oder kannte er tatsächlich Frauen, die diese Sexualität lebten? »Jede Menge«, sagte er, griff in die Jackentasche, holte das Handy raus und blätterte durch das elektronische Telefonbuch. »Nee, die geht nicht, die ist noch nicht mal 16. Da gibt's nur Probleme. Aber hier, die Jessica[43], die ist schon 19. Die geht.« Das Handy wählte. Jessica kam.

Sie war klein, fast zart. Artig gab sie mir zur Begrüßung die Hand. »Hallo. Ich bin die mit den zwölfen.« Zwölf? »Na, das ist mein Rekord. Also bis jetzt.« Jessica hatte Sex mit zwölf Männern gleichzeitig. »Und die sind alle gekommen, ehrlich!« Sie war so stolz. Sie war die Jessica mit den zwölfen. Sie war wer. Jessica wuchs ohne Vater mit ihrer arbeitslosen Mutter auf. Und mit den Pornos der Mutter. »So richtig erlaubt hat sie mir nicht, dass ich mir die angucke. Aber auch nicht verboten.« Jessica war die Erste in ihrer Klasse, die Sex hatte. »Das hab ich natürlich sofort rumerzählt. Das war so cool.« Jessica war arbeitslos und überlegte, was sie mit ihrem Leben anfangen sollte. Die Schule hatte sie abgebrochen. Die erst Lehre auch. Die zweite Lehre auch.

Die Klage über die lockere Sexualmoral ist älter als der Minirock. Doch diesmal warnen keine verklemmten Spießer oder prüden Kirchenmänner. Es sind Lehrer, Sozialpädagogen, Wissenschaftler, Therapeuten und Beamte in Jugendämtern. Was sie aus ihrem Alltag berichten, beschreibt eine sexuelle Revolution. Um freie Liebe geht es dabei jedoch nicht. Mit Freiheit und mit Liebe hat das alles nichts zu tun. Motor für diese Umwälzung der Sexualität sind keine Ideale. Es ist Pornografie.

Natürlich guckt die gesamte Gesellschaft Pornos, nicht nur die Unterschicht. »Aber die Unterschicht konsumiert mehr Pornos. Oft täglich«, sagt Jakob Pastötter. Er ist Präsident der Deutschen Gesellschaft für sozialwissenschaftliche Sexualforschung und hat am Kinsey-Institut in den USA über Pornografie promoviert. »Man kann die Auswirkungen, die permanenter Pornokonsum vor allem in der Unterschicht hat, überhaupt nicht überschätzen«, sagt Jakob Pastötter. Die Ästhetik, die Sprache, das Verhalten in Pornofilmen – »das alles entwickelt sich zu Rollenvorbildern für die, denen die Vorbilder abhanden gekommen sind.« Jakob Pastötter sagt: »Pornografie wird zur Leitkultur der Unterschicht.«

Dass in der Unterschicht mehr Pornografie geschaut wird und dort auch stärker als Vorbild dient, dafür gibt es keinen eindeutigen wissenschaftlichen Nachweis. »Der Forschungsstand zur Pornografie ist in Deutschland wirklich dünn«, klagt Pastötter. Doch der schichtspezifische Umgang entspricht der Erfahrung vieler Praktiker, die in Kindergärten, Schulen oder sozialen Einrichtungen arbeiten. Zu ihnen gehört auch Werner Meyer-Deters. In einer Beratungsstelle der Caritas in Bochum betreut er Minderjährige, die nicht Opfer sexueller Gewalt sind, sondern Täter. Die Taten, mit denen der Pädagoge sich auseinandersetzen muss, sind keine Doktorspiele. Es sind ausgewachsene Vergewaltigungen. Und die Täter sind mitunter noch nicht mal in der Pubertät. Jungen vergewaltigen ihre Geschwister, Mitschüler oder Nachbarkinder. Allein oder in der Gruppe. Manche fesseln ihre Opfer, schlagen sie oder missbrauchen sie mit Schraubenziehern. »Viele kommen aus einem Milieu, in dem sie insgesamt verwahrlost aufwachsen. Da ist die sexuelle Verwahrlosung nur ein Aspekt«, sagt Meyer-Deters.

Dem Pädagogen sind in seiner Praxis einige Gemeinsamkeiten aufgefallen bei den Kindern, die er behandelt: 1. »Signifikant ist diese Pornosozialisation, vor allem mit Extrempornos.« 2. »Die meisten haben Eltern, bei denen sie einen absolut entgrenzten Umgang mit Sexualität erfahren haben.« 3. »Die Eltern stammen oft aus den unteren sozialen Milieus.« Nur 30 Prozent der Väter seiner Klienten und nur 10 Prozent der Mütter haben eine abgeschlossene Berufsausbildung.

Wie eng der Zusammenhang zwischen Sexualität und Bildung ist, wird am Beispiel von minderjährigen Mädchen deutlich, die schwanger sind. Einer Studie von Pro Familia zufolge gehen oder gingen 54 Prozent aller schwangeren Mädchen auf eine Hauptschule oder eine Förderschule.[44] Bei einer Studie des Diakonischen Werkes lag das Ergebnis sogar bei 63 Prozent.[45] Insgesamt ist mangelnde Bildung die größte statistische Gemeinsamkeit von schwangeren Minderjährigen in Deutschland.[46]

Es ist vor allem die Sexualität der Frauen in der Unterschicht, die sich verändert. Die Männer sind häufig nicht mehr die Ernährer der Familie. Diese Rolle hat fast komplett der Staat übernommen. Das macht es den Partnern leichter, sich zu trennen. Männer und Frauen sind darum immer weniger eine ökonomische Einheit, immer weniger Schicksalsgemeinschaft, immer weniger Lebenspartner. Was sie zusammenbringt und zusammenhält ist fast ausschließlich die Sexualität. Sie bekommt eine neue Wichtigkeit. Insbesondere im Leben vieler Frauen.[47]

Wegen ihrer geschlechtsspezifischen Lohnbenachteiligung ist die Chance auf einen Job mit einem Einkommen oberhalb staatlicher Transferzahlungen für Frauen ohne gute Schulbildung und ohne Berufsausbildung noch geringer als die für Männern in gleicher Lage. Im Beruf ist es für sie daher besonders schwer, Anerkennung zu erfahren, gelobt zu werden, erfolgreich zu sein. Doch in der Sexualität, da können sie »erfolgreich« sein. Jessica ist in der Schule und der Ausbildung gescheitert. Seitdem sie jedoch »die mit den zwölfen« ist, erfährt sie Anerkennung in ihrer sozialen Umgebung.

Die Sexualität wird umgedeutet. Sie bekommt eine neue Rolle, eine neue Funktion im Leben. Sex wird das, was für andere der Beruf ist, das Studium, der Sport oder das Spielen eines Instruments – die Möglichkeit, den eigenen Ehrgeiz auszuleben und zu befriedigen. »Das Dumme ist nur: Es klappt nicht«, sagt Thomas Rüth aus Essen. »Wir beobachten das mit Sorge. Viele Frauen leiden wirklich unter dieser Art der Sexualität.« Der Leistungsdruck überfordert sie.

Du bist, wie du deine Kinder erziehst

Monika Tietz wurde geliebt. Das machte sie wütend.

Die vierjährige Chantal liebte Monika Tietz, ihre Ergotherapeutin. Als Chantal nach der Sitzung mit glühendem Gesicht nach Hause ging, goss sich die Therapeutin einen Kaffee ein und erzählte mir von ihrer Wut, dem ständigen Begleiter ihrer 30 Berufsjahre. Wut auf Eltern.

Der Kindergarten hatte den Kinderarzt alarmiert, weil Chantal in ihrer Entwicklung zurückgeblieben war. Sie konnte sich einfach nicht konzentrieren. Es hatte ein halbes Jahr gedauert, bis man Chantals Mutter zu der Therapie überredet hatte. Die Kosten der Therapie übernahm die Krankenkasse. Doch die Mutter scheute den Aufwand, zwei Mal die Woche einen Termin einzuhalten.

Die ersten zwei oder drei Therapiestunden nannte Tietz die »Guck-guck-guck-Stunden«. Tietz zeigte den Kindern etwas, die machten es nach und forderten sofort: »Guckguckguck!« Die Kinder waren daran gewöhnt, um jede Sekunde Aufmerksamkeit der Eltern kämpfen zu müssen, in aussichtsloser Konkurrenz zum Fernsehprogramm. Nach zwei, drei Sitzungen mit Tante Moni machte es meistens Klick. Und die Kinder begriffen: Da guckt tatsächlich jemand. Und zwar die ganze Zeit. »Dann lieben einen die Kinder natürlich. Das kann man gar nicht verhindern«, sagte Tietz. Und gleichzeitig wusste sie: Irgendwann ist jede Therapie einmal zu Ende. »Dann sind die Kinder so enttäuscht, so traurig. Das tut weh. Zum Abschied fragen die auch schon mal: Moni, kann man Eltern tauschen?«

30 Jahre therapierte Monika Tietz die Kinder überforderter Eltern. »In den letzten Jahren ist es wirklich dramatisch schlimmer geworden«, sagte sie. »Viele Eltern kriegen nicht mal mehr die einfachsten Sachen hin.« Beispielsweise waschen. Eine fünfjährige Patientin war völlig isoliert. Die anderen Kinder wollten nicht mit ihr spielen. Das Mädchen vertraute Tante Moni an, der Grund sei, dass sie stinke. »Sie hatte sich nicht getäuscht«, sagte Tietz. Die Ursache war leicht auszumachen: die Strumpfhose des Mädchens. Die Mutter wusch oder wechselte sie nie. Von einem Gespräch mit der Mutter versprachen sich Therapeutin und Patientin exakt nichts. Also änderte Monika Tietz den Therapieplan und brachte dem Mädchen bei, wie man die Strumpfhose im Waschbecken wäscht und nachts auf der Heizung trocknet.

Monika Tietz hat sich mit ihrer kleinen Praxis gegenüber des Kindergartens und der Schule in der Rathenower Straße in Berlin-Moabit niedergelassen. Das Viertel ist ein regierungsnaher Unterschichts-Kiez, keinen Kilometer entfernt vom Bundeskanzleramt. Rund um den Kindergarten und die Schule ist eine regelrechte Therapielandschaft entstanden: Physiotherapeuten, Ergotherapeuten, Logopäden sowie Kinder- und Jugendpsychotherapeuten. Sie alle sollen die Schäden reparieren, die Eltern angerichtet haben. Von den meisten Disziplinen gibt es gleich mehrere Praxen. Alle sind langfristig ausgebucht.

Der Erziehungsstil ist eines der stärksten Merkmale sozialer Milieus. Eltern der Mittel- und Oberschicht füllen ihre Bücherregale mit Erziehungsberatern. Mütter und auch Väter beschäftigen sich so intensiv mit ihrem Nachwuchs wie kaum eine Generation zuvor. Sie gestalten den Kinderalltag zu einem ununterbrochenen Strom entwicklungsfördernder Anreize, der zwingend mit einer vorgelesenen Gutenachtgeschichte enden muss.

Am anderen Ende der Gesellschaft ist die Entwicklung exakt gegenläufig. Erziehungskompetenz und auch die Bemühungen haben in der Unterschicht erkennbar nachgelassen. »Die Unterschicht erzieht ihre Kinder nach der Kartoffelmethode. Die meinen, die wachsen von ganz alleine«, sagt Berthold Werth, Sozialarbeiter der Arbeiterwohlfahrt in Essen. Mit den Folgen der »Kartoffelmethode«, mit dem Zusammenhang zwischen Bildung der Eltern und der Förderung der Kinder haben sich Wissenschaftler intensiv beschäftigt. Ihre Ergebnisse sind eine lückenlose Dokumentation des erzieherischen Notstandes in der Unterschicht:

»Kinder, deren Eltern eine niedrige Schulbildung haben, vereinigen den Großteil unversorgter kariöser Zähne auf sich«, resümiert eine Studie des Robert Koch Institutes. [48] Unterschichtskinder haben also nicht nur häufiger Karies, sie sind fast die Einzigen mit schlechten Zähnen. Die Eltern achten einfach nicht darauf, ob sich die Kinder die Zähne putzen. Das Robert Koch Institut listet einen ganzen Katalog solcher unterschichtstypischer Kinderkrankheiten auf, deren einzige Ursache die Vernachlässigung ist:[49] Übergewicht, Essstörungen, Diabetes, motorische Störungen, häufige Mandelentzündungen und Herpes.[50] Weil ihre Eltern mehr rauchen, leiden Kinder in Marzahn oder Hamburg-Billstedt häufiger an Asthma. »Psychiatrische Auffälligkeiten« sind fast vier Mal so häufig wie bei Gleichaltrigen aus der Mittelschicht. Hinzu kommen Entwicklungsverzögerungen jeder Art und vor allem Sprachstörungen.

Ein Teil dieser Schäden, die überforderte Eltern verursachen, können gemildert werden, wenn sie möglichst früh erkannt werden, zum Beispiel bei Vorsorgeuntersuchungen. Doch ausgerechnet die Eltern, deren Kinder am dringendsten auf frühe Hilfe angewiesen sind, schwänzen besonders häufig die Kindervorsorgeuntersuchungen.[51]

Die Forscher des DIW haben nachgewiesen, dass Eltern mit niedriger Bildung, fast alle Angebote ausschlagen, die ihre Kinder fördern könnten – auch wenn sie nichts kosten: Kinderturnen, Musikerziehung für Kleinkinder, Babyschwimmen, all das findet weitgehend ohne die Unterschicht statt.[52]

Kinder wie die aus dem Kindergarten Rathenower Straße in Moabit entdecken ihre Umwelt nicht an der Hand ihrer Väter oder Mütter, sondern mit Erzieherinnen. Und das, obwohl ihre Eltern aufgrund von Arbeitslosigkeit über die knappe Ressource Zeit im Überfluss verfügen. Zum Brandenburger Tor kann man von Moabit aus laufen. Doch die meisten Kindergartenkids waren mit ihren Eltern noch nie da. Und nicht am Reichstag, nicht an der Spree, nicht im Tiergarten, nicht im neuen Hauptbahnhof – alles in Spazierentfernung. Der Familienalltag der Kleinen findet in dem Viereck zwischen Kindergarten, Aldi, Imbissbude und Wohnung statt. Anlässe, die Wohnung zu verlassen, sind oft nicht die Bedürfnisse der Kinder, sondern der Biorhythmus von Hunden.

Im Sommer fahren die Erzieher mit den Kindern ab und zu raus in ein Waldstück am Stadtrand. Die Stadtkinder sollen einen richtigen Wald erleben. Abends drücken die Erzieher den Eltern stets einen kopierten Stadtplan in die Hand, auf dem der Weg, den sie genommen haben, genau eingezeichnet ist. Den verdutzten Müttern und Vätern empfehlen sie, die Tour mit den Kindern zu wiederholen. So könnten die Kleinen mal die Großen führen – eine bewährte Übung in jeder Erziehung. Wie viele Eltern machen das? »Das kommt so gut wie nie vor«, sagt Ralf Schnell, der Leiter des Kindergartens.

Noch viel gemeiner als schlechte Zähne, Asthma oder Übergewicht sind die Defizite in der Sprachentwicklung. Die entscheidende Entwicklungsphase, in der die Fähigkeit erlernt wird, mit Sprache umzugehen, liegt weit vor dem ersten Schultag. Mit Sprachdefiziten in die Schule zu starten, ist ein Fehlstart ins Leben. Der entstandene Rückstand lässt sich in den kommenden 80 Jahren nie wieder aufholen. Wer bei Schulbeginn nicht richtig sprechen kann, wird kaum dem Unterricht folgen können, hat nur eine kleine Chance, die Schule erfolgreich abschließen zu können, wird nur mit Lottoglück einen Beruf erlernen können. Für so jemanden hat unsere Volkswirtschaft nur die Rolle als Almosenempfänger vorgesehen. Nicht richtig sprechen zu können, bedeutet für Kinder die absolute Höchststrafe. Das Urteil lautet: lebenslänglich.

Selbst nachdem die Kinder schließlich eingeschult wurden, erwacht das Interesse der Eltern für die Bildung ihres Nachwuchses nicht in jedem Fall. In Problemvierteln sitzen die Lehrer beim Elternabend mitunter ganz alleine im Klassenzimmer. Viele Studien belegen, dass es Eltern aus der Unterschicht nicht lediglich an Kompetenz in Bildungsfragen mangelt. Mitunter sind sie auch wenig ambitioniert und interessiert, wenn es darum geht, was ihre Kinder lernen. Das Institut für Demoskopie in Allensbach hat Väter und Mütter gefragt, was unbedingt zu einer guten Bildung dazugehört.[53] Fremdsprachen lernen (63 Prozent), das aktuelle

Geschehen verfolgen (62 Prozent) und einen sinnvollen Umgang mit Medien lernen (56 Prozent), das steht nur bei den Befragten aus »höheren sozialen Schichten« oben auf der Wunschliste. Ganz anders bei Eltern mit niedriger Bildung. Keines der angebotenen Lernziele wird auch nur annähernd von der Hälfte für wichtig erachtet. Nicht mal ein Drittel (31 Prozent) hält einen sinnvollen Umgang mit Medien für ein anstrebenswertes Lernziel. Nur eines soll die Schule nach Ansicht der »schwächeren sozialen Schichten« vermitteln: Lernen mit dem Computer umzugehen, halten 60 Prozent der Eltern für unbedingt notwendig.

Wenn die Lebenschancen von Kindern bildungsferner Eltern nicht ausreichend gefördert werden, empfindet unsere Gesellschaft das zu Recht als unerträglichen Skandal. Die Eltern selbst teilen die Empörung nicht durchweg. Auch das zeigt die Allensbach-Studie. Nur 59 Prozent der Eltern aus »schwächeren sozialen Schichten« haben überhaupt den Wunsch, dass es ihren Kindern einmal besser gehen soll als ihnen selbst. 32 Prozent sagen sogar explizit, sie sind »zufrieden, wenn es meinem Kind genauso geht«.[54] Zufrieden, wenn ihr Kind »unten« bleibt.

Du bist, was du glotzt

»Schnell, schnell! Beeil dich!« Karin Jansen[55] zerrte ihren Sohn Jerome aus der Schule nach Hause. Dort wartete ihre fünf Monate alte Tochter alleine auf die Rückkehr der Mutter. Frau Jansen war einverstanden, dass ich sie begleite.[56] »Mit der Kleinen kann nix passieren. Ich hab sie in der Wippe festgeschnallt«, sagte Frau Jansen. Als sie die Wohnungstür öffnete, hörte man es schon plärren: nicht das Kind, sondern das Fernsehprogramm. Keinen halben Meter entfernt von einem riesigen Flachbildfernseher lag das Mädchen in seiner Wippe. Ohne Chance, an dem Geflimmer vorbeizuschauen. Frau Jansen fragte, ob ich einen Kaffee möchte. »Kümmern sie sich nur erst mal um ihre Tochter«, sagte ich. Da packte sie die Wippe, zog sie ein paar Zentimeter zurück und holte Tassen.

Karin Jansen war arbeitslos und »teilweise alleinerziehend«. Der Vater der Kinder lebte nur hin und wieder bei der Familie. Jerome war in seinem Zimmer verschwunden. Bald übertönte sein Fernsehlärm den Lärm der Wohnzimmerglotze. Jerome besaß zwar einen eigenen Fernseher, aber keinen Schreibtisch. Die Prioritäten waren klar gesetzt.

Es gibt kaum einen Bereich, bei dem die unterschiedlichen Lebensstile der sozialen Schichten so sichtbar werden wie bei der Mediennutzung. Bücher, Zeitungen und Zeitschriften, die Welt des gedruckten Wortes ist für die Unterschicht ein fremder, unbekannter Planet. Auf ihrem Planeten existieren nur flimmernde Medien. Das »Unterschichtenfernsehen« hat sich zum Klassenmerkmal entwickelt. In ganzen Stadtvierteln gibt es kaum TV-Fernbedienungen, auf denen ARD oder ZDF im einstelligen Tastenbereich programmiert sind.

Was die interessierte und informierte Mittelschicht für einen Medienhype hält, überschreitet in Hellersdorf regelmäßig die Wahrnehmungsschwelle nicht. Und die Debatte über die Bedeutung der Bildung erreicht die Unterschicht erst, wenn Sender wie RTL sich der Sache annehmen. Auch bei den Medien und der durch sie vermittelten Version der »Wirklichkeit« lebt die Unterschicht in einer Parallelwelt.

Das gilt ganz besonders für Kinder. Genau wie bei Jerome gehört für bildungsferne Eltern die großformatige Glotze zur unverzichtbaren Grundausstattung des Kinderzimmers. Hauptschüler verfügen über mehr Fernseher, erheblich mehr Flachbildfernseher, mehr DVD-Spieler und mehr Spielkonsolen als Gleichaltrige aus Realschule oder Gymnasium.[57] Zudem hat die Medienwissenschaftlerin Ingrid Paus-Hasebrink festgestellt, »dass Eltern aus sozialen Problemlagen ein sehr inkonsequentes Mediennutzungsverhalten an den Tag legen«.[58] Meist definieren sie keine

Regeln für den Medienkonsum. Und falls doch, dann halten sie sich selbst nicht daran. Im Ergebnis glotzen Kinder aus der Unterschicht völlig unbeaufsichtigt und wählen ihr Programm alleine aus: Kinder unter zehn Jahren bevorzugen Zeichentrickfilme, die zusätzlich crossmedial vermarktet werden. Da wartet die passende »Quengelware« schon an der Supermarktkasse. Und die Sendung mit der Maus? Die ist ein Star bei den Kindern, deren Eltern das Abitur haben. Unterschichtskinder sind abgehängt, sogar beim Glotzen.

Die »World Vision Studie« hat Kinder befragt und dabei herausgefunden, dass regelmäßiges Dauerglotzen von mehr als zwei Stunden täglich bei Jungen aus »den unteren Schichten« viereinhalb Mal häufiger ist als bei Mädchen aus »gehobenen Schichten«.[59]

Christian Pfeiffer, Direktor des Kriminologischen Forschungsinstituts Niedersachsen (KfN), nennt den krank machenden, zügellosen Medienkonsum von Kindern und Jugendlichen »mediale Verwahrlosung«. Dazu gehört für Pfeiffer nicht nur Fernsehen, sondern auch das Spielen von Computer- und Videospielen. Pointiert zusammengefasst behauptet Pfeiffer: Übermäßiger Medienkonsum macht Kinder dick, krank, aggressiv und dumm. Hört sich dramatisch an. Und genau das ist es auch. Die empirischen Nachweise und die Ergebnisse internationaler Forscher, mit denen Pfeiffer seine These untermauert, sind erdrückend.[60]

Von der »medialen Verwahrlosung« ist die Unterschicht ganz besonders betroffen. Sie ist die Hauptrisikogruppe. Das hat Pfeiffers Mitarbeiter am KfN, Thomas Mößle, in mehreren Studien nachgewiesen.[61] So konsumieren Zehnjährige aus bildungsfernen Familien acht Mal häufiger Filme oder Spiele, die nur für Erwachsene freigegeben sind, als Gleichaltrige aus bildungsnahen Familien. Rechnet man Computer- und Fernsehzeiten zusammen, dann sitzen Zehnjährige aus der Unterschicht fast drei Stunden vor einem Bildschirm. Täglich. Samstags und sonntags sogar viereinhalb Stunden. Kinder aus der Unterschicht verbringen also im Schnitt mehr Zeit mit flimmernden Medien als im Schulunterricht. In dieser Zeit bewegen sie sich nicht, spielen nicht mit Freunden, machen keine Hausaufgaben, lesen nicht, üben kein Instrument. Und lernen nichts.

Du bist NICHT, woher deine Eltern kommen

Die Männer heizten den Grill an. Jungs in Badehosen jagten sich mit Wasserpistolen durch die kleine Reihenhaussiedlung. Klaviergeklimper von einem übenden Kind klang aus dem Haus gegenüber. Auf beiden Seiten des kniehohen Gartenzauns standen Frauen. Sie lachten und prosteten sich mit Prosecco zu. Tansel Özdal hatte Geschirr in der Hand. »Guck mal, Ute. Die Löffel hier hab ich schon seit ewig in der Schublade. Das sind aber nicht meine.« Ein prüfender Blick der Nachbarin: »Die könnten Karl-Heinz von drüben gehören.«

Tansel Özdal war stolz auf dieses nachbarschaftliche Zusammenleben. »Wir vertrauen uns hier sogar unsere Kinder an. Die erlauben mir, ihre Kinder zu erziehen, und ich erlaube denen, mein Kind zu erziehen. Mehr geht nicht.«

Dies war nicht Bullerbü oder Waltons Mountain, sondern der südlichste Rand von Berlin-Neukölln. Heinz Buschkowsky, der Bürgermeister des Bezirks, hatte mich in das Reihenhausidyll geschickt, um mir die andere, die heile Welt in seinem Problembezirk zu zeigen. Es war ein Flüchtlingslager für intakte, bildungsinteressierte Aufsteigerfamilien, die sich nach der Spießigkeit einer deutschen verkehrsberuhigten Zone sehnten. »Wir hatten eine tolle Wohnung in Kreuzberg. Aber jede Nacht der Lärm und Hupkonzerte. Klar, die Typen stehen ja alle erst am Nachmittag auf«, sagte Mehmet Gündüz.

Die Siedlung grenzt an einen Teich, der schon vor über hundert Jahren angelegt wurde. Nach ihm wird die ganze Gegend im Süden Berlins benannt. Seit Generationen heißt der Tümpel: Türkenpfuhl. So steht es im Stadtplan. Zuerst war der Name, die Türken kamen erst danach. Rund die Hälfte der Eigenheime gehört Berlinern mit türkischen Wurzeln. Aber auch Familien aus Thailand, China und Liberia wohnen hier. Und Deutsche. Die Bewohner des Türkenpfuhls kommen aus allen Teilen der Welt, doch ihr Lebensstil passt zusammen, als wären sie gemeinsam aufgewachsen. Man spricht Deutsch. Die Wege werden gefegt. Keiner trägt Kopftuch. Die Kinder grüßen. In allen Häusern ist Rauchen verboten, sodass die Raucher sich immer am Gartenzaun treffen. Genau so hatte man sich die multikulturelle Gesellschaft immer vorgestellt. »Tja, hier funktioniert Multikulti«, sagte Tansel Özdal.

Aber nur in der Mittelschicht. Keine drei Kilometer stadteinwärts ist friedliches Zusammenleben eine naive Illusion. Da endet die Toleranz, wenn einer vom anderen glaubt: Ey, was guckst du?

Arbeitslosigkeit, Kriminalität, Schulversagen, und Geldmangel – wenn es um soziale und gesellschaftliche Probleme geht, sind Menschen mit Migrationshintergrund stets überproportional vertreten. Zu diesem Ergebnis kommt auch der neuste Integrationsbericht der Bundesregierung.[62] Die Zahlen sind ein Nachweis für die immer noch mangelhafte Integration von Einwanderern. Und sie zeigen, dass Menschen nichtdeutscher Herkunft besonders häufig zur Unterschicht gehören. Da liegt die Schlussfolgerung nahe, ihre Herkunft sei die eigentliche Ursache für ihre Zugehörigkeit zur Unterschicht. Doch dieser Schluss ist ein Trugschluss.

Die meisten Zuwanderer stammen ursprünglich aus ländlichen strukturschwachen Regionen. Sie gehörten bereits in ihren Herkunftsländern zur bildungsfernen Unterschicht. Darum hatten sie in ihrer damaligen Heimat keine Chance auf eine wirtschaftliche Existenz und mussten sie verlassen. Bildungsferne war also nicht lediglich ein Merkmal der Auswanderer, sondern die eigentliche Ursache für die Auswanderung.

Daran hat sich nach ihrer Ankunft in Deutschland zunächst wenig geändert. Bis in die jüngste Vergangenheit legte die deutsche Politik keinen Wert darauf, Einwanderer zu bilden. Wozu die Mühe? Die »Gastarbeiter« sollten ohnehin nicht lange bleiben. »Integration durch Bildung« wurde erst 2005 zu einem Ziel der Politik erklärt, von Maria Böhmer, der Bundesbeauftragten der Bundesregierung für Migration. Über Jahrzehnte hat Deutschland ausdrücklich nicht versucht, Migranten in das Bildungssystem zu integrieren, sondern in das soziale Sicherungssystem. Das hat geklappt. Da sind sie angekommen, im Sozialstaat.

In der jüngsten Vergangenheit ist eine Fülle von Studien erschienen, die durchweg zeigen, dass Einwanderer nicht besonders häufig zur Unterschicht gehören, weil ihre Eltern oder Großeltern in einem fremden Land geboren wurden. Der entscheidende Grund ist das, was der Integrationsbericht »Bildungsrückstand« nennt. Die Wissenschaftler haben diesen Rückstand genau vermessen. Den Unterschied zwischen Einwohnern mit und ohne Migrationshintergrund beziffern sie erstaunlich häufig mit dem Faktor zwei: So ist etwa der Anteil von Kindern, die in den drei ersten Lebensjahren keinen Kindergarten besuchen, bei Einwandererfamilien etwa doppelt so hoch wie bei »Einheimischen«. Auch der Anteil von Schülern, die ohne Abschluss die Schule verlassen, ist bei Zuwanderern etwa doppelt so groß. Schaut man sich die verschiedenen Statistiken zum Bildungsrückstand an, der Ursache mangelnder Teilgabe von Migranten, stößt man fast durchweg auf den Faktor zwei.[63]

Exakt das gleiche Bild ergibt sich bei den Folgen der Bildungsferne:[64] Die Arbeitslosenquote ist bei Zuwanderern etwa zwei Mal so hoch wie im Durchschnitt. Menschen nichtdeutscher Herkunft beziehen doppelt so häufig Transferzahlungen des Sozialstaates. Und auch die Kriminalitätsquote ist bei Menschen mit ausländischen Wurzeln zwei Mal so hoch.

Der Rückstand in der Bildung entspricht also in seiner Dimension exakt der Überrepräsentierung der Migranten bei sozialen Problemen. Das ist kein Zufall: Je schlechter die Bildung, umso gravierender sind die Probleme. Ursache ist also nicht das Herkunftsland der Vorfahren. Ursache ist mangelnde Bildung.

Vergleicht man Unterschicht mit Unterschicht, zugewanderte und einheimische, erhält man ein erstaunliches Bild: Zuwanderer schneiden bei den meisten Kriterien besser ab, als ihre Nachbarn Hans und Franz. Vor allem türkischstämmige Eltern erweisen sich als ehrgeizig, was die Bildung ihrer Kinder angeht. Deutlich ehrgeiziger als deutschstämmige Eltern mit ähnlich schlechter Bildung. Sie helfen ihren Kindern häufiger bei den Hausaufgaben.[65] Wenn ihre Kinder keine Empfehlung fürs Gymnasium bekommen, setzen sie sich überdurchschnittlich oft über die Empfehlung der Lehrer hinweg.[66] Und Kinder aus bildungsfernen einheimischen Familien müssen erheblich häufiger wegen einer Entwicklungsverzögerung verspätet eingeschult werden als Kinder aus Migrantenfamilien.[67]

Dieses Bild entspricht auch der Alltagserfahrung vieler Sozialarbeiter, die in Unterschichtsvierteln arbeiten. Für sie sind türkische Zuwanderer immer weniger Teil des Problems, sondern Teil der Lösung. »In der Elternarbeit, in Kindertagesstätten und in den Schulen – wenn sich hier überhaupt Eltern engagieren, dann sind das oft die türkischen Mütter«, sagt Thomas Rüth von der Arbeiterwohlfahrt in Essen. »Und ich kenne kaum türkische Familien, die ihre Kinder fehl- oder mangelernähren. Gefährdungen des Kindeswohls aus hygienischen oder gesundheitlichen Gründen, so was kommt bei türkischen Eltern so gut wie nicht vor.«

Das Versagen des Staates

Wenn Eltern Probleme mit der Erziehung haben, bedeutet das noch lange nicht, dass sie zur Unterschicht gehören. Nur weil eine Familie ihren Medienkonsum nicht in den Griff bekommt, lebt sie nicht gleich in einer Parallelgesellschaft. Von Verwahrlosung kann noch nicht die Rede sein, wenn sich jemand zu wenig bewegt und zu viel vom Falschen isst. Viele Arbeitslose, die über lange Zeit keinen Job gefunden haben, sind nicht in der Gefahr, dass ihnen die Kontrolle über ihr Leben entgleitet. Wer nur in einem Lebensbereich mit Schwierigkeiten zu kämpfen hat, gehört meist nicht zur abgehängten Randgruppe der Gesellschaft. Unterschicht bedeutet, von vielen Problemen gleichzeitig betroffen zu sein: langzeitarbeitslos, plus wenig Geld, plus chronisch krank, plus mit der Erziehung überfordert.

Warum aber leiden so viele Familien gleich unter einem ganzen Katalog unterschiedlicher sozialer Benachteiligungen? Warum kommt so oft eins zum anderen? Warum sind die Schwierigkeiten so ungleich verteilt? Erst durch die vorangegangene Analyse der charakteristischen Unterschichtsmerkmale wird deutlich, wie sehr sich die Einzelprobleme jeweils gegenseitig verstärken. Das Vorhandensein des einen Problems ist ein Risikofaktor für das Entstehen weiterer. So kann es am Ende nicht verwundern, dass sich die sozialen Schwierigkeiten nicht gleichmäßig verteilen, sondern in einem Teil der Gesellschaft ballen, und daraus schließlich eine soziale Problemzone entsteht: die Unterschicht.

Der Staat als Erzieher

Die typischen Merkmale der Unterschicht sind zudem so unterschiedlich nicht, wie sie zunächst erscheinen. Sie haben durchweg eine enge Verbindung zu Defiziten bei der Bildung. Bildungsferne ist viel mehr als ein Merkmal der Abgehängten. Es ist ihr größter gemeinsamer Nenner. Mangelnde Bildung ist die Signatur der Unterschicht.

Die Erkenntnis, dass Familien aus der bildungsfernen Unterschicht von einer ganzen Fülle sozialer Problemlagen gleichzeitig betroffen sind, widerspricht dem Menschenbild, das sich diese Gesellschaft von der abgehängten Minderheit macht. Die Mehrheitsgesellschaft und auch die Politik lebt in der Illusion, die

Menschen am unteren Rand seien wie sie selbst: kompetente, motivierte, fähige Mittelschichtsmenschen – nur eben mit weniger Geld. Es ist eine bequeme, beruhigende Vorstellung, die dem Bedürfnis nach einfachen Lösungen entspricht. Geldmangel? Dagegen kann man doch was tun: zahlen.

Dieses unrealistische und beschönigende Menschenbild hat Folgen, denn daran richtet sich die gesamte Strategie der Hilfe aus, an einem Irrtum. Der Sozialstaat versucht, Unterschichtsfamilien mit Methoden zu helfen, die maßgeschneidert sind für intakte Mittelschichtsfamilien. Letztere können ihre Lebenssituation mit jedem zusätzlichen Euro in der Tat verbessern. Den meist völlig desolaten Familien, die mir Einblick in ihr Leben gewährt haben, hilft eine höhere staatliche Stütze nicht. Geld putzt keine Wohnung und auch keine Zähne. Geld weckt einen morgens nicht auf. Geld liest Kindern nicht vor, singt und spricht nicht mit ihnen und zeigt ihnen nicht, was man statt glotzen mit seiner Zeit anfangen kann.

Die ausführliche Analyse der vielen kulturellen Unterschichtsmerkmale macht deutlich, wie verhängnisvoll die Reduzierung der Unterschicht auf »Armut« sich auf die Strategie der Hilfe auswirken muss. Wer die Unterschiede in der Lebensweise und bei den Wertvorstellungen leugnet, wer Geldmangel für die eigentliche, die einzige Ursache für soziale Benachteiligung hält, wird zwangsläufig versuchen, die Probleme mit immer höheren Transferzahlungen zu lösen. Über Jahrzehnte hat der deutsche Sozialstaat alles unternommen, um den Spalt in der Gesellschaft mit Geld zuzuschütten. Das hat nicht funktioniert. Geld verteilen hilft nicht. Soweit die schlechte Nachricht. Die gute Nachricht lautet: Bildung hilft.

Die heilende Kraft des Lernens haben Millionen Menschen erlebt. Sie wurde in ungezählten Studien nachgewiesen, in kleinen und in großen. Die eindrucksvollste begann im Jahr 1962 in dem Städtchen Ypsilanti im US-Bundesstaat Michigan: das weltberühmte »Perry Preschool Project«.[68]

In der Nachbarschaft der Perry-Grundschule lebten vor allem afroamerikanische, bildungsferne Familien. Ein Teil der Kinder aus diesem Viertel wurde in einem Kindergarten zwei Jahre lang von speziell ausgebildeten Pädagogen intensiv gefördert. Einer gleich großen Vergleichsgruppe aus dem Viertel wurde diese Förderung nicht zuteil. Die Probanden aus beiden Gruppen wurden über viele Jahre immer wieder besucht, befragt und intensiv getestet. Bis die ehemaligen Kindergartenkinder schließlich 27 Jahre alt waren.

Der Unterschied zwischen den beiden Gruppen war größer, als alle Forscher es zu Beginn erwartet hatten: Vier Mal so viele Kindergartenkinder hatten als Erwachsene ein Einkommen von über 2000 Dollar monatlich. 71 Prozent der Geförderten hatten einen Highschoolabschluss gegenüber 54 Prozent der Kontrollgruppe. Die Programmteilnehmer waren bedeutend seltener auf Sozialhilfe angewiesen. Die Kontrollgruppe hingegen verstieß drei Mal öfter gegen Drogengesetze und wurde insgesamt fünf Mal so oft von der Polizei verhaftet, wie die Teilnehmer an dem Förderprogramm. Der Langzeiteffekt der frühkindlichen Erziehung zeigte sich sogar in den Liebesbeziehungen. Fünf Mal mehr Frauen aus dem Kindergarten waren verheiratet und hatten demzufolge erheblich weniger uneheliche Kinder.[69]

Die Zeit in einem gut ausgestatteten Kinderzentrum war für die Kinder von wahrhaft lebensentscheidender Bedeutung: »Die Effekte sind so groß und dauerhaft, dass sie einen bedeutenden Unterschied im Leben von Kindern aus einkommensschwachen Familien machen. Für viele Kinder aus dem Vorschulprogramm geht es um die Frage: scheitern oder bestehen, normale Schule oder Sonderschule, gesetzestreu oder kriminell«, fasst W. Steven Barnett, einer der Wissenschaftler am »HighScope Perry Preschool Project« die Ergebnisse zusammen.[70]

Was in einer amerikanischen Preschool geschieht, heißt auf Englisch »education«. Das schließt sowohl Bildung als auch Erziehung mit ein. Den Satz des Pythagoras begreifen, lernen, wie man sich gesund ernährt, das Einüben von sozialem Verhalten, büffeln, wie lange der Dreißigjährige Krieg gedauert hat und die Bildung der Persönlichkeit – im Englischen ist das alles »education«. In Deutschland wird hingegen streng unterschieden zwischen Bildung und Erziehung. Für Bildung ist der Staat zuständig, die Schule. Erziehung ist das Recht der Eltern.

In diesem Geist hat das Bundesverfassungsgericht 1998 entschieden, dass Kindergärten nicht zum Bildungsbereich gehören.[71] Der Kindergarten ist eine deutsche Erfindung. Andere Nationen haben mit der Institution auch gleich das deutsche Wort übernommen. Doch in seinem Ursprungsland, in Deutschland, gilt die nach allen Erkenntnissen wichtigste Fördereinrichtung für den Lebensweg eines Menschen nicht als Bildungseinrichtung. Darum ist der Kindergarten – im Gegensatz zur Schule – keine Angelegenheit der Länder, sondern der Kommunen. Darum gehört die frühkindliche Bildung nicht zu den Pflichtaufgaben des Staates. Darum wird in Kindergärten nicht gebildet – das ist Aufgabe der Schule – und auch nicht erzogen – das ist Aufgaben der Eltern –, sondern betreut. Betreuung heißt: warten, bis Mama kommt. Darum gibt es keine verbindlichen Qualitätsstandards für Kindergärten. Darum müssen Kindergartenerzieher in Deutschland nicht studieren, wie es Standard in den allermeisten EU-Ländern ist. Darum ist der Kindergarten nicht kostenlos wie die Schule. Darum gibt es in Deutschland keine Kindergartenpflicht.

Die allgemeine Schulpflicht wurde von den Preußen eingeführt. Es war ihre größte Leistung im Dienste der sozialen Gerechtigkeit. Davor konnten nur die Kinder der Hochwohlgeborenen lernen, seitdem alle. Die Schulpflicht wird heute von niemandem mehr infrage gestellt. Sie gilt zu Recht als bedeutende Errungenschaft. Auch diese Bildungsinstitution wurde zu einem deutschen Exportschlager. Doch die Schulpflicht beginnt erst mit dem sechsten Lebensjahr. Was die Preußen noch nicht wussten: Die entscheidende Entwicklungsphase, in der ein Mensch das Lernen lernt, beginnt lange vor dem ersten Schultag. Wer in der Schulpflicht eine Verpflichtung des Staates zur Förderung jedes einzelnen Kindes sieht, muss schon aus intellektueller Konsequenz ein Vorziehen dieser Pflicht befürworten. Der Staat muss seine Förderverpflichtung gegenüber seinen Kindern dann wahrnehmen, wenn es die Entwicklung der Kinder erfordert. Das allein ist der Maßstab.

Aber die Kindergartenpflicht widerspricht der heilen Mittelschichtsvorstellung, die wir uns von der Unterschicht machen. Mittelschichtseltern können ihre Kinder sehr gut selber fördern. Sie singen mit ihnen, kutschieren sie zum Ballett, gehen mit ihnen zum Babyschwimmen. Sie brauchen den Kindergarten nur, wenn beide Eltern Vollzeit arbeiten wollen. In der Mittelschicht geht es bei der Kindergartenfrage um die Verwirklichung der Lebensziele der Mütter.

In der Unterschicht geht es um die Verwirklichung der Lebensziele der Kinder. Unterschichtskinder sind existenziell auf den Kindergarten angewiesen, auf »education«. Ihnen fehlt es nicht nur an Bildung, sondern insbesondere auch an Erziehung. Sie brauchen dringend, was im Grundgesetz und in unserem Familienbild nicht vorgesehen ist: Viele Unterschichtskinder brauchen den Staat als Erzieher.

Die Kindergartenpflicht offenbart einen echten Klassenkonflikt: Ihre Einführung würde die Freiheit vieler engagierter Eltern einschränken. Aber sie wäre ein Segen für die Kinder, deren Benachteiligung bereits im Kreissaal beginnt. Benachteiligung bedeutet, dass die Interessen der Unterschichtskinder keine Chance haben, sich gegen die Familienideologie der Mittel- und Oberschicht durchsetzen. Für die Politik ist ein Vorziehen der Förderpflicht absolut kein Thema.

Sozialstaat statt Bildung: der große Irrtum

Außerdem scheut die Politik die Investitionen, die ein massiver Ausbau frühkindlicher Förderung kosten würde. Den Herren über die öffentlichen Haushalte sind gute Kindergärten auf internationalem Niveau zu teuer.

Eine Milchmädchenrechnung. Auch dafür ist das Perry Preschool Project ein anschauliches Beispiel: Speziell geschulte Pädagogen, Förderung in Kleingruppen und permanente wissenschaftliche Kontrolle – die Kinder aus Ypsilanti besuchten vermutlich den teuersten Kindergarten aller Zeiten. Aber einen besonders profitablen. Eine umfangreiche Kosten-Nutzen-Rechnung von nüchternen Buchhaltern hat ergeben: Die höheren Steuereinnahmen plus die gesparten Kosten bei Sozialhilfe, Drogenprogrammen und Knastaufenthalten ergeben unter dem Strich ein dickes Plus für den Staat: Jeder investierte Dollar brachte einen »Gewinn« von sieben Dollar auf der Habenseite.[72]

Die Wirtschaftlichkeit der Vorschule in Ypsilanti ist keine Ausnahme. »Die unterschiedlichen Kosten-Nutzen-Vergleiche sowohl im internationalen Bereich als auch für Deutschland verdeutlichen, dass es sich bei den öffentlichen Ausgaben für Kindertageseinrichtungen um sehr rentable Ausgaben handelt«, schreibt die Bildungsökonomin des DIW, Katharina Spieß.[73]

Der Kindergarten ist nur ein Beispiel für Wirksamkeit und Wirtschaftlichkeit von Investitionen in »education«. Insgesamt haben sich öffentliche Ausgaben für das Bildungssystem als das beste Investment erwiesen, das Staaten überhaupt tätigen können. In Deutschland liegt die Rendite bei etwa zehn Prozent.[74] Besonders hoch ist sie, wenn das Geld für den bildungsarmen Teil der Gesellschaft ausgegeben wird. Dann werden die hohen Kosten der Arbeitslosigkeit und der Hilfsprogramme gespart. Investitionen in ein faires, effizientes Bildungssystem sind also nicht nur aus Sicht der sozialen Gerechtigkeit die wirksamste Hilfe für die Unterschicht. Es rechnet sich auch volkswirtschaftlich. Gute Bildung ist teuer. Doch eine mangelhafte Bildung ist noch viel teurer. Zehn Prozent Rendite – kein Staat kann es sich leisten, auf diesen Geldsegen zu verzichten.

Doch genau das scheint Deutschland zu versuchen. Seit über 30 Jahren schon gibt die einstige Bildungsnation weniger für Bildung aus, als der Schnitt der OECD-Länder. Der Bildungsgeiz hat bereits Tradition. Derzeit liegt Deutschland von 37 Nationen auf Platz 31.[75] Trotz aller Versprechungen ist der Anteil der Bildungsausgaben am Bruttoinlandsprodukt (BIP) seit der Jahrtausendwende nicht gestiegen, sondern gesunken.

In erfolgreichen Bildungsnationen schafft Bildung gerechtere Chancen für die Benachteiligten. In Deutschland verstärkt das System die Klassenunterschiede hingegen noch. Dieses Zeugnis stellen die PISA-Studien der deutschen Politik in schöner Regelmäßigkeit aus. Was die Chancengerechtigkeit angeht, das zeigt der jüngste PISA-Bericht, ist die Situation in Deutschland heute etwas weniger schlecht als zu Beginn des Ländervergleichs.[76] Die ungleiche Verteilung der Chancen bleibt allerdings deutlich stärker ausgeprägt als in fast allen anderen OECD-Ländern.

Der »Chancenspiegel«, eine Studie des Instituts für Schulentwicklungsforschung der Uni Dortmund, zeigt, welche Dimensionen die soziale Benachteiligung im deutschen Bildungssystem inzwischen angenommen hat. Kinder aus »niedrigen Dienstklassen« haben in einigen Bundesländern eine über sechs Mal geringere Chance, aufs Gymnasium zu kommen, als Kinder von Akademikern.[77] Soziale Ungerechtigkeit ist das Markenzeichen des deutschen Bildungssystems.

Warum ist die Politik unfähig umzusteuern? Warum gelingt es ihr nicht, genügend Geld für ein gerechtes Bildungssystem lockerzumachen? Weil Bildung einen mächtigen Konkurrenten hat: den Wohlfahrtsstaat. »Bildung für alle« – Ende der 60er- Anfang der 70er Jahre einte dieses Ziel große Teile der Gesellschaft. Dann kam die erste Wirtschaftskrise der Bundesrepublik. Seitdem heißt es: Sozialknete für alle. Seit 1970 sind die öffentlichen Ausgaben für den Sozialstaat viereinhalb Mal so stark gestiegen wie die für Bildung.[78] Deutschland hat sich entschieden. Probleme mit Methoden des Sozialstaates zu lösen bedeutet Nachsorge. Der Sozialstaat wartet geduldig, bis die Hilfsbedürftigkeit schließlich eintritt. Das ist »Kind-im-Brunnen-Taktik«. Bildung hingegen bedeutet Vorsorge. Ein gutes Bildungssystem verhindert hunderttausendfach, dass Menschen überhaupt erst Hilfe benötigen.

So eindeutig wie kaum ein anderes Land setzt Deutschland auf Reparatur statt auf Prävention, auf das Verteilen von Transferalmosen vom Staat. Es sind nur Schmerz- und Beruhigungsmittel für die Ausgegrenzten, Opium fürs Volk. Staatliche Stütze macht die Benachteiligung erträglich. Sie beseitigt sie nicht.

In der falschen Richtungsentscheidung für das Soziale und gegen »education« begegnet uns erneut die aufgehübschte Vorstellung von der Unterschicht als einem ärmeren Abbild der Mittelschicht. Reparatur als sozialpolitische Strategie basiert auf folgender Annahme: Die Familien sind im Prinzip intakt. Die Eltern kommen im Regelfall gut alleine klar und können ihre Kinder in ein selbstbestimmtes erfülltes Leben führen. Hilfe, Reparatur, ist nur in wenigen Ausnahmefällen nötig. Wozu also Prävention im großen Stil? Doch die Prämisse von der heilen Familie gilt bestenfalls für Teile der Mittelschicht.

Nicht für die Unterschicht. Kinder, deren Begabungen sich nicht entwickeln können, sondern verkümmern, sind typische Schicksale in der Unterschicht. Wer das offen benennt, muss sich den Vorwurf gefallen lassen, man stelle ganze Teile der Gesellschaft unter Generalverdacht. Doch der Verdacht ist angebracht. Wir haben gesehen, dass desolate Familien, Vernachlässigung, Krankheit, Beziehungslosigkeit in der bildungsfernen Unterschicht weitaus häufiger vorkommen, als im Rest der Gesellschaft. Sie sind charakteristische Merkmale der Kultur der Unterschicht.

Bei der Gewichtung zwischen Bildungssystem und sozialem Sicherungssystem setzen andere Länder einen deutlich stärkeren Akzent auf die Bildung. So schicken sowohl das liberal geprägte Großbritannien als auch die skandinavischen Wohlfahrtsstaaten oder die Niederlande einen weitaus höheren Anteil von Kindern in vorschulische Einrichtungen. Zudem verbringen die Kinder mehr Zeit im Kindergarten. »Diese Politik hat erklärtermaßen zum Ziel, die Abhängigkeit der Leistungsentwicklung eines Kindes von seiner sozialen Herkunft zu minimieren, um gleiche Bürgerrechte für alle Gesellschaftsmitglieder zu sichern«, schreibt der Bielefelder Soziologe Klaus Hurrelmann.[79]

Der Unterschied zwischen den meisten anderen Ländern und Deutschland ist mehr als eine Frage der Methoden. Hier offenbaren sich unterschiedliche politische Weltanschauungen. Die meisten anderen Länder orientieren sich am »Statuserwerb«. Deutschland hingegen ist die Hochburg der »Statussicherung«. Sicherheit ist der Fixstern der deutschen Politik. Mit Sozialstaat ist in Deutschland das »soziale SICHERungssystem« gemeint. Dessen Kern ist die SozialverSICHERung. Oberstes Ziel jeder deutschen Politik ist es, das einmal Erreichte mit allen Mitteln abzusichern.

Wenn gut verdienende Abteilungsleiter ihren Job verlieren und nach einem Jahr erfolgloser Arbeitssuche auf Hartz-IV-Niveau absteigen, wird das in Deutschland als unerträgliche Demütigung empfunden, die Tausende auf die Straße treibt. Doch dass Millionen Kinder von Hartz-IV-Empfängern keine Chance bekommen, ihre Begabungen so zu entwickeln, dass sie sich wenigstens auf einen Abteilungsleiterposten bewerben könnten, das erregt die Menschen nicht in gleicher Weise. Einmal unten, immer unten – damit hat Deutschland sich abgefunden. Abstieg widerspricht der Würde eines Deutschen.

Statussicherheit setzt voraus, dass jemand bereits einen ökonomischen und gesellschaftlichen Status hat, den zu sichern sich lohnt. Auf die Unterschicht trifft das nicht zu. Ihre einzige Chance ist Statuserwerb. Statussicherheit oder Statuserwerb sind keine unterschiedlichen Wege, die zum selben Ziel führen. Es sind verschiedene Ziele.

Mit seiner konsequenten Bevorzugung wohlfahrtstaatlicher Transferpolitik vor dem Ausbau eines fairen Bildungssystems hat sich Deutschland im internationalen Vergleich radikal für die Sicherheit entschieden, für den Status quo. Es ist eine Entscheidung für die Interessen der Mittel- und Oberschicht. Und gegen die Unterschicht.

Hilfe, die nicht hilft

Auf die Existenz der neuen Unterschicht ist Deutschland insgesamt nicht eingestellt. Das Bildungssystem wäre die Institution, mit dessen Hilfe die Benachteiligung wirksam bekämpft und wenigsten die Chancen der nächsten Unterschichtsgeneration entscheidend verbessert werden könnten. Doch wir haben gesehen: Das Bildungssystem orientiert sich an den Interessen der Mittel- und der Oberschicht und verstärkt die Ausgrenzung sogar noch.

Für die Unterschicht ist in Deutschland einzig der Sozialstaat zuständig. Umso erstaunlicher ist es, dass auch die Systeme der Hilfe nicht auf die Bedürfnisse der Unterschicht eingestellt sind.

Wer das deutsche Steuerrecht für das komplizierteste von Menschen gemachte Labyrinth hält, der irrt. Die deutschen Sozialgesetze sind noch erheblich undurchsichtiger. Im Irrgarten der Steuergesetze finden sich nur die Experten zurecht. In den Vorschriften des Sozialstaates niemand, nicht mal die Experten: »Es gibt im Bereich des Sozialen Vorschriften und Paragrafenwürmer, die kann man auch als Jurist nicht mehr verstehen. Ich verstehe sie auch nicht«, sagt Monika Paulat. Dabei müsste gerade sie den Durchblick haben. Paulat ist Präsidentin des Landessozialgerichtes Berlin-Brandenburg und zudem Präsidentin des deutschen Sozialgerichtstages.

»Den Gesamtüberblick über das Gebiet des Sozialrechts, den kann man nicht mehr haben«, sagt Winfried Boecken. Er ist Inhaber des Lehrstuhls für Sozialrecht an der Uni Kostanz.

Wenn die Sozialgesetze angewendet werden, suchen Betroffene aus ganz Deutschland die Hilfe des Oldenburger Anwalts Alfred Kroll. Seit Jahrzehnten beschäftigt er sich so intensiv wie kaum ein Zweiter mit dem Sozialrecht, seinem Fachgebiet. Und dennoch hat er ein Problem: »Als Anwalt ist man verpflichtet, seine Mandanten rechtlich richtig zu beraten. Aber welcher Anwalt kann das im Sozialrecht garantieren?«

Schließlich gesteht auch Karl Schiewerling: »Es gibt in unserem Sozialstaat Bereiche, die so kompliziert sind, da muss ich ehrlich zugeben, dass ich da auch nicht überall durchblicke.« Schiewerling sitzt für die CDU im Bundestag, ist dort einer der profiliertesten Sozialpolitiker und Mitglied im zuständigen Ausschuss Arbeit und Soziales. Viele Legislaturperioden war auch die ehemalige stellvertretende Fraktionsvorsitzende der CDU/CSU, Ilse Falk, Mitglied in diesem mächtigen Ausschuss. Sie hat mir einst erklärt, wie dort gearbeitet wird: »Manchmal wird es in Sitzungen ziemlich kompliziert. Dann fragt man einen Kollegen, ob er das noch versteht. Und der schüttelt auch nur den Kopf.« So werden Sozialgesetze gemacht.

Die Richter verstehen das Recht nicht, das sie sprechen sollen. Anwälte können ihre Mandanten nicht mehr beraten. Wissenschaftler verlieren den Überblick. Und Politiker der zuständigen Ausschüsse verstehen die Gesetze nicht, die sie selber machen. Willkommen im deutschen Sozialstaat. Hier ist der Gesetzgeber ein Messi, der die gesamte Struktur der staatlichen Hilfssysteme niemals geordnet hat, schon gar nicht nach einem System. Der deutsche Sozialstaat leidet an der undeutschesten aller Krankheiten: an Unordnung.

Wie komplett das Chaos ist, wird klar, wenn man sich die deutsche Frage stellt: Wer ist hier eigentlich zuständig? Bund? Land? Kommune? Sozialversicherung? Verantwortlich zeichnen zunächst vier Ministerien auf Bundesebene: Arbeit und Soziales, Gesundheit, Jugend und Familie und schließlich Bildung. Aber Bildung ist Ländersache, und die Jugendämter unterstehen den Kommunen. Sieht also so aus, als wären alle zuständig – und damit keiner. Eine Strategie, ein politisches Konzept, wie überforderten Familien aus der Unterschicht geholfen werden kann, existiert in Deutschland weder im Bund noch in den Ländern, nicht in den Kommunen und in keinem Ministerium. Nirgendwo.

Es gibt jemanden, von der erwarten alle, dass sie sich in diesem Dschungel zurechtfindet: die alleinerziehende Mutter Andrea Thiel aus Berlin-Marzahn. Um sie und ihre Kinder kümmern sich Lehrer, Schuldirektoren, ständig wechselnde Fallmanager des Jobcenters, Sozialerbeiter vom Sozialamt, Sozialarbeiter vom Jugendamt, Sozialarbeiter von Beschäftigungsgesellschaften, Sozialarbeiter bei den Anbietern für Ein-Euro-Jobs, Ärzte aller Fachrichtungen, Kinderärzte und Therapeuten aus einem Gesundheitszentrum für übergewichtige Kinder. Der Sozialstaat gibt Vollgas. Doch er bekommt seine PS nicht auf die Straße. Die Räder drehen durch.

Die verschiedenen Institutionen bieten den Bürgern jede nur vorstellbare Hilfe an. Es gibt für jedes Einzelproblem das passende Hilfsangebot. In vielen Familien der Unterschicht geben sich die Sozialarbeiter der konkurrierenden Institutionen die Klinke in die Hand, auch bei den Thiels. Oft praktizieren sie unterschiedliche, mitunter sogar gegensätzliche Methoden der Hilfe. Aber es gibt niemanden, der diese Hilfe koordiniert. Das ist die Aufgabe von Frau Thiel. Das ist es, was der Sozialstaat von ihr erwartet.

Menschen wie Andrea Thiel gelingt es nicht, ihre Wohnung einigermaßen bewohnbar zu halten. Sie schludert mit dem Insulin. Sie hat noch nie einen Terminkalender besessen. Doch der Staat traut ihr zu, aus dem Hilfsangebot unendlich vieler Institutionen genau das Richtige für sich auszuwählen. Und dann die einzelnen Maßnahmen passend aufeinander abzustimmen. Das staatliche Hilfssystem wird nicht von staatlichen Stellen gesteuert, sondern von Menschen wie Frau Thiel. Sie sind die Manager, die Koordinatoren in einem Chaos, bei dem selbst die besten Experten die weiße Fahne ziehen müssen.

Und wieder begegnet uns die völlig unrealistische Vorstellung über den Menschen aus der Unterschicht. Das System der Hilfe ist ausgelegt für selbstbewusste, kompetente Bürger, die sich gut in komplizierten Zusammenhängen zurechtfinden. Die wissen, wie man Anträge schreibt. Die es gewohnt sind, die Zügel in der Hand zu halten. Das deutsche Hilfssystem ist maßgeschneidert für Menschen, die gar keine Hilfe brauchen.

Die Bankrotterklärung des deutschen Sozialstaates

Wieder stehe ich vor dem Plattenbau in Berlin-Marzahn. Jahre sind seit meinem letzten Besuch vergangen. Andrea Thiels Telefonanschluss ist abgeschaltet worden. Ob sie überhaupt noch hier wohnt? Nein, sie ist nicht umgezogen. Der Gestank ist noch da. Noch bevor ich klingeln kann, stürmt eine Gruppe Jugendlicher an mir vorbei und verschwindet in Thiels Wohnung. Zwei erwachsene Männer sprinten hinterher. An der Wohnungstür steht Andrea Thiel. Einer der Männer greift in seine Hosentasche und zieht eine Polizeimarke hervor. »Kriminalpolizei. Sind Sie Frau Thiel?«, fragt er. Sie lacht nur und antwortet: »Mensch, wir kennen uns doch.« Der Beamte war schon mehrmals da. Die Jugendlichen haben im Keller mal wieder mit Drogen hantiert, und Frau Thiel verspricht mal wieder, sich zu kümmern.

Die Pfütze vor dem Badezimmer ist verschwunden. Sonst sieht die Wohnung beinahe unverändert aus. Auf den Krempelbergen in den Kinderzimmern thronen inzwischen flache Bildschirme. Die Kabelstränge, die quer durch die Wohnung verlaufen, sind dicker geworden. Noch immer kann man die Küche nur mit Mühe betreten. Neben der Küchentür steht ein Mikrowellenherd auf dem Fußboden. Ein Teil der Nachbarkinder, die früher nur hin und wieder hier übernachteten, wohnen jetzt fest bei den Thiels. »Das sind Beates Kinder. Die ist zu ihrem neuen Freund nach Spandau gezogen«, erzählt Andrea Thiel.

Yasmin und Florian Thiel sind inzwischen 15 Jahre alt. »Mit Florian läuft alles gut. Er ist halt ein fauler Sack und geht nur drei Mal die Woche in die Schule. Die Lehrer sagen schon gar nix mehr«, berichtet Frau Thiel. Ihr Sohn hört zu, als seine Mutter über ihn spricht, lächelt stolz und fügt hinzu: »Echt jetzt. Die machen absolut nix. Die lassen mich voll in Ruhe.«

Auch mit Yasmin verträgt sich Andrea Thiel inzwischen wieder. Vor ein paar Wochen hatten Mutter und Tochter einen heftigen Streit. Sogar ein Messer war im Spiel. »Es ging mal wieder um Yasmins Verlobten.« Verlobter? »Ja klar. Die wollten heiraten. Der Junge ist ja schon 16«, sagt Andrea Thiel. Inzwischen hat das junge Paar sich aber wieder getrennt. Mutter Thiel ist glücklich.

»Ich war von Anfang an gegen die Hochzeit.« Weil Yasmin viel zu jung ist zum Heiraten? »Nein. Weil das nur Kuddelmuddel gegeben hätte.« Jetzt wird es kompliziert: Der Exverlobte von Yasmin ist der Sohn einer alleinerziehenden Mutter aus Marzahn. Die hat sein einiger Zeit einen neuen Freund. Und der wiederum ist der älteste Sohn von Andrea Thiel aus einer früheren Beziehung. »Dann wäre ja Yasmins Halbbruder ihr Stief-Schwiegervater geworden. Das geht doch nicht«, sagt Andrea Thiel.

Nächste Woche hat sie einen Termin beim Jobcenter. »Die wollen mir wieder irgend so eine Maßnahme aufdrücken. Aber das mach ich nicht. Die sollen sich lieber darum kümmern, dass

Florian ein neues Bett bekommt. Das ist nämlich schon lange kaputt.« Genau genommen seit über vier Jahren. Sie hat es also nicht geschafft, einen Antrag zu stellen.

Andrea Thiel ist seit 20 Jahren das, <u>was die deutschen Hilfs-systeme eine »Kundin« nennen.</u> Sie wird es für den Rest ihres Lebens bleiben. Längst hat Frau Thiel den Überblick darüber verloren, wie viele Helfer sich darum bemühten, zu verhindern, was dennoch eintreten wird: Florian und Yasmin werden genau so treue und lebenslange »Kunden« werden wie ihre Mutter. Die Familie Thiel ist die Bankrotterklärung des deutschen Sozial-staates.

Genau so sieht das auch Andrea Thiel selbst: »Die kümmern sich ja alle. Aber die kümmern sich immer dran vorbei. Die geben sich ja Mühe. Aber irgendwie lassen die mich auch alle im Stich.«

3 IN THE GHETTOS

Schwarz ist das Gegenteil von weiß. Schnell ist das Gegenteil von langsam. Alt ist das Gegenteil von jung. Aber oben ist nicht das Gegenteil von unten. Jedenfalls nicht in der deutschen Gesellschaft.

Wir haben uns daran gewöhnt, in der Oberschicht und der Unterschicht die größtmöglichen Gegensätze zu sehen. Auf den ersten Blick ist das auch naheliegend: Die einen besitzen viel Geld, hohes Ansehen und wohnen im Villenviertel. Die anderen haben wenig, ein schlechtes Image und leben in Wohnblocks. Solche Unterschiede werden in allen Debatten stets herausgestellt. Dabei erklären die Gemeinsamkeiten zwischen oben und unten deutlich mehr über den Zustand der Gesellschaft.

Seit einigen Jahren werden die Zentrifugalkräfte, die auf die Gesellschaft wirken, immer deutlicher spürbar. Gleichzeitig scheint der innere Zusammenhalt nachzugeben. Die deutsche Gesellschaft befindet sich im Zustand der Auflösung. Und die Teile, die zu allererst aus dem Gefüge herausbrechen, sind Oberschicht und Unterschicht. Das ist ihre große, ihre gefährliche Gemeinsamkeit.

Je nach ideologischer Heimat wird für das Zerbröseln der Gesellschaft entweder Oben oder Unten verantwortlich gemacht. Entweder die Gier des einen Prozents oder der Müßiggang der Empfänger von Sozialtransfers. Doch beim genauen Hinsehen wird deutlich: Nicht entweder oder – sowohl als auch ist die richtige Sichtweise. Die Ränder sind sich erstaunlich ähnlich. In ihrem Verhältnis zur Gesellschaft sind sie einander näher als jeweils der Mittelschicht. Sie verabschieden sich gleichzeitig aus der Gemeinschaft. Die Kerze brennt an zwei Enden.

In Deutschland sind zwei Ghettos entstanden, eines oben und eines unten. Beide Gruppen ziehen sich zurück in ihre jeweiligen Parallelgesellschaften. Und beide entfernen sich immer weiter von der Mehrheitsgesellschaft. Es besteht eine Kontaktsperre zur Mitte. Besonders deutlich wird das bei den Kindern. Haupt- und Förderschule entwickeln sich zu Bildungsstätten fast ausschließlich für die Unterschicht. Die Kinder der Vermögenden bleiben in den Privatschulen unter sich. Ghettoschulen für Ghettokids.

Die Deutschen sind traditionell ein Volk von Vereinsmeiern. Die Vermögenden hingegen bevorzugen den Club, gern einen »exklusiven«, also einen, der die Mehrheit ausschließt. Beliebt ist bei ihnen außerdem die Mitgliedschaft in einem Berufsverband.[1] Auch die Unterschicht meidet das Vereinsleben. Sie ist nirgendwo Mitglied.

Die Kirchen beobachten das Phänomen ebenfalls. Sie verlieren ihre integrative Wirkung auf die Ränder der Gesellschaft und sind fest in den Händen der Mittelschicht. »Wir erleben eine Milieuverengung«, klagt beispielsweise der Hamburger Probst Jan Hinrich Claussen.[2] »Wir merken, dass in unserem Gemeindeleben sozusagen Oben und Unten fehlen. Weder die besonders Begüterten fühlen sich in großer Zahl aufgerufen, an unserem Gemeindeleben teilzunehmen, noch die Menschen, die von Armut betroffen sind.«

Die Nichtmitgliedschaft in Organisationen, in denen das Zusammengehörigkeitsgefühl der Gesellschaft erzeugt und gelebt wird, ist nur der sichtbare Ausdruck eines tief greifenden Wandels. Der eigentliche Sprengsatz jedoch ist eine Veränderung der Werte- und Moralvorstellungen. Leistung, Disziplin, Fleiß und Fairness, die sogenannten bürgerlichen Werte, sind heute vor allem in der deutschen Mittelschicht beheimatet.

Tricksen als Lebensform oben wie unten

Ober- und Unterschicht hingegen haben das Tricksen zu einem Teil ihrer Lebensform erhoben. Die einen tricksen beim Bezug von Transfergeldern, die anderen bei der Steuer. Ungewollt fördert der Staat diese Verhaltensweise. Das deutsche Steuerrecht und das deutsche Sozialrecht sind die beiden kompliziertesten juristischen Werke in der Geschichte der Menschheit. Das Ideal dieser Paragrafendschungel ist Gerechtigkeit in jedem Einzelfall. Statt ein Gesetz für alle heißt es in Deutschland: allen ein Gesetz. In seinem ständigen Bestreben, auch noch die kleinsten Lücken zu schließen, reißt der Gesetzgeber fortwährend neue, immer größere auf.

Beide Milieus wissen das auszunutzen. Sie verfügen über enormes Erfahrungswissen beim Aufspüren und Ausnutzen solcher Lücken im System, das über Generationen weitergeben wird. Die Vermögenden sind in der Disziplin des Tricksens gegenüber den Transferempfängern jedoch im Vorteil. Schließlich werden sie von einer professionellen, kreativen und boomenden Industrie der Steuervermeidung unterstützt. Wer von Stütze lebt, muss indes selber mauscheln.

Ausgetrickst wird meist die Mittelschicht, denn sie muss zahlen. Die Mitte bezieht keine Transfergelder, die sie mit cleveren Manövern steigern könnte. Steuern und Sozialversicherungsbeiträge werden den Beschäftigten gleich vom Lohn abgezogen. Selbst mit den 1000 ganz legalen Steuertricks können sie ihr Nettoeinkommen nur unwesentlich aufhübschen. Die Welt des Tricksens bietet einzig den Bewohnern der Parallelgesellschaften große Möglichkeiten, das Konto aufzufüllen, der Mitte nicht.

Skrupel? Die sind weder ganz oben noch ganz unten festzustellen. Im Gegenteil: Weit verbreitet ist die Haltung, man sei moralisch berechtigt, die Regeln zu umgehen. Womöglich, so die Überzeugung, ist nicht alles legal, aber legitim. Ausgetrickst wird schließlich nur der Staat. Beiden Milieus ist eine große Distanz zum demokratischen Staat gemein, zu seinen Institutionen sowie den politischen Akteuren. Bei der Unterschicht gehört es zu den charakteristischen Merkmalen, sich wenig an der Demokratie zu beteiligen. Die Oberschicht, einst die staatstragende Klasse, empfindet heute vor allem Verachtung für das politische Personal und die von Wahlen abhängige Funktionselite des demokratischen Staates.[3]

Die Parallelgesellschaften als Wirtschaftsfaktor

Der Ausstieg aus der Mehrheitsgesellschaft passiert nicht einfach. Die mächtigsten Branchen der deutschen Volkswirtschaft fördern die Ghettobildung. Weil sie davon profitieren:

Die Hilfsindustrie erlebt ein wahres Wirtschaftswunder, weil sie immer mehr Menschen zu Hilfsbedürftigen erklärt, zu ihren Kunden. So ermöglicht sie erst den Lebensstil der Unterschicht. Auch die Finanzindustrie wuchs in den vergangenen Jahren schneller als jemals in ihrer Geschichte. Sie lebt von der hoch riskanten Spekulation mit echtem und mit virtuellem Geld. Staat und Gesellschaft haben für sie nur die Funktion, das Risiko abzusichern. Die Finanzwirtschaft ermöglicht erst den Lebensstil der Oberschicht.

Die Existenz der Parallelgesellschaften wurde schließlich zu einem bedeutenden Wirtschaftsfaktor. Welche Dimension die Ökonomie der Ghettos inzwischen erlangt hat, wird deutlich, wenn man sich die mit ihnen verbündeten Branchen genauer ansieht: Die Hilfsindustrie beschäftigt mit weitem Abstand die meisten Arbeitnehmer in der deutschen Volkswirtschaft. Die Banken verwalten das meiste Geld.

Neben dem Staat und den gesellschaftlichen Organisationen ist die Arbeitswelt das eigentliche Zentrum der deutschen Gemeinschaft, um das sich alles dreht. Auch die integrative Kraft der Arbeit wird immer schwächer. Die Unterschicht zeichnet sich dadurch aus, dass sie am Erwerbsleben gar nicht teilnimmt. Sie lebt fast vollständig von den Werten, die andere erwirtschaften. Auch die Vermögenden lassen sich zu einem großen Teil von Transfergeldern alimentieren. Bei ihnen heißen sie nur anders: Kapitalerträge.

Der Automobilkonzern BMW erlebte 2011 ein Rekordjahr. Norbert Reithofer, Vorstandsvorsitzender von BMW, durfte sich über Bezüge von insgesamt 6,16 Millionen Euro freuen. Damit gehört er eindeutig zum reichsten einen Prozent. Doch Reithofer muss für sein Gehalt arbeiten, etwas leisten. Als Manager ist er ein abhängig Beschäftigter. Das macht ihn gleichzeitig zu einem Angehörigen der Mittelschicht.

BMW gehört fast zur Hälfte der Familie Quandt. Johanna Quandt und ihre Kinder Stefan Quandt und Susanne Klatten haben sich ihre Anteile nicht erarbeitet, sondern geerbt. Das Milliardenvermögen in BMW-Aktien ist nur ein Teil des Imperiums der reichsten Industriellenfamilie Deutschlands. Vom Rekordgewinn bei BMW bekamen die Erben 650 Millionen Euro. 105 Mal mehr als sie Norbert Reithofer bezahlten, ihrem teuersten Angestellten.

Natürlich haben die Quandts nicht 105 Mal mehr geleistet als Reithofer. Ihre Leistung bestand im Wesentlichen darin, den Gewinn abzuschöpfen. Das Einkommen der Geldelite hat sich von der Leistung und der Arbeit abgekoppelt. Das gleiche Phänomen wie bei Empfängern von Sozialtransfers. Nur ist es dort viel transparenter.

Oben und Unten leben
von Einkommen ohne Leistung

Wenn man sich die Arbeitswelt als ein Schiff vorstellt, wird die Aufteilung der Gesellschaft deutlich. Auf der großen Galeere ist es vor allem die Mittelschicht, die unten im Schiffsbauch schuftet, die rudert und für Vortrieb sorgt. Kapitäne wie Reithofer stehen auf der Brücke, treffen die Entscheidungen und werden dafür mit zum Teil absurden Gehältern belohnt. Doch immerhin sind sie mit der Mannschaft in einem Boot, auch bei Sturm und hoher See, bei Mast- und Schotenbruch.

Die Quandts hingegen setzen keinen Fuß an Bord. Sie müssen kein Risiko fürchten und nichts leisten. Sie suchen sich einen sicheren, komfortablen Hafen und warten, bis ihr Gewinn anlegt.

Zusammen mit der Unterschicht. Auch die Langzeitarbeitslosen gehören nicht zur Mannschaft, die mit ihrer Leistung zum Wohlstand der Gemeinschaft beiträgt. In aller Regel ist ihr Untätigsein jedoch nicht freiwillig. Meist wurden sie aus der Arbeitswelt hinausgedrängt. Vor allem wegen ihrer mangelnden Bildung werden sie in der modernen, globalisierten Wirtschaft immer weniger gebraucht.

Oben und Unten bilden zusammen die Bevölkerung an Land. Volkswirtschaftlich gesehen sind sie keine Produzenten, sondern Konsumenten. Es ist ihre große, verbindende Gemeinsamkeit: Sie leben von der Wertschöpfung der Mittelschicht. Sie ist die eigentliche Leistungselite Deutschlands. Das typische Einkommen an beiden Rändern der Gesellschaft ist kein Resultat von Arbeit, sondern leistungsloses Einkommen: Transferzahlungen des Sozialstaates oder Profite aus Vermögensanlagen.

Das ist mehr als ein rein volkswirtschaftliches Problem. Die Leistungsethik war über Jahrzehnte das moralische Fundament dieser Gesellschaft. Sie war nicht nur für den Wohlstand, sondern auch für den inneren Zusammenhalt von überragender Bedeutung. Leistung war die Leitkultur der Deutschen. Ein Ersatz für diese Wertebasis ist nicht in Sicht. Oben und unten steht Deutschland jedoch nicht mehr auf diesem Fundament. Dass der Staat dies zulässt und sogar fördert, darin besteht die große Bedrohung für diese Gesellschaft.

Denen, die nicht auf der Galeere schuften, fehlen die Erfahrungen vom Leben auf See. Sie kennen nicht den harten Wettbewerb untereinander, nicht die Erschöpfung, die Schwielen an den Händen und nicht die Befriedigung nach erbrachter Leistung. Sie haben nicht miterlebt, wie in den vergangenen Jahren der Takt ständig erhöht werden musste, um mit der globalen Konkurrenz mithalten zu können. Ihre Normen und Werte, ihr ganzes Verhalten wurde nicht vom Alltag der Arbeitswelt geprägt, sondern vom Dasein an Land. Darum ist es nicht verwunderlich, dass sich in den angeblichen Gegenpolen Oberschicht und Unterschicht ganz ähnliche Ansichten und Verhaltensweisen entwickelt haben.

Wer ein Einkommen bezieht, das kein Resultat der eigenen Leistung ist, kann durch größere Anstrengung seine wirtschaftliche Situation nicht verbessern. Viele Langzeitarbeitslose, zumal mit Familie, haben keine realistische Chance, durch Arbeit mehr Geld zu verdienen, als ihnen das Jobcenter monatlich überweist. Auch die meisten Anleger könnten keinen höheren Gewinn erzielen, wenn sie in einem Unternehmen arbeiten würden. Der Ehrgeiz muss sich also zwangsläufig andere Betätigungsfelder suchen: Geschicktes Verhalten beim Finanzamt oder in der Arbeitsagentur ist für die Bezieher von leistungslosem Einkommen viel lukrativer als Arbeit und Leistung. Tricksen ist also eine typische Folge des Küstenlebens.

Der Soziologe Sighard Neckel hat beobachtet, dass der Geldadel den Zusammenhang zwischen Leistung und Erfolg kaum noch empfindet. Die Vermögenden messen ihren Erfolg an Renditen und Profit. An die Stelle des »bürgerlichen Erwerbsfleißes« ist die »Ökonomie der günstigen Gelegenheit« getreten.[4] In der Oberschicht wird Erfolg nicht mehr als Ergebnis von Leistung gesehen, sondern als eine Selbstverständlichkeit, als ein Recht, das einem aufgrund der Herkunft zusteht. Erfolg ist also Schicksal.

In der Unterschicht ist der Zusammenhang zwischen Leistung und Erfolg ebenso gestört, weil dort Erfolg als denkbares Resultat von Leistung beinahe ausscheidet. Dass Menschen sich ein besseres Leben erarbeiten, gehört nicht zu ihren Alltagserfahrungen. Und die wenigen, denen das gelingt, ziehen aus ihrer alten Umgebung weg und scheiden als sichtbares Vorbild für die Zurückgebliebenen aus. In der Unterschicht konzentriert sich der Traum vom Erfolg auf den Lottogewinn, auf die Teilnahme an einer Castingshow oder auf das Jobcenter, das einem ohne eigenes Zutun eine attraktive Stelle vermittelt. Erfolg ist also auch dort Schicksal.

Für Angehörige der Unterschicht ist es in Deutschland ungewöhnlich schwer, bei der Mittelschicht an Bord zu kommen. Von der Oberschicht wird das nicht einmal erwartet. So bleibt die Mitte unter sich und hält ihre Welt für das gesamte Universum. Die soziale Mobilität ist in kaum einem anderen Land der OECD so gering wie in Deutschland.[5] Reinhard Pollack vom Wissenschaftszentrum Berlin hat in einer Studie nachgewiesen: Soziale Mobilität gibt es in Deutschland ausschließlich innerhalb der Mittelschicht. Aufstieg über die Schichtgrenzen hinaus ist äußerst selten. Beim großen Aufzug kann man im Keller nicht zu- und im Penthouse nicht aussteigen. So mischen sich die Milieus in Deutschland nicht. Oben bleibt oben. Unten bleibt unten. Mitte bleibt Mitte.

Nur in der Krise gibt es Veränderungen. Nach unten. Dann breitet sich in der Mitte Abstiegsangst aus. Mit ihren Zukunftssorgen ist die Mittelschicht allein. Die Oberschicht weiß, dass ihr Reichtum auch von der schlimmsten Krise unangetastet bleibt. Das hat die Finanzmarktkrise der letzten Jahre erneut eindrucksvoll bewiesen. Auch die Unterschicht muss sich um ihre wirtschaftliche Situation keine Sorgen machen. Der Staat überweist stets zuverlässig. Abstiegsangst begleitet das Leben nur in der Mittelschicht.

Die Mittelschicht schaut weg

Auf- und Abstieg ist nicht das einzige Phänomen, das auf die Mittelschicht beschränkt bleibt. Verteilungskämpfe sind fast ausschließlich Auseinandersetzungen nur innerhalb der Mittelschicht. Gewerkschaften und Arbeitgeber ringen darum, wie der Teil des erwirtschafteten Geldes verteilt wird, den die Kapitaleigner, die Quandts, den Beschäftigten übrig lassen. Selbst die Gewerkschaften thematisieren den Profit der Eigentümer nicht mehr. Ulrike Herrmann nennt das »eine seltsam blinde Form des Klassenkampfes. Die Klasse der Kapitaleigner wird ignoriert, stattdessen geht die Klasse der abhängig Beschäftigten aufeinander los.«[6] Klassenkampf gibt es also nur noch in der Mittelschicht. Auch von den Auseinandersetzungen um die Verteilungspolitik des Staates bleiben Ober- und Unterschicht meist ausgespart. Die politische Klasse diskutiert über Pendlerpauschale, Praxisgebühr, Betreuungsgeld und vor allem über die Einkommenssteuer. Wer von leistungslosem Einkommen lebt, ist davon nicht betroffen. Verteilungskämpfe finden in Deutschland nur innerhalb der Mittelschicht statt. Die eigentliche Umverteilung wird dabei vollkommen außer Acht gelassen: die gleichzeitige Umverteilung nach ganz oben, zu den Vermögenden, und nach unten, zu den Empfängern von staatlichen Transfers.

Die Mittelschicht hielt sich in Deutschland allzu lange nicht nur für die Mehrheit, sondern für die gesamte Gesellschaft. So dauerte es lange, bis die Gesellschaft die Verwerfungen an ihren Rändern bemerkte. 2003 war es der Berliner Historiker Paul Nolte, der in der ZEIT ein Essay über die neue Unterschicht veröffentlichte und damit erstmals auf das Entstehen eines Milieus am unteren Rand aufmerksam machte.[7]

Obgleich die Debatte über die Unterschicht häufig am eigentlichen Problem vorbeigeführt wurde, ist die Gesellschaft bei der Wahrnehmung der Probleme am unteren Rand um fast ein Jahrzehnt weiter als beim Erkennen der Veränderungen in der Oberschicht. Die Debatte über die Geldelite hat erst im Sommer 2011 mit dem Entstehen der Occupy-Bewegung begonnen. Warum hat das so lange gedauert?

Ein Grund ist Ablenkung. In den vergangenen Jahrzehnten standen in Deutschland andere Themen im Vordergrund: Die 8oer Jahre waren geprägt von der Auseinandersetzung um Fragen der Ökologie und der Friedenssicherung. In den 90er Jahren war die Wiedervereinigung die große nationale Aufgabe. Nach der Jahrtausendwende debattierte das Land darüber, wie der »Standort Deutschland« an die globalen Herausforderungen angepasst werden soll. Genau in diesen drei Jahrzehnten haben sich die Parallelgesellschaften gebildet. In den »sozialen Brennpunkten« der Städte hat sich die Kultur der neuen Unterschicht verfestigt. Im selben Zeitraum ist das Vermögen zugunsten der Geldelite neu verteilt worden. Alles unterhalb des Radars von Wissenschaft, Medien, Öffentlichkeit und Politik.

Marx und Engels nannten die beiden Parallelgesellschaften »Lumpenproletariat« und »Kapitalisten« und verachteten sie gleichermaßen. Im »Kommunistischen Manifest« ist von der »passiven Verfaulung der untersten sozialen Schichten« die Rede.[8] Engels zieht eine Parallele zur Oberschicht und nennt sie »Schmarotzeradel« und »adliges Lumpenproletariat«.[9] Marx schreibt in seinem Aufsatz »Die Klassenkämpfe in Frankreich«, die Finanzaristokratie sei eine »Wiedergeburt des Lumpenproletariats auf den Höhen der bürgerlichen Gesellschaft«.[10]

Die Klassenkampfrhetorik klingt nach Vergangenheit. Altes Denken. Die Deutschen wollten so unbedingt keine Klassengesellschaft sein, dass sie es sich längst abgewöhnt hatten, ihre Gesellschaft in Kategorien wie Klassen oder Schichten zu sehen. Die DDR lebte die Illusion der »sozialistischen Einheitsgesellschaft«. Ober- und Unterschicht wurden einfach abgeschafft.

Die alte Bundesrepublik sah sich auf einem ähnlichen Weg. Der Soziologe Helmut Schelsky prägte den Begriff der »nivellierten Mittelstandsgesellschaft«. Er war überzeugt, dass immer mehr Menschen aus der Unterschicht aufsteigen und immer mehr aus der Oberschicht absteigen werden und die sozialen Schichten schließlich ihre Bedeutung verlieren. Und tatsächlich schienen das Wirtschaftswunder und die große soziale Mobilität in den Nachkriegsjahrzehnten ihm Recht zu geben. Die heutigen

Erwachsenen der alten Bundesrepublik sind in dem Bewusstsein aufgewachsen: Wir sind alle Mittelschicht, irgendwie.

Die Deutschen aus Ost und West haben inzwischen keine Erfahrung mehr darin, die Klassenunterschiede in ihrer eigenen Gesellschaft zu erkennen. Die Sicht von der Einheitsmittelschicht prägt die Vorstellung, die sich diese Gesellschaft von sich selber macht. Doch diese Gesichtsfeldverengung verhindert den Blick auf die großen Veränderungen, die sich an den Rändern ereignen. Wer die Existenz von sozialen Klassen in Deutschland ignoriert, übersieht die Entwicklungen, die den Gemeinsinn zersetzen. In den Außenbezirken haben sie längst begonnen. In der Mitte spürt man sie erst allmählich. Das ist einer der Gründe, warum die dramatischen Veränderungen weit entfernt vom Zentrum nicht bemerkt wurden.

Den Deutschen fällt es nicht nur schwer, die entstandenen Parallelgesellschaften zu erkennen. Sie können sie nicht einmal benennen. Es fehlen schlicht die Worte: In der Verwendung des Begriffs »Unterschicht« sehen viele eine Verletzung der politischen Korrektheit. Das »Prekariat« hingegen ist politisch einwandfrei, taugt aber allenfalls für den akademischen Diskurs im Oberseminar Soziologie. Allgemeine Unverständlichkeit war den deutschen Sozialwissenschaften stets ein ganz besonderes Anliegen.

Für die »Oberschicht« gibt es zwar viele Synonyme, doch keine Bezeichnung kommt ohne zusätzliche Erklärung aus: »Oberschicht« selbst klingt in manchen Ohren nach Bildungsbürgertum, nach Gelehrten in der Altbauwohnung. Und damit nicht nach Reichtum. Mit »Elite« sind gemeinhin die Besten gemeint. Auch »Besserverdienende« führt in die Irre, denn für die meisten Besserverdienenden bleibt Reichtum nur ein unerfüllter Traum. Kein Begriff ist also wirklich treffend.

Was man nicht benennen kann, darüber kann man nicht sprechen. Debatten über Oben und Unten scheitern darum meist schon daran, sich darauf zu einigen, über wen genau man spricht.

Alle argumentieren aneinander vorbei. Die Sprachlosigkeit ist einer der wichtigsten Gründe für das Entstehen und für das Übersehen der gefährlichen Milieus.

Ersatzweise haben sich die Bezeichnungen »arm« und »reich« inzwischen durchgesetzt. Doch sie basieren auf einer ideologisch befangenen und gleichermaßen falschen Analyse. Als »armutsgefährdet« gelten Menschen, deren Nettoeinkommen weniger als 60 Prozent des mittleren Einkommens beträgt. Der »Reichtum« beginnt nach dieser Definition beim doppelten des mittleren Einkommens. Die Grenzen sind so gesteckt, dass weite Teile der Gesellschaft entweder »arm« oder »reich« sind oder zumindest im Grenzbereich dieser Kategorien. Die Ausnahme wird so zum Normalfall und damit bedeutungslos.

Wie weit entfernt vom wahren Leben diese Einteilung ist, erfahren Studierende technischer oder naturwissenschaftlicher Fächer, sobald sie ihr Examen abgelegt haben. Als Studenten erfüllten viele von ihnen alle Kriterien, um offiziell als arm zu gelten. Doch bei ihrem ersten Job katapultiert schon ihr Einstiegsgehalt sie in die Region des offiziellen Reichtums. Sie überspringen die immer schmaler werdende Zone dessen, was in Deutschland als ökonomische Normalität gilt. Sollten diese Neureichen ihren neuen Job in Hamburg, Stuttgart oder gar München antreten, werden sie feststellen müssen, dass sie sich mit ihrem angeblichen Reichtum allenfalls eine winzige Wohnung leisten können.

Die Deutschen strukturieren ihre Gesellschaft entlang einer Einkommensskala. In diesem schlichten Denkmodell reduziert sich das Bild der Gesellschaft auf die Frage, an welcher Stelle die Markierung für Reichtum und für Armut gemacht werden sollen. Doch das monatliche Einkommen ist keine geeignete Größe zur Beurteilung gesellschaftlicher Realität. Es ist der Kategorienirrtum der deutschen Mittelschicht.

Denn für die beiden Randmilieus ist das Einkommen keine charakteristische Größe. Nicht einmal für die Geldelite. Für sie ist das Vermögen maßgeblich, der Reichtum, den sie bereits besitzen. Da zeigt sich die wahrhaft revolutionäre Umverteilung der Reichtümer der Gesellschaft. Erst das Vermögen ermöglicht Luxus ohne Anstrengung. Es ist der Mitgliedsausweis für die Parallelwelt ganz oben.

Auch die Unterschicht wird nicht von ihrer Einkommenssituation geprägt. In den 70er Jahren hatten die mittleren Lohngruppen einen Lohnabstand von 40 Prozent zu den Empfängern von Arbeitslosengeld. Seitdem ist der Vorsprung immer weiter gesunken und liegt inzwischen bei: null.[11] Wer auf das Einkommen starrt, wird keinen Unterschied zwischen Arbeitslosen und fleißigen Krankenschwestern, Anstreichern oder Briefträgern feststellen.

Und dennoch geht ein Riss durch die Gesellschaft. Die Spaltung am unteren Rand ist jedoch keine ökonomische Spaltung, sondern eine kulturelle. Parallelgesellschaft bedeutet, dass ein neues Milieu entstanden ist mit eigenen Lebensformen. Kennzeichnend dafür ist die Überforderung: mit dem Alltag, mit der Partnerschaft, mit der Gesundheit und mit der Erziehung der Kinder. Der Unterschicht fehlt es nicht an Geld, sondern an Bildung.

Die Art und Weise, mit der Öffentlichkeit, Wissenschaft und Politik auf die Auflösungserscheinungen reagiert haben, ist also eine weitere Gemeinsamkeit der beiden Ränder der Gesellschaft: Zuerst wurden die Entwicklungen übersehen, dann geleugnet und schließlich auf der Basis einer ideologisch voreingenommenen Analyse falsch gedeutet.

Neoliberalismus für Reiche und für Arme

Fehldiagnosen haben in aller Regel verfehlte Therapien zur Folge. Der Staat vertraut auf die Heilkraft des Geldes auf dem Konto der Familie. Seit Jahrzehnten setzten die Lobbyisten der Geldelite eine Steuersenkung nach der anderen für ihre Klientel durch, stets mit dem Argument: Lasst doch den Leuten das Geld. Die wissen am besten, was sie damit anfangen sollen. Wenn es um Vermögende geht, nennen wir diese Ideologie »Neoliberalismus«. Wenn es um Familien geht, die von Sozialtransfers leben, vertreten Sozialpolitiker und Wohlfahrtsverbände exakt dieselbe Glaubensrichtung: Gebt den Familien mehr Geld. Die wissen am besten, was sie damit anfangen sollen. Ist das Neoliberalismus für Arme?

Auf diese Weise wurde das »Landleben«, das Leben von leistungslosem Einkommen, überhaupt erst attraktiv gemacht. Und der Gemeinsinn untergraben. Der Unterschicht hat die Politik des Geldverteilens nicht geholfen, sondern geschadet, weil sie ihre wirklichen Probleme verharmlost. Paul Nolte nennt die Reaktion des Staates »fürsorgliche Vernachlässigung«.[12] Die hohen Transfers sind nur eine Simulation echter Anteilnahme. Und sie sind ein starker Anreiz, sich keinen Job zu suchen. Die Stütze hat die Arbeit immer weiter aus dem Lebensfokus der Unterschicht verdrängt.

Arbeit bedeutet Geld und Teilhabe. Keine Arbeit bedeutet in Deutschland trotzdem Geld. Aber keine Teilhabe. Die Fürsorgepolitik des Staates konzentriert sich auf das Verteilen von Geld, doch sie verhindert die Teilhabe der Unterschicht.

Auch bei der Oberschicht setzt der Staat die falschen Anreize. Die Besatzung der Galeere BMW, Beschäftigte und Management, hat 2011 einen Rekordgewinn erarbeitet. Die Quandt-Erben im Hafen haben davon einen fetten Anteil für sich abgeschöpft. Die Besatzung muss von den erarbeiteten Gehältern die hohen Einkommenssteuern von bis zu 45 Prozent bezahlen. Bei den Vermögensgewinnen der Quandts begnügt das Finanzamt sich mit einem Steuersatz von pauschal 25 Prozent. Die Steuerpolitik bevorzugt das leistungslose Einkommen der Vermögenden und bestraft den Lohn der Arbeit. Wenn der Arbeitslohn mit höheren Abzügen belastet wird als die Vermögensprofite, dann vergrößert der Staat den Reichtumsabstand künstlich. Je mehr die Mittelschicht also leistet, umso größer wird der Abstand zur Eigentümerkaste, die den Ertrag abschöpft.

Die Reichen hören die Signale: Die deutsche Geldelite zieht sich immer mehr aus der mühevollen und hoch besteuerten Führungsarbeit in den Unternehmen zurück. Die typischen Mitglieder des deutschen Geldadels sind keine Unternehmensgründer – das waren ihre Väter oder Großväter. Sie sind auch immer seltener Nachfolger am Steuerstand des Familienunternehmens – zu anstrengend. Die typischen deutschen Reichen sind Anleger und Erben.

Die Politik hat mit ihren Entscheidungen die Absetzbewegungen beider Parallelgesellschaften nicht nur nicht verhindert, sondern gefördert. Mit Geld. Genauer: mit dem Geld der Mittelschicht.

Seit Jahrzehnten wachsen die Ausgaben für den Sozialstaat rasant. Die Sozialleistungsquote, also der Anteil des Bruttoinlandsproduktes (BIP), der für Soziales aufgewendet werden muss, ist seit 1970 um mehr als 40 Prozent gestiegen.[13] Heute liegt die Quote bei etwa einem Drittel des BIP. Die Entwicklung der Sozialleistungsquote zeigt: Die Bedürftigen wurden nicht lediglich am Wachstum des Wohlstandes in dieser Gesellschaft beteiligt. Ihr Anteil ist sogar prozentual deutlich gestiegen.

Wer bezahlt das? Nicht die Oberschicht. Der Beitrag, den die »Gewinnsteuern«, die typischen Steuern der Reichen, am gesamten Steueraufkommen haben, ist seit 1970 fast um die Hälfte geschrumpft. Gleichzeitig hat sich der Anteil, den die Mittelschicht an der Finanzierung der Gemeinschaftsaufgaben übernimmt, seit 1970 etwa verdoppelt.[14] Eine weitere Gemeinsamkeit von Oben und Unten: Sie ziehen immer mehr Geld aus der Mitte ab.

Darum gibt es tatsächlich Armut in Deutschland: die Armut der öffentlichen Haushalte. Besonders klamm sind die Kommunen, denn sie sind im Staatsgefüge für die Ausgestaltung des Sozialstaates zuständig. Zwischen 1992 und 2012 haben sich die Ausgaben der Kommunen für Soziales mehr als verdoppelt.[15] Sozialleistungen sind Pflichtaufgaben des Staates. Die Kommunen haben keine Wahl. Sie müssen zahlen, auch wenn ihre Einnahmen nicht annähernd die Ausgaben decken. Diesen Umstand macht sich das boomende Geschäftsfeld der Hilfsindustrie zunutze. Viele typische Unterschichtsviertel werden von professionellen Helfern durchforstet auf der Suche nach Menschen, denen sie auf Staatskosten »helfen« können.[16]

Wenn die Kommunen schließlich die Honorare für die Helfer und die Transferzahlungen für die Bedürftigen überwiesen haben, sind die Kassen leer. Dann bleibt ihnen kein Geld mehr für die Instandhaltung der Schulen, der Straßen, der Rathäuser, der Schwimmbäder oder den Unterhalt der Bibliotheken. Die Kämmerer sind gezwungen das Volkseigentum, das Generationen aufgebaut haben, sehenden Auges verrotten zu lassen. Die Sozialkosten drohen die Infrastruktur aufzufressen.

Oben und Unten treiben den Staat in die Verschuldung

Die Folge ist eine massive Verschuldung der Städte und Gemeinden. Städte wie Kaiserslautern, Ludwigshafen oder Oberhausen sind bereits mit annähernd 10 000 Euro pro Kopf verschuldet.[17] Das Missverhältnis von Verschuldung zur Wirtschaftsleistung erreicht mancherorts griechische Dimensionen. Und genau wie bei Griechenland wird das Rating der Kommunen immer weiter herabgestuft. Inzwischen gewähren die Banken einigen Kommunen keinen Kredit mehr.

Doch nicht nur die Kommunen verschulden sich. Im Bundeshaushalt stecken Schulden und Bürgschaften in Billionenhöhe. Ein Großteil davon ist eine Folge der Krise der Finanzmärkte. Die wiederum wurde ausgelöst durch die Spekulationen der Reichsten in dieser Gesellschaft. Der Schaden durch die Zockerei der Geldelite hat auf der Staatsschuldenseite etwa dieselbe Dimension wie der Ausbau des Sozialstaates in den 70er Jahren oder die Kosten der Wiedervereinigung.[18] Wenn man Bund, Länder und Gemeinden zusammenrechnet, ist die Pro-Kopf-Verschuldung der öffentlichen Haushalte seit 1970 um fast das 25fache angestiegen.[19] Überschuldung bedeutet stets: Man nimmt zu wenig ein und gibt zu viel aus. Verursacher der steigenden Ausgaben ist zum einen die Oberschicht. Sie hat mit ihren riskanten Spekulationen die Bankenkrise verschuldet. Die Kosten für die Reparatur der entstandenen Schäden und die Maßnahmen, um weitere Schäden zu verhindern, reißen unvorstellbare Löcher in die Staatskasse.

Verursacher der steigenden Ausgaben ist außerdem die Unterschicht, denn die Sozialkosten zu ihrer Alimentierung und zur Finanzierung der boomenden Hilfsindustrie wachsen rasant und unaufhaltsam.

Verursacher der zu geringen Einnahmen ist allein die Oberschicht, denn sie beteiligt sich immer weniger an der Finanzierung des Staates. Die Steuerpolitik verschont das Kapital der Geldelite sowohl im Vergleich zu früher als auch im internationalen Vergleich in einem ungewöhnlichen Ausmaß. Staatsverschuldung und öffentliche Armut sind also ein Gemeinschaftswerk von Oberschicht und Unterschicht.

Für alle Veränderungen, die den Staat teuer zu stehen kommen, muss einzig die Mittelschicht geradestehen. Sie spannt den Rettungsschirm über die Vermögen der Reichen. Und sie hält das soziale Netz, in dem die Bedürftigen aufgefangen werden.

Es ist Aufgabe des Staates, für einen fairen Ausgleich zu sorgen und den Gemeinsinn der Gesellschaft zu organisieren. Für den Umgang des Staates mit der Unterschicht hat sich in den vergangenen Jahren eine Fairnessregel herausgebildet, die in weiten Teilen der Gesellschaft konsensfähig ist: Wer von Transfergeldern der Solidargemeinschaft lebt, soll wirtschaftlich nicht besser gestellt sein als diejenigen, die arbeiten und mit ihren Steuern den Sozialstaat finanzieren. Weil die Debatten über den Reichtum und den Umgang mit der Oberschicht gerade erst begonnen haben, gibt es eine solche allgemein anerkannte Regel bislang noch nicht. Einst war es selbstverständlich: Die starken Schultern tragen die größte Last. Davon ausgehend könnte für die Zukunft gelten: Alle Einkünfte zusammengerechnet darf der tatsächlich gezahlte Steuersatz eines Millionärs nicht niedriger sein als der durchschnittliche Steuersatz der abhängig Beschäftigten.

Nicht nur bei den Einnahmen hat der Staat in den vergangenen Jahrzehnten seine Strategie grundsätzlich geändert. Auch bei den Ausgaben. Für die Ausgaben gibt es zwei gegensätzliche Prinzipien: Subjektförderung oder Objektförderung. Entweder der Staat fördert jeden Einzelnen, jede Familie. Das nennt man Subjektförderung. Oder er finanziert Institutionen der Gemeinschaft wie Schulen, Universitäten oder Service-Einrichtungen. Die Objektförderung.

Die Schweden zahlen hohe Steuern und leisten sich davon eine großzügige Infrastruktur für alle. In den USA sind die Steuern niedriger, aber dort heißt es: Willst du schwimmen? Bau dir gefälligst selber einen Pool. Und Deutschland? »Es gibt wohl kaum Länder, die sich in dieser Frage so eindeutig auf eine Seite geschlagen haben wie wir«, sagt Gisela Färber. Sie ist Wirtschaftswissenschaftlerin an der Deutschen Hochschule für Verwaltungswissenschaften in Speyer. »Wir verteilen wie die Geisteskranken um, statt uns um die Stärkung der Institutionen zu kümmern.«

Deutschland ist eine Hochburg der Subjektförderung. Die Ideologie des Privaten hat sich über alle Schichten hinweg ausgebreitet. Die Königsdisziplin deutscher Umverteilung ist die Familienpolitik. Ungezählte Maßnahmen sollen Familien finanziell unterstützen. Ungezählt bedeutet: Selbst das zuständige Ministerium kennt die genaue Zahl nicht.

Als Ursula von der Leyen 2005 Familienministerin wurde, erteilte sie einen Forschungsauftrag, um herauszufinden: Mit wie viel Geld unterstützt der Staat die Familien eigentlich? Es dauerte fast die gesamte Legislaturperiode, bis feststand: 112 Milliarden Euro pro Jahr. Ihre Nachfolgerin Kristina Schröder hat eine Anschlussforschung in Auftrag gegeben. Sie will wissen, welche Maßnahmen wie wirken. Ergebnisse werden erst 2013 erwartet. So lange wird weiter Geld ausgegeben, ohne dass irgendjemand die Wirkung kennt.

Die Wirksamkeit von Kindergärten ist dagegen zweifelsfrei nachgewiesen. Sie ist ein Beispiel kluger Objektförderung. Doch während der gesetzlich zugesagte Ausbau der Krippenplätze stockt, hat die Regierung die Einführung eines Betreuungsgeldes von 150 Euro für das Jahr 2013 beschlossen. Ein Lehrbuchbeispiel hilfloser Subjektförderung. Insgesamt zahlt Deutschland etwa 40 Prozent mehr für direkte Familienförderung als der EU-Schnitt. Doch seit 35 Jahren schon investieren wir weniger in unser Bildungssystem als der Schnitt der OECD-Länder.[20]

Das Primat der Partikularinteressen

Was ist nur mit uns Deutschen los? Einfallsreiche, effiziente öffentliche Institutionen waren über Generationen das Markenzeichen Deutschlands. Amerika gelingt es bis heute nicht, eine solidarische Sozialversicherung auf die Beine zu stellen. Reichskanzler Otto von Bismarck hat sie bereits im 19. Jahrhundert eingeführt. Das Berufsbeamtentum und damit die erste öffentliche Verwaltung, die allgemeine Schulpflicht, die modernen Universitäten – wer hat's erfunden? Die Deutschen. Der Kindergarten ist eine so geniale Idee, die andere Länder gleich mitsamt dem deutschen Wort übernommen haben. Das alles hat den Deutschen den Ruf eingebracht: Die können organisieren. Objektförderung in höchster Perfektion, das war der deutsche Weg.

Doch inzwischen hat sich die Chaosseuche in den deutschen Institutionen ausgebreitet.

Beispiel Jobcenter: Hier bekommen Arbeitslose zwar Geld. Aber kaum Hilfe. Die Arbeitsagentur hat das schlechteste Ansehen aller staatlichen Institutionen in Deutschland.[21] Seit Anfang der 90er Jahre gehört es zum Allgemeinwissen der Deutschen: Das Arbeitsamt kann keine Jobs vermitteln. Zwei Jahrzehnte und gefühlte 100 Reformen später müssen wir feststellen: Die Arbeitsagenturen, wie sie heute heißen, können noch immer nicht vermitteln.

Beispiel Universität: In den 70er Jahren wurden aus Elitehochschulen Massenuniversitäten. Darauf hat sich die gesamte Institution in ihren Strukturen bis heute nicht eingestellt. Seit den 70ern hat noch jede Studentengeneration gegen unhaltbare Studienbedingungen protestiert. Alle zu Recht. Alle erfolglos.

Beispiel Schule: Seit PISA, seit 2001, ist nicht nur den Experten klar: Das Schulsystem muss grundlegend reformiert und erheblich besser finanziert werden. Alle finden das richtig. Fortschritt bis heute: nicht feststellbar. Chancenungerechtigkeit bleibt das Erkennungsmerkmal der deutschen Schulen.[22]

Beispiel Kindergarten: Die Große Koalition hatte beschlossen, bis 2013 die Zahl der Krippenplätze auszubauen. Die schwarzgelbe Regierung verfolgt das Vorhaben weiter. Aber die Kommunen, die den Plan umsetzen müssen, haben längst angekündigt: Das klappt nicht. Notwendig wäre indes ein Konzept, wie aus Kindergärten echte Bildungsstätten werden, in denen gerade die Kinder der Unterschicht nicht nur betreut, sondern auch gefördert werden. Pläne dazu gibt es jedoch nicht.

Beispiel Hilfsindustrie: In Deutschland sind es keine staatlichen Institutionen, die den Bedürftigen helfen. Der Staat hat die Hilfe komplett an private Unternehmen outgesourced. Die helfen, was das Zeug hält. Die Branche boomt. Der Staat zahlt. Doch niemand steuert oder kontrolliert die Aktivitäten des sozialindustriellen Komplexes. Ein Großteil der Hilfe verpufft darum ohne Wirkung.

Beispiel Finanzamt: Die Deutsche Steuer-Gewerkschaft schätzt, dass jährlich 30 Milliarden Euro am Finanzamt vorbeigeschleust werden. Die OECD geht sogar davon aus, dass der Fiskus 100 Milliarden Euro mehr einnehmen könnte, wenn nur genügend Steuerprüfer eingestellt würden. [23] Doch die Finanzverwaltung spart lieber bei den Personalkosten.

»Wir brauchen dringend bessere, effizientere staatliche Institutionen«, sagt Gisela Färber, die Professorin von der Verwaltungshochschule. »In anderen Ländern ist das Funktionieren der Organisationen ein Riesenthema. Nur bei uns nicht.« In Deutschland gibt es auf die Frage, wie man staatliche Institutionen effizienter macht, in den letzten Jahrzehnten nur eine Antwort: Rückzug. Der öffentliche Dienst wurde nicht zu einem Dienst an der Öffentlichkeit umgebaut, sondern konsequent abgebaut.

Die politische Klasse hat die Kraft verlassen, auf die Veränderung der Gesellschaft organisatorisch zu reagieren. Nicht nur die Kraft, auch den Anspruch. Sie versucht erst gar nicht, das Chaos im Sozialstaat zu ordnen, das eine echte Hilfe für Bedürftige heute verhindert. Sie traut sich den Wechsel von einem nachsorgenden Geldverteilungsstaat zu einem vorsorgenden Sozialstaat nicht zu. Sie hat keinen Plan, ein flächendeckendes System der frühkindlichen Bildung aufzubauen. Sie knickt vor den Interessen der Geldelite ein und unterlässt es, die Reichen angemessen an der Finanzierung des Staates zu beteiligen. Sie wagt es nicht, den Kampf mit der Finanzindustrie aufzunehmen.

Die Politik will nicht mehr gestalten, sondern verteilen, Geld umverteilen. Sie sitzt im Labyrinth der staatlichen Finanzströme und dreht mal hier mal da an den Stellschräubchen. Ein paar Euro mehr für Harzt-IV-Empfänger, Mehrwertsteuersatz für Hotelübernachtungen runter, Absetzbarkeit von Steuerberaterrechnungen erweitern, Freibeträge und Grenzwerte anpassen. Politiker bedienen die bestehenden Systeme lediglich. Sie konstruieren keine neuen.

Über viele Generationen war es eine einzigartige Fähigkeit der Deutschen, die Anforderungen der Zeit in neue Organisationen zu übersetzen und daraus funktionierende staatliche Institutionen zu schaffen. Andere Nationen haben Deutschland darum beneidet. Doch diese Fähigkeit scheint verloren gegangen zu sein. Früher waren es die großen Gemeinschaftsinteressen die organisiert wurden, zum Wohle aller. Heute sind es die individuellen Interessen Einzelner, die durchgesetzt werden. Zum Wohle weniger. Und oft zum Nachteil der Mehrheit.

Die großen organisatorischen Leistungen der Vergangenheit waren getrieben vom Gemeinsinn. Die Institutionen wirkten integrierend auf große Teile der Bevölkerung. Sie haben eine Bewegung hin zur Mitte bewirkt. Die großen organisatorischen Fehlleistungen der Gegenwart wirken wie ein Förderprogramm der Ghettobildung.

Heute gilt das Primat der Partikularinteressen. Die Politik versucht lediglich, einen Ausgleich gegenteiliger Interessen vorzutäuschen. Ein gemeinsames Interesse zu erkennen und zu stärken, ist kein Staatsziel mehr. Die Politik scheint sich mit der Auflösung der Gesellschaft an den Rändern abgefunden zu haben. Die Parallelgesellschaften werden übersehen, geleugnet und sogar gefördert. Deutschland kapituliert vor Oben und Unten.

TEIL II

4 DIE HILFSINDUSTRIE

Die Gier der Guten

Die Wende im Jahre 1989 brachte den Deutschen im Osten Demokratie, Marktwirtschaft und das Hängebauchschwein. Sobald die Westmark auch im Osten galt, wurde die Pleite der sozialistischen Volkswirtschaft offensichtlich. Millionen verloren ihre Arbeit. Die Politiker in Bonn entsandten ihre Blauhelmtruppe in das Krisengebiet, als friedenserhaltende Maßnahme: Westbeamte, die in Windeseile die neuen Arbeitsämter aufbauten. Der damalige Arbeitsminister Norbert Blüm setzte auf den flächendeckenden Einsatz von Arbeitsbeschaffungsmaßnahmen (ABM). In jedem Kreis der ehemaligen DDR wurde eine Beschäftigungsgesellschaft gegründet, mitunter auch mehrere. Schnell entwickelten sie sich zu den jeweils größten »Arbeitgebern« ihrer Region. Sie hatten meist Tausende Beschäftigte. Aber keine Beschäftigung. Kreativität war gefragt.

Wer die Idee mit dem Streichelzoo zuerst hatte, ist heute nicht mehr nachvollziehbar. Doch bis Mitte der 90er Jahre eröffnete praktisch jede Beschäftigungsgesellschaft ihren eigenen kleinen Tierpark.

Hängebauchschweine gehörten bald zur Stammbesatzung jedes Fummelzoos. Das löste eine rege Nachfrage nach den hässlichen Allesfressern aus, die selbst die Züchter des gesamten Kontinents nur mit größter Anstrengung befriedigen konnten. Bald hatte Ostdeutschland die höchste Hängebauchschweindichte außerhalb von Vietnam, der Heimat des Sus scorfa f. domestica.

Der Aufstieg der Hilfe zur größten Branche der deutschen Volkswirtschaft

In den 90er Jahren hoppelte ich im Auto viele Tausend Kilometer durch das ABM-Wunderland. In vielen Dörfern standen picobello Buswartehäuschen, so schick wie aus *Schöner Wohnen,* gebaut von ABM-Truppen. Aber leider musste der Busbetrieb eingespart werden. Zu dem Ensemble am Dorfplatz gehörte meist auch eine auf alt gemachte Handwasserpumpe mit Überdachung im aktuellen Wartehäuschen-Look. Es waren die berühmten »Soda-Pumpen«. Sie waren einfach so da. Wasser kam keines heraus. Verboten. Denn Wasserversorgung ist eine Pflichtaufgabe des Staates, und genau dazu durften ABM-Gelder nicht genutzt werden. Die Regelung sollte den ersten Arbeitsmarkt vor dem zweiten schützen. So hatten die Arbeitsämter Geld zum Bau von Grillplätzen, Friedhofsmauern oder Wartehäuschen, die Kommunen aber mussten aus Kostengründen ihre Angestellten entlassen.

In Genthin traf ich den Arbeitslosen Fritz-Jörg Wahrenburg, der gegen seine ehemalige Beschäftigungsgesellschaft klagte.[1] Die wollte ihn zum Trappeneinsatz zwingen. Das war seine ABM. Großtrappen sind seltene Vögel. »Die sollten wir beobachten. Nur beobachten. Sonst nichts. Zu viert. Es war sinnloser als zu Hause rumsitzen«, beschwerte sich Wahrenburg. Seine Beschäftiger schickten ihn als Alternative in die Bibliothek, um ein Buch über Friedrich den Großen abzuschreiben. Von Hand. »Ich habe mich geweigert. Aber andere haben es gemacht.« Schließlich wurde er in ein freies Büro gesetzt. Nach acht Monaten zog er Bilanz: »Zwei Telefongespräche entgegengenommen, Post ins Hauptgebäude getragen, zwei Mal Tanken gefahren.« Zum Abschied bekam Wahrenburg ein Zeugnis: »Da stand drin, was ich Tolles geleistet habe.« Er zog vor Gericht und verklagte seine Beschäftigungsgesellschaft. »Ich wollte ein wahres Zeugnis, in dem steht, dass ich acht Monate exakt nichts gemacht habe.«

In der Nachbarstadt Burg unterhielt das Rote Kreuz damals eine Kleiderkammer, in der 28 arbeitslose Frauen in einer ABM geparkt wurden. Ein Mal im Monat kam ein LKW und lieferte gespendete Kleider. Die Frauen wuschen, flickten und sortierten die Klamotten. Doch oft kamen über Wochen keine Bedürftigen, die sich neu einkleiden wollten. Wenn der LKW neue Ware brachte, nahm er die inzwischen gewaschene und reparierte Lieferung vom letzten Mal stets wieder mit. Die Textilien wurden zu Lumpen verarbeitet und verkauft. Die sinnlose Arbeit der 28 Frauen machte dennoch Sinn. Für das Rote Kreuz. Es kassierte vom Arbeitsamt ein Honorar für die »Beschäftigung« der Arbeitslosen.

Pioniere der Branche: die Arbeitslosigkeitsindustrie

Die Hilfe, die als unbeholfene Improvisation in einer Notsituation begonnen hatte, entwickelte sich rasch zu einem großen Geschäft. Die Nöte und Bedürfnisse der Arbeitslosen gerieten dabei immer weiter in den Hintergrund. Ist es eine Hilfe, wenn Menschen Kleider waschen und flicken, die dann zerrupft werden? Millionen »Maßnahmen« in Ostdeutschland haben schließlich gezeigt: Das Gutgemeinte kann sich leicht in eine Demütigung verwandeln, die nur einem hilft: dem Helfer.

Die Beschäftigungsgesellschaften waren nicht nur erfinderisch, was neue Maßnahmen für Arbeitslose anging. Sie entwickelten noch weit profitablere Methoden, um den Geldschatz der Arbeitsämter anzuzapfen. Eine beliebte Möglichkeit der legalen Bereicherung war die Rüttlermethode. Die ging so: Die Beschäftigungsgesellschaft beantragte beim Arbeitsamt den Bau, sagen wir eines Parkplatzes am Friedhof. Keine Pflichtaufgabe. Das Amt genehmigte. Um den Untergrund festzuklopfen, brauchte man einen Rüttler. Die Beschäftigungsfirma kaufte den Rüttler. Das Amt zahlte. Irgendwann war der Parkplatz fertig. Wem gehörte am Ende der Rüttler? Die meisten ABM-Firmen beschäftigten ständig einige Tausend Menschen. In einem Jahr kamen da leicht ein paar LKW, Bagger oder Rüttler zusammen. Das Arbeitsamt konnte mit der Gerätschaft nichts anfangen. In der Not wussten die Geschäftsführer der Beschäftigungsgesellschaften einen Ausweg. Selbstlos erklärten sie sich bereit, die gebrauchten Geräte in einer neu zu gründenden Firma zu verwerten: der Maschinen-Verleih GmbH. Dafür kassierten sie zusätzlich Fördergelder für Existenzgründer. Auf diese Weise entstanden in den 90er Jahren unzählige Unternehmen, die technische Geräte vermieteten.

Im nächsten Frühjahr wurde die Erweiterung des Parkplatzes beantragt: Friedhofsparkplatz Teil II. Doch diesmal musste das Arbeitsamt keinen neuen Rüttler kaufen. Er wurde gemietet. Bei der ortsansässigen Maschinen-Verleih GmbH, deren Eigentümer gleichzeitig Geschäftsführer der Beschäftigungsgesellschaft war. Und wieder zahlte das Amt, diesmal Miete für Geräte, die es zuvor selbst angeschafft hatte. Alles ganz legal.

So hat es angefangen, das Geschäft mit der Arbeitslosigkeit. Walter Riester, Blüms Nachfolger als Bundesarbeitsminister, nannte es angewidert das »Geschäftsfeld Arbeitslosigkeit«[2]. ABM, Umschulung, Ein-Euro-Jobs: All diese »Maßnahmen« heißen in der Sprache der Sozialpolitik »aktive Arbeitsmarktpolitik«. Seit 1991 haben der Bund und die Arbeitsagenturen (vormals Arbeitsämter) für »aktive Arbeitsmarktpolitik« zusammen fast eine halbe Billion Euro ausgegeben, im Schnitt etwa 24 Milliarden im Jahr.[3] Zum Vergleich: Arbeitslosengeld II (früher Arbeitslosenhilfe) hat den Sozialstaat nur rund 15 Milliarden pro Jahr gekostet.

Der Goldrausch: Helfen ist der neue Klondike River

Am Beispiel der organisierten Hilfe für Arbeitslose wird deutlich, was bisher noch nicht ins Bewusstsein der Gesellschaft eingedrungen ist: Auch Helfer haben Interessen. Diese Interessen sind nicht deckungsgleich mit denen der Bedürftigen oder denen der

Gemeinschaft. Mitunter widersprechen sie ihnen sogar. Und die Helfer sind willens und in der Lage, ihre Interessen durchzusetzen.

Die Arbeitslosigkeit war eine der ersten Goldadern, die von den guten Menschen entdeckt wurde. Inzwischen ist der Goldrausch im vollen Gange. Soziale Dienstleistungen sind der neue Klondike River. An seinen Ufern sind zahlreiche Minen entstanden: Behindertenhilfe, Kinder- und Jugendhilfe, Altenpflege, Kinder- und Jugendpsychiatrie, Schuldnerberatung oder Obdachlosenhilfe. Die Schürfrechte werden ständig ausgeweitet.

Dennoch ist es den professionellen Helfern gelungen, die Vorstellung von den selbstlosen Samaritern in den Köpfen lebendig zu halten, von ehrenamtlichen Wohltätern, die nach Feierabend einsame Alte pflegen, die Behinderte spazieren fahren oder vernachlässigten Kindern eine warme Mahlzeit kochen. Und das Ganze finanziert von Spendengeldern oder Almosen eines chronisch geizigen Sozialstaates. Doch diese Vorstellung hat mit der Wirklichkeit ungefähr so viel gemein wie private Videoerinnerungen vom letzten Urlaub mit dem Hollywoodstreifen *Avatar*.

Das Sozialstaatsprinzip ist ein Staatsziel, das vom Grundgesetz mit der »Ewigkeitsgarantie« geschützt wird. Wer in Deutschland Hilfe braucht, hat ein Recht darauf. Staatsziele kann man nicht freiwilligen Amateurhelfern überlassen. Helfen muss die Angelegenheit von Profis sein, die für ihre Arbeit bezahlt werden. Der weitaus größte Teil dieser Profis sind jedoch keine Staatsdiener. Ihre Arbeitgeber sind Vereine oder Firmen und somit ganz normale Dienstleister des Staates. Genauso wie der Staat Straßen oder Schulen nicht von Beamten aus dem Bauamt bauen lässt, beauftragt er auch Unternehmen mit der Wohlfahrt. In seinem Auftrag beraten die Mitarbeiter von Hilfsfirmen Menschen in existenziellen Krisensituationen, erziehen Kinder oder putzen Pflegebedürftigen die Zähne. Näher kann der Staat seinen Bürgern nicht kommen. In Deutschland wird darüber debattiert, ob die Müllabfuhr privatisiert werden soll. Nur wenigen ist jedoch bewusst, dass die

...imste Form staatlichen Handelns, die Hilfe, beinahe komplett outgesourced und in der Hand von Fremdfirmen ist.

Die privatwirtschaftliche Organisation macht aus der Hilfe zwangsläufig eine Branche, eine Industrie: die Hilfsindustrie. Wenn allein das Geschäftsfeld Arbeitslosenhilfe ein 24 Milliarden-Euro-Markt ist, welche Dimensionen hat dann das gesamte Geschäftsfeld Hilfe? Das weiß niemand. Zu jeder anderen Branche gibt es exakte Zahlen über Mitarbeiter, Umsätze und Gewinne. Für den Sozialmarkt fehlen selbst die Basisdaten. Experten schätzen jedoch übereinstimmend, dass etwa zwei Millionen Arbeitnehmer ihren Lebensunterhalt durch professionelles Helfen verdienen.[4] Das sind fast drei Mal mehr Menschen, als die gesamte heimische Automobilindustrie beschäftigt.[5] Das sind auch mehr als im Bauhauptgewerbe arbeiten. Mehr sogar, als in der Bauindustrie und in der Autoindustrie zusammen. Nehmen wir noch den Bergbau dazu, die Stahlindustrie, die Fischereiwirtschaft, den Flugzeugbau, die Stromwirtschaft. In all diesen Branchen zusammen arbeiten etwa zwei Millionen Arbeitnehmer. So viel wie im Sozialmarkt alleine. Das sensationelle Ergebnis der Zählung lautet also: Die Hilfsindustrie ist die größte Branche der gesamten deutschen Volkswirtschaft, die größte von allen.

Deutschlands Unternehmen mit den meisten Mitarbeitern heißt darum auch nicht Daimler oder Telekom, sondern Caritas. Der helfende Arm der katholischen Kirche beschäftigt mehr als eine halbe Million Mitarbeiter.[6] Mit 453 000 folgt auf Platz zwei die evangelische Konkurrenz, das Diakonische Werk.[7] Auch das Rote Kreuz, die Arbeiterwohlfahrt und der Paritätische Wohlfahrtsverband gehören zu den Giganten auf dem deutschen Arbeitsmarkt.[8] Jeder von ihnen hat alleine in Deutschland mehr Mitarbeiter als die BASF in der ganzen Welt. Und das ist immerhin der größte Chemiekonzern auf diesem Globus.

Die Zahl der Mitarbeiter ist eine Kenngröße zur Beurteilung einer Branche. Genauso wichtig ist der Umsatz. Und auch hier halten sich die Wohlfahrtsverbände bedeckt. »Die Intransparenz ist in diesem System systembildend«, sagt Iris Röthig. Sie ist Herausgeberin von *Wohlfahrt intern*, dem Branchenblatt der Hilfsindustrie. »Die Verbände und Unternehmen wollen sich nicht in die Karten schauen lassen.« Ausgerechnet in der Branche mit den meisten Beschäftigten sind wir auf Schätzungen und Daumenpeilungen angewiesen.

Hans-Joachim Puch ist Professor an der Evangelischen Fachhochschule in Nürnberg. Für das Bayerische Staatsministerium für Arbeit und Sozialordnung hat er die Sozialbranche in Bayern untersucht und dabei herausgefunden, dass die Unternehmen pro Mitarbeiter einen Jahresumsatz von etwa 57 000 Euro erwirtschaften.[9] Die Zahl darf als repräsentativ gelten, denn auch die Bodelschwinghschen Stiftungen Bethel, eines der weltweit größten Hilfsunternehmen, geben einen Umsatz pro Mitarbeiter von etwa 57 000 Euro an.[10] Hochgerechnet auf ganz Deutschland bedeutet das: Die Hilfsindustrie setzt etwa 115 Milliarden Euro pro Jahr um.

»Ich halte 140 Milliarden für noch wahrscheinlicher«, sagt Helmut Hartmann. Der Gründer und Geschäftsführer des Beratungsunternehmens con_sens analysiert seit eineinhalb Jahrzehnten vor allem die ökonomischen Aspekte des Sozialmarktes. Er gilt als der beste Kenner aller Finanzierungsfragen der Branche, womöglich sogar als der einzige.

Zwischen 115 und 140 Milliarden Euro – solche Beträge können nicht aus Spendengeldern aufgebracht werden. Nach Berechnungen des Deutschen Zentralinstituts für soziale Fragen (DZI) haben die Deutschen 2011 insgesamt knapp sechs Milliarden Euro gespendet.[11] Der Deutsche Spendenrat kommt sogar nur auf 4,3 Milliarden.[12] Und die größten »Spendenauslöser« sind stets Katastrophen im Ausland: Erdbeben, Tsunamis, Dürren. Wie auch immer man es rechnet: Spendengelder können allenfalls die Kaffeekassen der Helfer füllen.

Woher kommen also die vielen Milliarden? Vom Staat. Die Helfer werden aus öffentlichen Mitteln bezahlt. Die Pflegeversicherung übernimmt gut 20 Milliarden. Der weitaus größte Teil geht zulasten des Fiskus. Jeder sechste, womöglich sogar jeder fünfte Euro, den Deutschlands Steuerzahler an das Finanzamt überweisen, wird am Ende auf einem Konto eines Wohlfahrtsunternehmens gutgeschrieben.

Mit steil ansteigender Tendenz. Nimmt man die Beschäftigtenzahlen, dann ist die Sozialbranche in den vergangenen 15 Jahren sechs bis sieben Mal schneller gewachsen als die gesamte Wirtschaft. Deutschland erlebt einen beispiellosen Hilfsboom. »Unbekanntes Wirtschaftswunder Sozialbranche« lautete darum auch der Titel eines Kongresses, auf dem sich die Branche im Frühjahr in Berlin selbst feierte.

So ein Wirtschaftswunder bleibt freilich nicht unbemerkt in der Welt des Geldes. Die Deutsche Bank hat längst ein Auge auf das Business geworfen und auch ein Papier zum »Wirtschaftsfaktor Wohlfahrtsverbände« veröffentlicht.[13]

»Die Wohlfahrtspflege ist eine enorm wichtige, erstaunlich schnell wachsende und stark unterschätzte Branche«, fasst Dieter Bräuninger von der Deutschen Bank die Ergebnisse der Analyse zusammen.

Auch aus der Sicht von Managern, die an den Umgang mit großen Zahlen gewöhnt sind, erscheinen die Dimensionen der deutschen Hilfslandschaft wahrhaft gigantisch: Allein die großen Wohlfahrtsverbände bieten ihre Dienste in über 100 000 »Einrichtungen« an, so werden die Niederlassungen der Sozialunternehmen genannt. Das sind etwa so viele wie alle Metzger, Bäcker, Apotheken und Tankstellen zusammen. Man findet sie in jedem Ort, in jedem Stadtviertel, in jeder Fußgängerzone. Das Diakonische Werk rechnet damit, dass 95 Prozent der Menschen in Deutschland mindestens ein Mal im Leben »Kunden« der Wohlfahrtsverbände werden. Aus Sicht der Sozialunternehmen sind die

Deutschen ein Volk von Hilfsbedürftigen. Das unausgesprochene Motto lautet: Viel Hilfe hilft viel.

Die Frage ist nur: Ist das reichste Deutschland in der Geschichte tatsächlich in einem Zustand, der es erfordert, dass Hilfe die größte Branche der Volkswirtschaft ist? Und wächst die Zahl der Hilfsbedürftigen wirklich so rasant wie die der Helfer, wie die gesamte Hilfsindustrie? Also sieben Mal schneller als die Wirtschaft? Kann die Bedürftigkeit mit dem atemberaubenden Wachstum an Hilfsangeboten überhaupt mithalten? Oder ist ein Teil des Booms auf Hängebauchschweine und Rüttler zurückzuführen?

Wachstumsmarkt Kinder- und Jugendhilfe

Häufig wird versucht, die Entwicklung mit der Alterung der Gesellschaft zu erklären. Doch die eigentliche Ursache des Hilfsbooms kann das nicht sein. Noch nicht. Pflegebedürftig sind alte Menschen in aller Regel erst in den letzten Lebensjahren. Ob dies mit Ende 70 oder Ende 80 geschieht, wirkt sich auf die Anzahl Pflegefälle kaum aus. Erst wenn die Babyboomer in dieses Alter kommen, wird die Zahl der Pflegebedürftigen deutlich ansteigen. Doch die Babyboomer sind heute um die 50 Jahre alt.

Das Wirtschaftswunder in der Sozialbranche ereignet sich nicht bei den Alten, sondern bei den Jungen. Die Ausgaben für Erziehungshilfen und Heimunterbringung sind zwischen 2006 und 2010 um exakt ein Drittel gestiegen.[14] Thomas Rauschenbach, Vorsitzender des Deutschen Jugend Instituts (DJI) nennt die Kinder- und Jugendhilfe einen »Wachstumsmotor«. »Eine derartige Wachstumsdynamik in nur vier Jahren konnte die Kinder- und Jugendhilfe in ihrer hundertjährigen Geschichte noch nie verzeichnen«, jubelt Rauschenbach.[15] Allein zwischen 2006 und 2010 wuchs die Zahl der Sozialarbeiter, die sich um Kinder und Jugendliche kümmern, um 17 Prozent. In den Heimen wurden mehr als ein Viertel zusätzliche Betreuer eingestellt. Bei den Familienhelfern, die sich ambulant um die Kinder kümmern, betrug der Anstieg sogar 36 Prozent. Das alles in nur vier Jahren.[16]

Die allermeisten sind bei »freien Trägern« beschäftigt, bei Vereinen, Wohlfahrtsverbänden, bei Hilfsunternehmen. Im Jugendamt wird die Hilfe nur verwaltet. Diese Konstellation ist kein Resultat der Sparpolitik, sondern Gesetz. Kommunen haben nur dann das Recht, die Hilfe vor Ort mit eigenen Sozialarbeitern zu leisten, wenn keine Vereine oder Firmen die Arbeit erledigen wollen. Denn die sind bei der Kinder- und Jugendhilfe den Mitarbeitern des Staates vorzuziehen. Das bestimmt §4 Abs. 2 des Kinder- und Jugendhilfegesetzes (SGB VIII).

Darum wird in den Amtsstuben des Jugendamtes nicht anders gearbeitet als im Einwohnermeldeamt. Eintritt nur, nachdem »Herein!« gerufen wurde. Auf den Fensterbänken röcheln Kaffeemaschinen. Auf den Schreibtischen stehen Familienfotos. Die Sozialarbeiter des Jugendamtes heißen »Case Manager«, Fallmanager. Ihr Handwerkszeug ist die Akte, ihr Arbeitsplatz ist das Rathaus, nicht die Straße. In den Wohnungen der Familien, in den Heimen, dort, wo die betreuten Kinder leben, findet man sie nur selten.

Manfred Neuffer war bis 2009 Professor an der Hochschule für angewandte Wissenschaften in Hamburg (HAW). Noch heute ist er ein angesehener Ausbilder für »Case Manger«. Er kennt den Alltag, auf den er seine Studenten vorbereitet: »Die im Jugendamt haben die Klienten fast nie mehr vor Augen«, sagt Neuffer. Georg Ehrmann, der Vorsitzende des Vereins »Kinderhilfe direkt« geht noch weiter: »Ich kenne Jugendämter, in denen gibt es Dienstanweisungen für die Mitarbeiter, das Büro nicht zu verlassen.« In der Realität ist das Jugendamt lediglich die Zahlstelle.

Die wachsende Zahl der Sozialpädagogen, die sich um das Wohl der Kinder kümmern, ist noch kein Hinweis für nachlassende Erziehungsfähigkeiten der deutschen Eltern insgesamt. Die meisten Kinder werden heute bewusster und kompetenter erzogen als die Generation ihrer Eltern. Das gilt jedoch ausdrücklich nicht für bildungsferne Eltern. Überforderung mit den wachsenden Anforderungen der Erziehung ist eines der Merkmale der heutigen Unterschicht.[17] Das enorme Wachstum des Wirtschaftszweigs Kinder- und Jugendhilfe ist also zu einem großen Teil auf das Entstehen der neuen Unterschicht zurückzuführen.

»Die im Jugendamt müssen sich voll auf mich verlassen«, sagte Guido Braun. Ich traf ihn in Bielefeld. Er war ein Sozialarbeiter, der tatsächlich selbst mit Jugendlichen arbeitete. Sein Arbeitgeber waren die »Wohngemeinschaften«, ein hochprofessionell geführter Verein in Bielefeld, der 53 Sozialpädagogen beschäftigte. Braun betreute fast ausschließlich Jungs in der Pubertät.

Gleich nach Schulschluss kam Michael[18], ein 14-jähriger Junge. Guido Brauns Büro war ein Apartment in der Bielefelder Innenstadt. Er und Michael standen in der Küche, kochten Nudeln und redeten ganz nebenbei über die traurigsten Sachen. Über Michaels Leben. Seine Eltern zeigten ihm bei jeder Gelegenheit, wie gleichgültig er ihnen war. Deswegen wollte Michael von sich aus in eine betreute Wohngruppe ziehen. Kinderheime mit riesigen Schlafsälen gibt es heute nicht mehr.

Michaels ältere Schwester lebte bereits in einer solchen Wohngruppe. Betreiber war jedoch ein anderer Träger. Die Konkurrenz. Seine jüngere Schwester wurde in einer Tagesgruppe betreut, die vom Jugendamt bezahlt wurde. Wieder ein anderer Träger. Zwei Mal im Jahr sprach Guido Braun beim »Hilfeplangespräch« mit dem Sozialarbeiter vom Jugendamt über Michael. Und wie oft sprach er mit den Betreuern von Michaels Schwestern? Nie. »In manchen Familien sind acht, neun, zehn verschiedene Betreuer, die nach verschiedenen Methoden arbeiten, verschiedene Philosophien verfolgen, die nichts voneinander wissen und sich nie absprechen«, klagt Professor Wolfgang Hinte von der Uni Duisburg-Essen.

Theoretisch soll der Case Manager die Arbeit der Träger steuern und kontrollieren. Aber Guido Braun erklärte mir, wie die Wirklichkeit aussieht: »Ich sehe meine Jungs drei, vier Mal die Woche. Das Jugendamt sieht sie nur zwei Mal im Jahr. Da ist es klar, dass die in der Regel auf meine Vorschläge eingehen.«

Die Auftragnehmer sitzen bei diesem Geschäft fast zwangsläufig an einem längeren Hebel als die Auftraggeber im Jugendamt. Wenn ein Familienhelfer wie Braun beim »Hilfeplangespräch« sagt, er habe »kein gutes Gefühl«, wenn die teure Hilfe nicht fortgeführt wird, dann kann kein Case Manager die Maßnahme guten Gewissens abbrechen. Weil er nicht selbst beurteilen kann, ob der Sozialarbeiter die Situation richtig schildert oder nur hinter dem Honorar her ist.

In der ambulanten Familienhilfe laufen die Verträge in der Regel über ein halbes Jahr. Wenn nun aber der Sozialarbeiter nach einem Monat Betreuung der Familie feststellt: Die Krise war nur vorübergehend. Womöglich, weil der gewalttätige Freund der alleinerziehenden Mutter eine Straße weitergezogen ist. Die Hilfe wird nicht mehr gebraucht. Wird der Sozialarbeiter jetzt den Auftrag von sich aus zurückgeben und damit auf die monatlichen Zahlungen verzichten? Oder schlimmer noch: Der prügelnde Freund bleibt und die Mutter hält zu ihm. Die Kinder sollten nun besser aus der Familie geholt und in Sicherheit gebracht werden. Das bedeutet aber Wohngruppe. Das bedeutet anderer Träger. Das bedeutet Auftrag futsch.

In der Realität der Jugendhilfe entscheidet de facto der Auftragnehmer, wie lange der Auftraggeber zahlt. Und das kann lange dauern. »Einige freie Träger geben ihren Mitarbeitern die Anweisung, niemals einen Auftrag zurückzugeben«, sagt Peter Bringewat, Vorsitzender Richter am Landgericht Lüneburg, Juraprofessor und Autor des Standardwerks zu strafrechtlichen Fragen der Jugendhilfe.[19]

Allein das Bielefelder Jugendamt arbeitet mit etwa 140 »Leistungserbringern« zusammen. Manche dieser freien Träger haben über 100 Mitarbeiter. Es gibt aber auch Freiberufler, die auf Honorarbasis für diverse Unternehmen arbeiten, als Subunternehmer. Wie in jeder anderen Branche sind auch bei der Jugendhilfe die Anbieter Konkurrenten. Alle kämpfen um Aufträge. Es geht um Arbeitsplätze. Und meistens um viel Geld. Eine ambulante Familienhilfe kostet zwischen 500 und 1000 Euro im Monat und läuft meist über Jahre. Eine stationäre Unterbringung in einem Heim ist etwa so teuer wie in einem guten Hotel, zwischen 120 und 140 Euro am Tag.

Wer entscheidet eigentlich, in welchem Heim ein Kind untergebracht wird? In den meisten Jugendämtern können die Fallmanager solche Aufträge freihändig vergeben, bis zu einer bestimmten Obergrenze. In Bielefeld liegt sie bei 130 Euro Unterbringungskosten pro Tag. Das wissen die Träger in Bielefeld natürlich und verlangen als Tagessatz 128 Euro. So muss der Fallmanager nie seinen Amtsleiter fragen. Eine praktische Lösung. Beim Bauamt würde man sofort Korruption wittern. Schließlich geht es um einen Auftrag von etwa 46 000 Euro pro Jahr. Beim Jugendamt kommt niemand auf so abwegige Gedanken.

Die »Leistungserbringer« haben längst erkannt, wer die entscheidenden Stellen sind, an denen sie mit ihren Werbemethoden ansetzen müssen. Darum fluten sie die elektronischen und physischen Briefkästen der Case Manager in den Jugendämtern mit den Werbeprospekten ihrer Einrichtungen und Einladungen zu Fortbildungsveranstaltungen in angenehmer Umgebung. So manche Wohnheimkette unterhält eigene Vertreterbataillone, die sie auf deutschlandweite Rathaustour schicken. Hilfsdesigner starten Marketingoffensiven in Schulen und Kindergärten, wo sie ihre neuesten Entwicklungen präsentieren. Am nächsten Tag bimmeln im Jugendamt die Telefone. Und dran sind Lehrer, die ein Kind in eine teure Maßnahme stecken wollen.

Wachstumsmarkt Behindertenhilfe

Neben der Arbeitslosigkeit und der Kinder- und Jugendhilfe sind Behinderte eine weitere Wachstumsbranche der Hilfsindustrie. Im Sozialstaatsdeutsch heißt die Hilfe für Behinderte »Eingliederungshilfe«. Die Zahl der Empfänger dieser Eingliederungshilfe hat sich zwischen 1994 und 2010 verdoppelt und damit die amtlich registrierten Behinderten.[20] Eine erstaunliche Entwicklung, schließlich stirbt die große Gruppe der Kriegsversehrten in diesen Jahren aus Altersgründen aus. Gottlob kommen keine neuen hinzu. Zudem werden insgesamt weniger Kinder geboren, von denen dank des medizinischen Fortschritts ein immer kleinerer Anteil mit einer Behinderung zur Welt kommt. Gleichzeitig wird das Leben zwischen Geburt und Tod stetig ungefährlicher: Verletzungen durch Verkehrs- oder Arbeitsunfälle sind in den vergangenen Jahren deutlich zurückgegangen.

Die Entwicklung der Behindertenzahlen lässt sich davon aber nicht beeindrucken. Sie steigt unaufhörlich, von Jahr zu Jahr. Die vielen zusätzlichen Menschen mit Behinderung lassen nur einen Schluss zu: Die Deutschen degenerieren. Aber nur auf dem Papier. Der Anstieg ist nicht auf eine Veränderung der Volksgesundheit zurückzuführen, sondern auf eine Veränderung der Bewertung. Die Behörden deklarieren heute immer mehr Menschen als behindert, die früher als gesund galten. »Pathologisieren von Bagatellen« nennt das Jonathan Fahlbusch vom Deutschen Verein für öffentliche und private Fürsorge.

Wenn man die Abstempelpraxis ernst nimmt, mit der staatliche Stellen Menschen als »behindert« einteilen, muss man sich vor allem Sorgen um die geistige Gesundheit der Deutschen machen: Seit der Wiedervereinigung bekamen in Deutschland 66 Prozent mehr Menschen den Stempel »Lernbehinderung«. In der Kategorie »Psychosen« ist sogar ein Wachstum von 130 Prozent zu verzeichnen. »Neurosen« und »Verhaltenstörungen« diagnostizieren die Ärzte gleich dreieinhalb Mal so häufig wie in den 90er Jahren.[21]

Wie willkürlich die Einteilung ist, hat Klaus Klemm, der Altvater der deutschen Bildungsforschung, am Beispiel von Kindern nachgewiesen.[22] Die politisch korrekte Bezeichnung für Behinderung lautet bei Kindern: »besonderer Förderbedarf«. In Mecklenburg-Vorpommern haben 11,7 Prozent einen besonderen Förderbedarf, in Rheinland-Pfalz jedoch nur 4,5 Prozent.[23] Ob es an der Ostseeluft liegt? Selbst innerhalb einer Stadt sind die Unterschiede gewaltig: Im Südwesten von Berlin, im Bezirk Steglitz-Zehlendorf, beträgt die Förderquote 4,4 Prozent. Im Nordosten, in Marzahn-Hellersdorf, sind es 13,2 Prozent.

Wer bei behinderten Kindern an die typischen »Sorgenkinder« im Rollstuhl denkt oder an Kinder, die schlecht sehen oder schlecht hören, liegt ziemlich weit daneben. Alle körperlichen Behinderungen zusammen machen nur rund zehn Prozent aller Kinder mit Förderbedarf aus. Die Krankheitsbilder, die früher als »geistig behindert« zusammengefasst wurden, treffen auf 16 Prozent der Förderfälle zu. Da bleiben also noch fast drei Viertel übrig, die weder »körperbehindert« noch »geistig behindert« sind. Worunter leiden die?

Fast die Hälfte aller Kinder mit Förderbedarf gelten als »lernbehindert«.[24] Diese Form der Behinderung breitet sich wie eine Seuche in Windeseile im ganzen Land aus. Aber nur in diesem. Im Ausland scheint man immun dagegen zu sein. »Lernbehinderung« ist eine Kategorie, die es in dieser Form nur in Deutschland gibt.

Wer sind die rund 210 000 Schüler, die weltweit einzigen Menschen mit Lernbehinderung? Es sind nicht die Kinder aus Berlin-Zehlendorf, aus Hamburg-Blankenese oder aus München-Grünwald. Dort lassen es Eltern nicht zu, dass ihre Kinder lebenslang den Stempel »behindert« aufgedrückt bekommen, nur weil sie unter einer Lese- und Rechtschreibschwäche leiden oder weil sie zwei Mal sitzen geblieben sind. Wer kann, klagt sein Kind in eine Regelschule. Eltern in Berlin-Marzahn oder in Hamburg-Wilhelmsburg können das nicht.

Die typischen Lernbehinderten kommen daher vor allem aus der Unterschicht. Der Grund für ihre Schwierigkeiten, dem Unterricht folgen zu können, ist Schulversagen: das Versagen der Schule, sich auf die Anforderungen der Schüler angemessen einzustellen.

Die PISA-Studie hat mehrfach und eindrucksvoll nachgewiesen, wie extrem das deutsche Schulsystem Kinder bildungsferner Eltern benachteiligt. Soziale Herkunft ist der wichtigste Grund für Schulversagen. Das, was nur in Deutschland als »lernbehindert« eingestuft wird, ist meistens kein Geburtsfehler und kein genetischer Defekt. Es ist ein soziales Merkmal. So erklärt sich auch, warum im Unterschichtsbezirk Marzahn die Förderquote drei Mal so hoch ist wie im reichen Zehlendorf.

Anstatt die benachteiligten Kinder in das Regelsystem zu integrieren, steckt man sie in die Behindertenschublade. So wird Unterschicht in Deutschland zu einer Behinderung. Und die Kinder der Parallelgesellschaft werden abgeschoben in ein Parallelsystem. Eine Ghettoschule für die Ghettokids.

Für die Helfer sind das gute Nachrichten: Mehr Behinderte bedeuten mehr Arbeit und mehr Umsatz. Der Markt wächst. Der kreative Umgang mit Etiketten macht aus dem Nachwuchs der Unterschicht Nachwuchs für die Behindertenindustrie. »Es gibt einen starken ökonomischen Anreiz für die Diagnose ›behindert‹. Denn der Ressourcenfluss ist daran gekoppelt«, erklärt der Bildungsforscher Klaus Klemm.

Früher hießen die Schulen »Hilfsschulen«. Die alte Bezeichnung passt besser zur heutigen Situation, denn die Schulen werden sehr häufig von Unternehmen der Hilfsindustrie betrieben, nicht vom Staat.[25] Mehr Kinder mit Förderbedarf bedeuten mehr Aufträge und mehr Umsatz für die privaten Hilfsschulen. In Sachsen waren die Förderschulen bis vor Kurzem gleich selbst dafür

zuständig, den speziellen Förderbedarf eines Kindes amtlich festzustellen. Wie praktisch!

Förderschule, das klingt so menschlich, so gut. Als ob man
damit den Ansprüchen behinderter Kinder auf Teilhabe in ganz
besonderer Weise Rechnung tragen würde. Doch das Gegenteil
ist der Fall: 76 Prozent verlassen die Förderschule ohne Hauptschulabschluss, also ohne die Mindestvoraussetzung für Teilhabe am Arbeitsleben. Die spezielle Förderung erreicht ihr Ziel,
die Teilhabe, in den allermeisten Fällen nicht. »Abfalleimer des
Systems« nennt darum Hans Wocken, Hamburger Professor für
Lernbehindertenpädagogik, die Förderschulen.[26]

Bildungsforscher Klemm hat nicht nur den fehlenden Lern-
erfolg der deutschen Förderschulen nachgewiesen. Seine Studie
»Sonderweg Förderschulen« zeigt auch, dass die Separierung
behinderter Kinder für den Staat teurer ist als die Inklusion.[27]
Würden die Milliarden für die Hilfsschulen ausgegeben, sondern
die Förderschüler zusammen mit ihren vielen Tausend Sonder-
pädagogen in die Regelschulen integriert, würde die Staatskasse
geschont und Kinder besser gebildet und integriert.

Der kausale Zusammenhang zwischen gescheiterter Bildung
und den deutschen Förderschulen wird spätestens deutlich, wenn
man die Zahlen der Bundesländer miteinander vergleicht: Die
Bundesländer, in denen die Kinder am häufigsten als »förder-
bedürftig« eingestuft werden, schicken meist auch einen besonders
großen Anteil dieser Kinder in Förderschulen. Sonst rentiert es
sich ja nicht für die Sozialbranche. Und genau diese Bundesländer
sind besonders erfolglos, was die Schulabschlüsse der Förderkinder
angeht. In Mecklenburg-Vorpommern verpassen 81 Prozent den
Hauptschulabschluss, in Sachsen-Anhalt sogar 95 Prozent.[28]

Die Überlegenheit integrativer Bildung ist nicht nur in Deutschland überzeugend nachgewiesen. Eine Vielzahl internationaler
Studien belegt, dass behinderte Kinder wirksamer gefördert werden können, wenn sie mit Nichtbehinderten zusammen lernen.[29]

Diese Ergebnisse wurden Bestandteil der Behindertenrechtskonvention der Vereinten Nationen vom 13.12.2006.[30] Seit 2009 gilt sie auch in der Bundesrepublik. Das wichtigste Ziel der UN-Konvention ist die »Inklusion«. Sie gibt ausnahmslos allen Kindern das Recht, ganz normale Regelschulen zu besuchen.[31] Ein Gutachten der Max-Traeger-Stiftung geht davon aus, dass die UN-Konvention das deutsche Bildungswesen dazu verpflichtet, 80 bis 90 Prozent aller behinderten Kinder in regulären Schulen zu integrieren.[32]

Die Realität in Deutschland ist jedoch fast exakt das Gegenteil: 84,3 Prozent aller Kinder mit Förderbedarf besuchen eine spezielle Förderschule.[33] Statt Inklusion verfolgt Deutschland eine Strategie der Selektion: Behinderte Kinder werden in die Reservate der Hilfsschulen abgedrängt. Das System der deutschen Förderschulen widerspricht der UN-Behindertenrechteskonvention und damit deutschem Recht.

Die Separierung behinderter Kinder können indes weder Gesetze oder UN-Konventionen aufhalten noch wissenschaftliche Erkenntnisse. Auch nicht die deutsche Politik. Das muss sogar Hubert Hüppe erkennen. Er ist Vater eines behinderten Jungen und »Beauftragter der Bundesregierung für die Belange behinderter Menschen«. Der Vater Hüppe hat stets darum gestritten, dass sein Sohn am Unterricht in einer Regelschule teilhaben darf. »Die größten Probleme gibt es immer, wenn Sie versuchen, die Sonderwege zu verlassen«, berichtet Hüppe. Was passiert, wenn Eltern ihr Kind der Hilfsschule vorenthalten wollen? »Uns wurde unterstellt, wir hätten uns nicht mit der Behinderung unseres Sohnes abgefunden.« Das schlechte Gewissen ist traditionell eines der wirksamsten Marketinginstrumente im Hilfsgeschäft.

Der Politiker Hüppe muss sich der Macht der Sozialindustrie beugen. In Gesprächen bat er mich um Verständnis, dass er nicht öffentlich über seine Erfahrungen mit der Branche der Sonderschulbetreiber berichten kann.

Bildungsforscher Klemm kann offener reden: »Es gibt einen massiven Widerstand gegen das gemeinsame Lernen, und zwar von denen, die ihren Arbeitsplatz in den Fördereinrichtungen nicht aufgeben wollen.«

Maik Nothnagel ist jemand, der ungebremst genau sagt, was er denkt. Er ist selbst körperbehindert und aktiv im Bundesverband Selbsthilfe Körperbehinderter. »Diejenigen, die sich gegen Inklusion wehren, das ist die Wohlfahrtsmafia. Die brauchen mich, die brauchen uns Behinderte, um mit uns Geld zu verdienen.«

Es ist eine der zentralen Aufgaben des Sozialstaates, die Chancen der Benachteiligten auf Teilhabe zu verbessern. Mit seinen Bemühungen und seinen Milliarden erreicht das Hilfssystem in Deutschland jedoch das Gegenteil. Insbesondere die Kinder der Unterschicht werden, sobald sie schwierig werden, systematisch als behindert deklariert und unter dem Vorwand der Hilfe aussortiert. Im Bildungssystem gilt: einmal draußen, immer draußen.

Das sind schon wieder exzellente Nachrichten für die Behindertenindustrie: Behinderte ohne Schulabschluss haben keine Chance auf einen Job am ersten Arbeitsmarkt. Maik Nothnagel erklärt, wie daraus eine Verwertungskette der guten Taten geschmiedet wird: »Von der Förderschule rein in die Behindertenwerkstatt. Dazu betreutes Wohnen und am Ende Pflegeheim. Wenn die einen einmal haben, geben sie einen nicht mehr her. Als Behinderter bist du lebenslang ein Werkstück, mit dem Geld gemacht wird.« Im Hilfssystem gilt: einmal drin, immer drin.

Helfer in Nadelstreifen

»Seelische Behinderungen, das ist die Entwicklung, auf die wir uns einstellen«, freute sich Jan Baumgarten[34], ein Topmanager der Behindertenbranche. Baumgarten war kein typischer Sozialarbeiter mit Helfersyndrom, er hatte den schwarzen Gürtel in der Disziplin Unternehmensberatung. Voller Stolz verwies er auf seinen Werdegang: »Früher war ich Partner bei einer großen Personalberatung.« Danach hat er Karriere gemacht und war zum Geschäftsführer von Regenbogen[35] aufgestiegen, einem der größten Träger im Bereich Behindertenhilfe in Berlin. Ich traf Baumgarten in exklusiver Umgebung am Berliner Grunewaldsee, einer der besten Lagen der Hauptstadt. Der repräsentative Bau gehörte zu seinem Reich, genauso wie der Dienst-Audi A6 auf dem Parkplatz.

Vor dem Gesetz ist Regenbogen ein Verein mit gerade mal 100 Mitgliedern. Tatsächlich verbirgt sich hinter dem Meisterwerk verschachtelter Unternehmensarchitektur ein kleiner Hilfskonzern, in dem fast 800 Beschäftigte an über 50 Standorten arbeiten. Dazu gehören Behindertenwerkstätten, Bildungseinrichtungen, ein großer Bauernhof, Handwerksbetriebe, Hotels, Restaurants und Cafés an den Vorzeigeadressen Berlins.

»Ein Unternehmen der Sozialbranche muss ähnlich professionell gemanagt werden wie alle anderen Unternehmen auch«, dozierte der CEO von Regenbogen. Dazu gehörte auch ein rentables Finanzmanagement des beträchtlichen Vermögens des »Vereins«. Trotz der Umsätze aus den vielen Betrieben muss bei Wohlfahrtsunternehmen wie Regenbogen der weitaus größte Teil der Kosten vom Staat bezahlt werden. Ein cleverer Umgang mit Förderungen und Zuschüssen aus öffentlichen Kassen gehört zum Einmaleins einer Sozialfirma. »Bei uns gibt es natürlich Spezialisten, die sich im Dickicht der Fördermöglichkeiten auskennen. Ohne die geht es nicht«, erklärte Baumgarten.

Regenbogen war nicht das einzige Unternehmen in Berlin, das Behinderten half. »Es drängen immer mehr Träger auf den Markt. Da gibt es schon auch Verdrängung«, sagte Baumgarten. Doch die Analysen der Topmanager gaben ihm die Überzeugung, dass die Behindertenhilfe auch in der Zukunft enormes Wachstumspotenzial zu bieten hatte, für sein Unternehmen und für die gesamte Branche. Regenbogen hatte er sehr breit aufgestellt. So konnte er auf jede Entwicklung am Markt reagieren. Genau solche Konzepte hatte Baumgarten an der Uni gelernt und später als Unternehmensberater seinen Kunden verkauft.

Baumgarten verhielt sich genauso wie die anderen Geschäftsführer am Hilfsmarkt. Mit einem Unterschied: Er sprach sehr offen über die Zusammenhänge und das Wirtschaftsgebaren der Branche und ließ sich damit sogar im *stern* zitieren.[36] Wenige Monate später war er nicht mehr Geschäftsführer von Regenbogen.

Inzwischen gibt es viele Karriere-BWLer wie Baumgarten, die aus einer Unternehmensberatung, einer Bank aus der »normalen« Wirtschaft in die Hilfswirtschaft wechseln. Aber sind die knallharten Manager nicht vollkommen andere Gehälter gewöhnt als die Sozialtarife in gemeinnützigen Einrichtungen? Hans-Robert Walbröl lächelt wissend: »Eine ganz andere Welt ist das heute nicht mehr.«

Walbröl ist bei der Unternehmensberatung Ernst & Young für die Sozialwirtschaft zuständig. »Der Sozialmarkt ist ein großes, wichtiges Betätigungsfeld für uns«, sagt Walbröl. Darum stiftet Ernst & Young einen Preis für die beste Innovation in der Sozialbranche. Feierliche Preisverleihung ist alljährlich auf der ConSozial, der größten und wichtigsten Sozialmesse Deutschlands. Jede Woche gibt es in Deutschland Dutzende Messen der Wohlfahrtbranche. Doch die ConSozial in Nürnberg ist das Gipfeltreffen des Sozialen. Sie ist nicht so groß wie die IAA in Frankfurt oder die CeBit in Hannover, doch sie gehört bereits in die nächstgrößte Kategorie. Und jedes Mal meldet die Messe kräftige Zuwachsraten. Mehr Besucher, mehr Aussteller, mehr Messehallen, mehr Business.

Äußerlich ist diese Leistungsschau der Wohlfahrtsindustrie von anderen Industriemessen nicht zu unterscheiden. Auf Videowänden flackert die schöne Welt des Helfens. Kostümierte Messehostessen stöckeln durch die vollen Gänge und verteilen

Werbenippes. Im abgetrennten Teil der Verkaufsstände bieten Ledersitzgruppen Gelegenheit zum diskreten Gespräch über wichtige Deals. Die Sozialfuzzis des 21. Jahrhunderts binden die Haare nicht zum Zopf und schlurfen nicht auf Kreppsohlen durch die Hallen. Das Management der Hilfskonzerne bevorzugt die BWLer-Uniform: Kostüm oder Anzug.

Neue Märkte erkennen, Wachstum generieren, das ist die Kernkompetenz der Manager am Neuen Markt der Hilfe. »Die Branche ist ständig auf der Suche nach neuen Hilfebedarfsfelder«, beobachtet Iris Röthig, die Herausgeberin von *Wohlfahrt intern.*

Auf der ConSozial ist aus genau diesem Grund »Armut« seit einigen Jahren das heißeste Thema. Unzählige Podiumsdiskussionen und Vorträge beschäftigen sich mit der Frage, wie die professionellen Helfer den »Armen« helfen können. Womöglich findet sich ja noch eine Hilfslücke, die sich schließen lässt. Die Experten tauschen Erfahrungen bei der Auftragsakquise aus. Welches Amt konnte mit welcher Begründung zu welcher Zahlung bewegt werden.

»Der Armutsbegriff ist natürlich genial, ein Geschenk für die Branche«, sagt Iris Röthig. Gemeint ist damit die »relative Armut«, die in Deutschland bereits beginnt, wenn das monatliche Einkommen 60 Prozent des mittleren Einkommens unterschreitet.[37] »Damit ist die Armut garantiert«, sagt Röthig. Auf der ConSozial, dem Marktplatz der guten Taten, fließen die Informationen aus den unterschiedlichen Disziplinen zusammen. Hier kann darum die zentrale Frage von Deutschlands größter Branche beantwortet werden: Woher kommen die vielen zusätzlichen »Kunden« der Wohlfahrtsbranche, ohne die der beispiellose Boom der letzten Jahre nicht möglich gewesen wäre? Die »lernbehinderten« Kinder sind der Nachwuchs überforderter und bildungsarmer Eltern. Das Wachstum in der Kinder- und Jugendhilfe wird von denselben Familien verursacht. Langzeitarbeitslosigkeit wurde in den vergangenen Jahren immer stärker zu einem Merkmal des Lebensstils der Unterschicht. In den »Maßnahmen« der Arbeitslosigkeitsindustrie wächst daher fortwährend der Anteil der Menschen ohne Berufsausbildung und ohne Schulabschluss. Und der Armutsbegriff beschert der Branche stetig neue Betätigungsmöglichkeiten in eben diesem Milieu. Das »Wirtschaftswunder Sozialmarkt« stützt sich also insgesamt auf die Existenz der neuen Unterschicht. Die Hilfsindustrie bekämpft den Lebensstil der Unterschicht nicht. Sie lebt davon.

Gemeinnützigkeit zwingt zum Wachstum

Bei einem Wirtschaftswunder sind Banken und Unternehmensberater nicht weit. Auf der ConSozial demonstrieren sie ihre Bedeutung für die Branche in der größten und schmuckvollsten Halle. »Der deutsche Wohlfahrtsstaat ist ein idealer Wachstumsdünger für Sozialunternehmen. Da wollen wir dabei sein«, erklärte mir ein Mann am Messestand einer internationalen Unternehmensberatung. Er war »Partner« der Beratung und wollte nicht mit Namen zitiert werden. Wozu brauchen soziale Unternehmen eigentlich solche teuren Dienstleister? »Ein wichtiges Thema sind die Regeln zur Gemeinnützigkeit«, sagte der Berater.

Hilfsunternehmen sind fast immer gemeinnützig. Das ist keine moralische Kategorie, sondern ein rein steuerrechtlicher Tatbestand. Gemeinnützig ist ein Verein oder ein Unternehmen, wenn der Vorstand dem Finanzamt einen Brief schreibt, und darin mitteilt, die »Tätigkeit ist darauf gerichtet, die Allgemeinheit auf materiellem, geistigem oder sittlichem Gebiet selbstlos zu fördern«.[38] Das Finanzamt prüft nur die formale Korrektheit des Antrags. Dann wird die Organisation als gemeinnützig anerkannt und von der Körperschafts- und der Gewerbesteuer befreit. Umgekehrt darf sie aber auch keinen Gewinn erzielen.

»Die meisten Träger erwirtschaften jedoch ganz ordentliche Überschüsse«, sagte der Unternehmensberater. Wie macht man aus einem Überschuss keinen Gewinn? »Da kommen wir ins Spiel: Wir liefern Strategien, wie aus den Überschüssen Wachstum wird. Nur darum geht's: um Wachstum!«

Genau das verlangt auch das Gesetz: Wenn ein gemeinnütziges Sozialunternehmen gut gewirtschaftet hat und am Ende des Jahres Geld übrig behält, muss es das nicht verbrauchte Geld »reinvestieren«, also neue Hilfsangebote schaffen. Sagen wir ein neues Therapiezentrum. »Im ersten Jahr kaufen sie das Grundstück«, erklärt der Maik Nothnagel vom Bundesverband Selbsthilfe Körperbehinderter. »Im zweiten Jahr fangen sie an zu bauen. Im dritten Jahr ist Einweihung. Dann kommen alle: der Bürgermeister, der Landtagsabgeordnete, der Bundestagsabgeordnete. Und die Lokalzeitung macht ein Foto.« Alle freuen sich über die neuen Arbeitsplätze.

Jetzt fehlt nur noch eines: Menschen, denen geholfen werden kann, die therapiert werden können. »Es werden Einrichtungen aus dem Boden gestampft, die alle danach schreien, mit Hilfsbedürftigen gefüllt zu werden«, sagt Professor Wolfgang Hinte von der Uni Duisburg-Essen. »Aufwandmaximierung« nennt das Peter Eichhorn. Der Volkswirtschaftler und Präsident der SRH Hochschule in Berlin hat für die Unternehmensberatung Kienbaum Wachstumskonzepte für die Sozialbranche erstellt. Und noch ein Professor, Ulrich Battis von der Berliner Humboldt-Uni, einer der führenden deutschen Verwaltungsrechtler, sagt: »Der Gewinn muss weg, irgendwie. Da gehen die Unternehmen bis an die Grenze des Möglichen.«

Der Sozialmarkt wächst also nicht nur, weil mehr Menschen Hilfe brauchen, sondern auch, weil die Überschüsse die Hilfsunternehmen zwingen, ihr Angebot permanent zu erweitern. Die Volkswirtschaftslehre nennt das »angebotsinduziertes Wachstum«. Welche Überschüsse sind das eigentlich, die von cleveren Steuerprofis in Wachstum umgemünzt werden? Wie kommt ein

Sozialunternehmen, das sich zur »Selbstlosigkeit« verpflichtet hat, zu überschüssigem Geld in der Kasse? »Überschüsse sind auch in gemeinnützigen Unternehmen nichts Verwerfliches«, erklärt Thomas Dane. Er ist Vorstandsvorsitzender des Saarländischen Schwesternverbandes. Davor war er Finanzvorstand des Diakonischen Werkes in Berlin-Brandenburg. »Überschüsse zu erwirtschaften ist völlig normal.«

Aber noch nicht lange. Eine winzige Veränderung im bürokratischen Ablauf löste in den 90er Jahren eine Revolution aus. Sie trägt den Namen »Pauschale«. Früher wurde Hilfe nach dem »Kostenerstattungsprinzip« bezahlt. Wie bei der Spesenabrechnung stellten die Firmen den Ämtern die entstandenen Kosten in Rechnung, egal wie hoch die waren. So gab es keinen Anreiz für die Helfer zu sparen. Die Kosten liefen aus dem Ruder.

Schließlich gingen die Kommunen nach und nach dazu über, mit den »Leistungserbringern« feste Pauschalen zu vereinbaren. Jede Hilfsleistung hat jetzt ihren Preis. Mehr gibt's nicht. Aber auch nicht weniger. Das veränderte alles. Durch die Pauschale kam etwas völlig Neues in die Helferwelt: betriebswirtschaftliches Denken. Sparsamkeit und Effizienz sind nun im eigenen Interesse der Hilfsunternehmen.

Wachstum durch Ausbeutung

Die Geschäftsführer senkten die Kosten, dass selbst die gierigsten Heuschrecken vor Neid zirpten. Experten wie Thomas Dane beeindrucken ihre Managerkollegen mit Power-Point-Präsentationen zum Thema Kostensenkung. Die angepriesenen Methoden kommen einem bekannt vor: Löhne runter, Arbeitszeiten rauf, Urlaubs- und Weihnachtsgeld kürzen, Leiharbeiter beschäftigen, Betriebsteile outsourcen.

So wurde die Branche der Barmherzigkeit zu einer Hochburg der Arbeitnehmerausbeutung. In weiten Teilen der Sozialbranche werden den Beschäftigten soziale Grundrechte verweigert. So gibt es bei Diakonie und Caritas kein Streikrecht. Tarifverträge sind in der Arbeitswelt der Helfer nur Theorie. Zur Praxis gehören stattdessen vielerorts KAPOVAZ-Verträge: kapazitätsorientierte variable Arbeitszeit. Viele Sozialarbeiter haben zwar eine volle Stelle, aber ihr Gehalt ist nur zur Hälfte garantiert. Die andere Hälfte ist kapazitätsorientiert. Wenn es der Geschäftsführung gelingt, bei den staatlichen Stellen Hilfsaufträge an Land zu ziehen, gibt es für den Sozialarbeiter Arbeit und Geld. Wenn nicht, dann nicht. Ein betriebswirtschaftlicher Sinn der KAPOVAZ-Verträge liegt darin, dass die Arbeitnehmer selbst für genügend Aufträge sorgen. Helfer haben kein Interesse daran, dass ihre Klienten jemals unabhängig werden von ihrer Hilfe.

Für das Hilfsunternehmen haben diese Arbeitsverträge noch einen weiteren Vorteil. »Das Betriebsrisiko wird an die Beschäftigten weitergegeben. In der Sozialbranche ist das nicht unüblich«, sagt Stefan Thyroke, der viele Jahre bei der Gewerkschaft verdi zuständig für die Hilfsindustrie war. Für Bernd Maelicke, Direktor des Deutschen Instituts für Sozialwirtschaft, passen Schein und Sein in der Branche immer weniger zusammen: »Der Druck für mehr Effektivität und Effizienz führt in der Wohlfahrt immer mehr dazu, dass Leitbilder und Realität nicht übereinstimmen.«

Ergebnis des Lohndumpings: »Die Leistungsentgelte bieten eine Menge Chancen, Überschüsse zu erwirtschaften«, sagt Thomas Dane vom saarländischen Schwesternverband. Ein Beispiel: Viele Jugendämter in Berlin zahlen den Sozialunternehmen eine Pauschale von 48 Euro für eine Stunde Familienhilfe. Davon bekommt der Diplom-Sozialarbeiter zwischen 15 und 17 Euro. Brutto.[39] Sicher, die Sozialfirma muss ein Büro anmieten und der Geschäftsführer braucht ein ordentliches Gehalt plus Dienstfahrzeug. Doch selbst nach einem großzügigen Abzug für solche Organisationskosten, bleibt dem Unternehmen noch ein Renditeanteil, der bei Banken Schampusbestellungen auslösen würde.

So funktioniert das Managementmodell: Die Kosten werden gedrückt, die Höhe der amtlichen Pauschalen aber bleibt. Die Differenz ist der Überschuss.

Willkommen in der Marktwirtschaft. Überschuss, Gewinn, Rendite oder Profit – das ist der Treibstoff der die Volkswirtschaften seit Jahrhunderten befeuert. Selbst die Branche, die sich selbst gern als Gegenmodell zum profitorientierten Kapitalismus begreift, kann sich dem Sog des Geldverdienens nicht entziehen. Wenn man ein Produkt herstellt und dabei Profit erwirtschaftet, ist der Anreiz groß, das Produkt möglichst häufig zu verkaufen. Wenn man einem einzelnen Menschen hilft und dabei Überschuss erwirtschaftet, ist der Anreiz groß, möglichst vielen Menschen zu helfen. Betriebswirtschaftlich ist diese Logik zwingend.

Die Marktwirtschaft hat die Firmen effizienter gemacht. Die einzelne Hilfsleistung wurde dadurch preiswerter. Doch das Sparen hat einen gewaltigen Wachstumszwang ausgelöst und immer mehr Hilfsbedürftige geschaffen. Unterm Strich war das Sparen für den Staat eine teure Angelegenheit.

»Viele Hilfsangebote gibt es nicht, weil sie notwendig sind, sondern weil sie finanziert werden«, räumt Andreas Gora ein, Geschäftsführer der Arbeiterwohlfahrt in Dortmund. Er ist ein erfolgreicher Manager im Hilfsbusiness. In nur zehn Jahren hat seine Firma die Zahl der Mitarbeiter von 500 auf 1000 verdoppelt.

Gora ist sehr vorsichtig mit dem, was er sagt und wie er es sagt. Er will nicht als der Ackermann der Sozialbranche dastehen. »Sozialkapitalismus«, so nennt er das, was er macht. Gora befolgt die Regeln des Marktes, aber er hat Zweifel. »Bei dieser Kommerzialisierung frage ich mich schon: Will ich das so eigentlich noch?«

In Goras erstem Arbeitsvertrag bezeichnete sich die AWO noch selbst als »sozialistischen Verband«. Heute ist der einstige Sozialist gezwungen, jeden Steuertrick anzuwenden, jede Lücke im »Leistungsrecht« auszunutzen, sich dem Markt anzupassen und die Kosten zu drücken. Goras Zweifel am »Sozialkapitalismus« sind typisch für das Führungspersonal der Sozialbranche. In den vergangenen Jahren habe ich häufig mit Sozialmanagern gesprochen, die selbst kaum glauben können, was aus ihnen geworden ist. Viele aus der heutigen Geschäftsführergeneration haben sich einst aus Opposition gegen das »Schweinesystem« für einen sozialen Beruf entschieden. Geld verdienen war ihnen nicht wichtig. Auf der Uni wurden sie von linken Professoren unterrichtet. An den Wochenenden demonstrierten sie gegen die Ausbeutung des Kapitalismus.

Heute wenden sie Methoden an, mit denen man auch eine Drogeriekette leiten kann. Die größte Branche der deutschen Volkswirtschaft wird von Managern geführt, die das Geschäft, das sie betreiben, so nicht gelernt haben. Oft sind es im Kern verunsicherte Personen, die nur mit halbem Herzen hinter dem stehen, was sie tun.

In der Welt der Dortmunder AWO ist das Leben manchmal ein Ponyhof. Zumindest auf ihrem Reiterhof am Stadtrand. Es riecht nach frischen Pferdeäpfeln, Stroh und Lederfett. Mädchen kichern, Ponys schnauben und ertragen geduldig, dass Kinder an ihrem Schweif ziehen, unter ihrem Bauch durchklettern und beim Striegeln auch schon mal gegen den Strich arbeiten. Im AWO-Reiterhof stehen 16 Pferde und Ponys. Gutmütigere Tiere findet man nirgendwo. Es sind keine normalen Reitpferde, sondern speziell ausgebildete Therapiepferde. Auf ihnen turnen Kinder herum, in deren kurzen Leben schon viel schiefgelaufen ist. Die meisten haben einen »besonderen Förderbedarf«. Bei manchen ist die emotionale und soziale Entwicklung verzögert. Viele sind »lernbehindert«. Die meisten besuchen spezielle Förderschulen. Die therapeutischen Reiterhöfe sind die Reitschulen der Unterschicht.

Die Kinder aus dem Wohnblock strahlen, wenn sie auf dem Rücken der Pferde sitzen. Sie glucksen vor Glück, wenn das Pony beginnt, leicht zu galoppieren. Wer dabei zuschaut, wünscht sich fast automatisch, dass möglichst viele Kinder in den Genuss einer solchen Reittherapie kommen könnten. Warum soll dieses Privileg den Töchtern der Reichen vorbehalten bleiben? Warum soll die Unterschicht nicht auch reiten? Nur: Gehören Reitstunden wirklich zu den Aufgaben eines Sozialstaates? Wie weit geht die Hilfspflicht der Solidargemeinschaft?

Bei der Hilfe gibt es keine Grenzen des Wachstums

Das Gesundheitswesen ist in dieser Debatte schon weiter. Die Kostenentwicklung ist seit Jahrzehnten das zentrale Thema der Gesundheitsversorgung. Inzwischen ist klar: Wenn man den Ärzten und der Pharmaindustrie das System überlässt, explodieren die Kosten. Die wirtschaftlichen Interessen der Gesundheitsbranche zu begrenzen, ist die Ursache und das zentrale Anliegen der unzähligen Gesundheitsreformen. Das Ringen um einen Ausgleich zwischen den Profitinteressen der Branche und dem Ziel einer guten, bezahlbaren Versorgung wird sicher nie ein Ende finden.

Alle Beteiligten haben in den vergangenen Jahrzehnten gelernt, dass sich kein Gesundheitssystem alles leisten kann, was wünschenswert wäre. Irgendwo muss eine Grenze sein. Deswegen sind die Ausgaben für Gesundheit gedeckt. Die Ausgaben für Hilfe jedoch nicht.

Auch wenn das Gesundheitswesen von niemandem als vorbildlich empfunden werden kann – dem Hilfswesen hat es einiges voraus. Dafür ist die Reittherapie ein gutes Beispiel. Von den gesetzlichen Krankenkassen werden Therapiemethoden nur bezahlt, wenn ihre Wirksamkeit und Wirtschaftlichkeit in einem wissenschaftlichen Verfahren nachgewiesen wurde.

Im Gesundheitssystem müssten die Anbieter des therapeutischen Reitens zeigen, dass ihre Methode tatsächlich einen heilsamen Effekt hat. Und dass sich die Wirkung nicht kostengünstiger erzielen lässt. Womöglich schult Schaukeln oder Turnen den Gleichgewichtssinn und die Geschicklichkeit ebenso sehr. Schlichtes Fußballspielen könnte sich auf das soziale Verhalten in der Gruppe sogar noch besser auswirken. Die Krankenkassen haben die Reittherapie bereits genau nach diesem Verfahren überprüft. Ergebnis: Der Nutzen ist nicht nachweisbar.[40] Reittherapie ist darum keine Kassenleistung. Das Gesundheitssystem zahlt nicht. Aber Sozialämter und Jugendämter zahlen. Allerdings nicht überall. Jede Kommune, jedes Amt, oftmals jeder Sachbearbeiter entscheidet selbst, ob eine Hilfsmethode anerkannt wird. Die Beamten haben offenbar ein Herz für Tiere. In den vergangenen Jahren sind überall in Deutschland Zentren für Reittherapie entstanden, inzwischen sind es mehr als 150.[41] Deutschland ist weltweit die Hochburg der Reittherapie, genau genommen sogar die einzige Burg.

Dennoch sagt Henrike Struck, die Chefin des AWO-Reiterhofes in Dortmund: »Derzeit arbeiten wir noch nicht kostendeckend.« Also betreibt die AWO die teure Anlage nicht aus Profitinteresse, sondern weil man vom Nutzen der Reittherapie überzeugt ist. Einerseits. Andererseits: Der Reiterhof gehört juristisch zu den Behindertenwerkstätten der AWO. Die erwirtschaften Überschüsse, die ja laut Gesetz in neue Hilfsangebote investiert werden müssen. Warum nicht mal in einen Reiterhof? Henrike Struck erwartet, dass die Jugendämter dem Reiterhof künftig deutlich mehr Jugendliche schicken werden. Dann wird sich auch das Reiten für sie rentieren. Und so entstehen neue Überschüsse. Und schließlich wieder neue Hilfsangebote. Und immer so weiter.

Die sozialstaatlichen Institutionen überweisen der AWO in Dormund Geld für die Behindertenwerkstätten. Das kommt aus dem Topf »Eingliederungshilfe«. Doch tatsächlich entsteht mithilfe der Zahlungen, die für die Behinderten gedacht waren, ein Reiterhof für benachteiligte Kinder aus der Unterschicht. Womöglich ist das Geld im Reiterhof besser angelegt. Doch entschieden haben die staatlichen Institutionen etwas anderes. »Die Träger subventionieren massiv quer«, sagt Matthias Ninke von der Bank für Sozialwirtschaft, der Hausbank der Hilfsindustrie.

»Da werden Erträge aus der Altenhilfe in die Behindertenhilfe investiert oder umgekehrt.«

Ist das erlaubt? »Ich sehe da ein erhebliches, rechtliches Problem«, sagt der Verwaltungsrechtler Ulrich Battis aus Berlin. »In diesem Bereich werden Steuermittel verwendet, ohne dass einer das kontrolliert.« Auch der Sozialwissenschaftler Manfred Neuffer aus Hamburg kritisiert: »Mir fehlt die fachliche und die wirtschaftliche Kontrolle durch den Staat.«

Die Kapitulation vor der Hilfsindustrie

Wenn der Staat baut, macht er am Ende eine Abnahme. Hilfsleistungen werden jedoch von den Behörden schlicht überhaupt nicht kontrolliert. Dazu fehlen den Behörden Personal und Befugnisse. Während die Unternehmen der Sozialbranche boomen, bauen staatliche Stellen kräftig Personal ab. Die Fallmanager haben keine Zeit zu prüfen, ob ein Sozialarbeiter seine Arbeit ordentlich macht, ob er sie überhaupt macht. Und in die Bücher der Hilfsunternehmen darf der Staat nicht schauen. Die Deutsche Bank, jedes Aktienunternehmen, jeder Konzern ist verpflichtet, seine Bilanz zu veröffentlichen. Die meisten Sozialfirmen sind gemeinnützige GmbHs. Das gibt ihnen ein Recht auf Geheimhaltung. Und davon machen sie Gebrauch.

»Im gesamten Sozialmarkt gibt es erhebliche Defizite bei der Kontrolle«, sagt Birgit Galley, Geschäftsführerin von »Forensic Management«. Galley ist spezialisiert auf die »gerichtsfeste Ermittlung von Betrugsfällen« in Unternehmen. Sie gilt als eine der erfahrensten Ermittlerinnen in der Wohlfahrtsbranche. »Es existieren keine Prüfrechte der staatlichen Kontrollinstitutionen«, klagt Galley. »Und die im Sozialmarkt typischen Schachtelstrukturen der Unternehmen verhindern jede Transparenz.«

Das wohl berühmteste Schachtelbauwerk der Hilfsindustrie konstruierte Harald Ehlert, genannt »Maserati-Harry«. Ehlert ist der Gründer der Berliner »Treberhilfe«, die sich um Obdachlose kümmert. Beim Helfen fiel so viel Überschuss an, dass Ehlert sich davon ein Jahresgehalt von über 400 000 Euro, eine Villa und einen schwarzen Maserati als Dienstwagen gönnen konnte. Die Hauptstadtprominenz aus Politik, Wirtschaft und Unterhaltungsbranche verkehrte mit dem erfolgreichen Sozialunternehmer – inklusive des Regierenden Bürgermeisters Klaus Wowereit. Als die Zeitungen über den Skandal berichteten, wandten sich seine Freunde von ihm ab. Die Staatsanwaltschaft ermittelte. Und ermittelte. Und ermittelte. Selbst nach über einem Jahr intensiver Arbeit ist es der Berliner Justiz nicht gelungen, das komplexe Gebilde aus gemeinnützigen GmbHs, gewerblichen GmbHs und diversen Vereinen so zu entwirren, dass am Ende der rechtliche Sachverhalt eindeutig geklärt ist. Und die zentrale Frage des Verfahrens bleibt weiter unbeantwortet: Findet man irgendeinen Paragrafen, der es verbietet, dass sich ein Sozialunternehmer an den Überschüssen seines Unternehmens bereichert und sich mit der Beute ein schönes Leben macht?

»Die ganze Struktur ist eine Einladung zum Missbrauch«, sagt die Ermittlerin Galley. Doch damit ist weniger der illegale Missbrauch gemeint, der Betrug. Das Problem der Hilfsindustrie ist der erlaubte Missbrauch.

Der Kontrollverlust des Staates

In Berlin und in Hamburg haben die Rechnungshöfe die Arbeit der Sozialämter überprüft und dabei »gravierende Mängel« bei der Kontrolle der Verwendung der Hilfsgelder festgestellt.[42] Die Situation könne »nicht weiter hingenommen werden«, heißt es in einem Rechnungshofbericht aus Hamburg.[43] Die staatlichen Stellen müssen also gegensteuern.

In Berlin ist Mario Czaja (CDU) dafür zuständig, die »gravierenden Mängel« zu beseitigen, denn er ist Senator für Gesundheit und Soziales in der Hauptstadt. Doch der Senator hisst die weiße Fahne. Für ihn ist der Sozialmarkt ein Bereich, »in dem der Auftraggeber von dem eigentlichen Geschäft nichts mehr versteht.« Wer steuert eigentlich, was mit den 115 bis 140 Milliarden Euro geschieht, die der Sozialstaat jährlich an die Hilfsindustrie zahlt? »Niemand«, sagt Wolfgang Hinte von der Uni Duisburg-Essen. »Niemand«, sagt Iris Röthig, die Herausgeberin von *Wohlfahrt intern*. »Niemand«, sagt Matthias Ninke von der Bank für Sozialwirtschaft. »Niemand«, sagt Stefan Thyroke von verdi. »Niemand«, sagt der Verwaltungsrechtler Ulrich Battis. »Niemand«, sagt Bernd Maelicke vom Deutschen Institut für Sozialwirtschaft. »Niemand«, sagt Helmut Hartmann vom Beratungsunternehmen con_sens. »Niemand«, sagt der Verfassungsrechtler Helge Sodan von der FU-Berlin. »Niemand«, sagt die Ermittlerin Birgit Galley von Forensic Management. »Niemand«, sagt der Hamburger Sozialwissenschaftler Manfred Neuffer. »Niemand«, sagt Georg Ehrmann von Kinderhilfe direkt. »Niemand«, sagt Richter Peter Bringewat aus Lüneburg. »Niemand«, sagt Jonathan Fahlbusch vom Deutschen Verein. »Niemand«, sagt Hans-Robert Walbröl von Ernst & Young. »Niemand«, sagt der Behindertenbeauftragte Hubert Hüppe. »Niemand«, sagt Peter Eichhorn von der SRH Hochschule in Berlin. »Niemand«, sagt Maik Nothnagel vom Bundesverband Selbsthilfe Körperbehinderter.

»Niemand«, sagt Heinz Buschkowsky der Bürgermeister von Berlin-Neukölln. Er leidet ganz besonders unter dem staatlichen Kontrollverlust. »Ich habe den Überblick verloren, wie viele soziale Träger wir hier haben«, gibt er zu. »Ich weiß nur: Es sind Hunderte. Und viele haben Unterträger. Wir sind dem wehrlos ausgeliefert.« Die meisten Helfer sind längst auch Profis in der Kundenakquise, weiß der Bürgermeister. »Bei uns beantragen immer mehr Analphabeten sozialpädagogische Hilfe. Die Anträge sind aber voll von Fachausdrücken der Sozialpädagogik.« Viele Bürgermeister und Landräte beschweren sich darüber, dass

Vertreter der Sozialunternehmen jede Straße, jeden Wohnblock systematisch durchkämmen auf der Suche nach Hilfsfällen. Die Drückerkolonnen des Sozialen.

Wer soll das bezahlen? Die Kommunen. Sie sind die staatliche Ebene, die für die Hilfe vor Ort zuständig ist. Dennoch werden die Kosten für soziale Dienstleistungen in den Kommunalhaushalten nicht eigens ausgewiesen. Buschkowsky hat den Betrag für das Bezirksamt Neukölln einmal ausrechnen lassen. »Das kann sich niemand vorstellen, wie kompliziert so was ist«, sagt Buschkowsky. Ergebnis der Rechnerei: Neukölln gibt mehr für soziale Dienstleistungen aus als für direkte Transferzahlungen an die Bedürftigen selbst. Rund 40 Prozent des gesamten Haushaltes des Bezirkes landen am Ende in den Kassen der Hilfsindustrie. Es ist der größte Haushaltsposten von allen.

»Die Sozialunternehmen sind die Reichen in unserem Bezirk«, sagt Buschkowsky. »Die bauen neue Häuser, sanieren alte und kaufen, kaufen, kaufen.« In Neukölln zeigen sich die Probleme des deutschen Sozialstaates besonders drastisch und ein wenig früher als woanders. Hier kann man schon jetzt die eigentliche Dimension des gigantischen Hilfsbooms besichtigen. »Warum sanieren wir unsere Straßen und unsere Schulen nicht?«, fragt Heinz Buschkowsky und liefert die Antwort gleich mit. »Weil wir unser Geld für die soziale Branche ausgeben müssen.«

Der Interessenkonflikt als Organisationsprinzip

Dass sich ein Politiker wie Buschkowsky gegen die Fremdbestimmung durch die Hilfsindustrie wehrt, ist in Deutschland untypisch. Typisch hingegen ist Gerda Kieninger. Sie sitzt für die SPD im Düsseldorfer Landtag. Und dann hat sie noch einen ehrenamtlichen Nebenjob: Kieninger ist Vorsitzende der AWO in Dortmund. Hier arbeitet sie mit Andreas Gora zusammen, dem Geschäftsführer, der für die AWO versucht, die Reittherapie zu etablieren.

Ausgerechnet das Jugendamt ihrer Heimatstadt zeigte sich anfangs zurückhaltend, was die Bewilligung der Reittherapie anging. Da trifft es sich gut, dass Dortmund die Herzkammer der Sozialdemokratie ist. Oberbürgermeister ist der Genosse Ulrich Sirau. »Natürlich führt man da Gespräche. Das gehört zu meinen Aufgaben«, sagt Frau Kieninger. Zu denen als Vertreterin des Volkes oder zu denen als Managerin des Unternehmens AWO? Offensichtliche Interessenkonflikte kommen im deutschen Hilfssystem nicht lediglich vor. Interessenkonflikte sind ein Konstruktionsprinzip des deutschen Sozialstaates. Beispiel Kinder- und Jugendhilfe: Hier ist die höchste Entscheidungsinstanz nicht das Jugendamt, sondern der Jugendhilfeausschuss (§§ 69, 70, 71 SGB VIII). In diesem Gremium sitzen die vom Volk gewählten Vertreter der Kommune neben den Vertretern der Wohlfahrtsunternehmen. Die Firmen, die von den Entscheidungen des Jugendhilfeausschusses wirtschaftlich direkt betroffen sind, haben selber Sitz und Stimme.

Das Königsbeispiel für einen strukturellen Interessenkonflikt ist die Arbeitsverwaltung. Die größten Anbieter auf dem Markt der Arbeitslosigkeitsindustrie sind Gewerkschaften und Arbeitgeberverbände. Auftraggeber und Zahlstelle sind die Arbeitsagenturen. Wer steuert die Arbeitsagentur? Nicht Ursula von der Leyen, die zuständige Bundesministerin für Arbeit und Soziales. Sie hat in der Bundesagentur für Arbeit kein Weisungsrecht. Die großen Entscheidungen trifft der Verwaltungsrat, ein Gremium aus jeweils sieben Vertretern der Gewerkschaften, der Arbeitgeberverbände und der öffentlichen Hand. Beim Etat der Arbeitsverwaltung und bei der Mittelverteilung dürfen die Lobbyisten der Arbeitslosigkeitsindustrie also nicht nur mitstimmen, sie haben sogar die Stimmenmehrheit. Dieselbe Konstellation wie in Nürnberg findet sich in jedem deutschen Jobcenter, in jeder Arbeitsagentur. Immer entscheiden die Verwaltungsräte über die Verteilung des Geldes und immer haben Gewerkschaften und Arbeitgeber die Mehrheit. Meistens entsenden sie gleich die Geschäftsführer ihrer örtlichen Bildungswerke oder Beschäftigungsgesellschaften in das Gremium. Das ist so, als würde die Waffenschmiede Heckler & Koch darüber entscheiden, wann die Polizei neue Pistolen braucht, und wie viele, und bei welchem Hersteller sie bestellt werden.

Führende deutsche Staatsrechtler halten das für verfassungswidrig. Winfried Kluth, Inhaber des Lehrstuhls für Öffentliches Recht an der Universität Halle und gleichzeitig Richter am Landesverfassungsgericht Sachsen-Anhalt sagt: »Das ist verfassungsrechtlich nicht weiter hinnehmbar.« Diese Einschätzung teilt Helge Sodan, ebenfalls Professor für Öffentliches Recht an der FU Berlin und ehemaliger Präsident des Verfassungsgerichtshofes des Landes Berlin. »Die Konstruktion der Selbstverwaltung in der Bundesagentur für Arbeit ist aus demokratischer Sicht höchst bedenklich«, sagt Sodan. Der Verfassungsrechtler Professor Matthias Jestaedt von der Uni Erlangen fordert: »Das Bundesverfassungsgericht in Karlsruhe müsste überprüfen, ob die Selbstverwaltung der Bundesagentur verfassungswidrig ist.«

Der Staat erweist sich als hilflos gegen die Interessen der Helfer. Er verfügt über keinen funktionierenden Mechanismus, um die Geldströme im Hilfesystem steuern zu können. Das liegt auch an der Struktur des Sozialrechts. In den Sozialgesetzbüchern sind lediglich die Ansprüche der Bürger auf Hilfe formuliert. Kein Amt, kein Parlament, keine Regierung kann steuern, wie viele Bürger wie viele Hilfsansprüche tatsächlich geltend machen. Sicher ist nur: Nähmen die Bürger all ihre Rechte auf Hilfe tatsächlich wahr, der Staat wäre unverzüglich pleite. »Wenn man genauer hinsieht, findet man in jeder normalen Familie Probleme, die einen Anspruch auf Hilfe rechtfertigen«, sagt Wolfgang Hinte. Jeder ist ein potenzieller Kunde der Hilfsindustrie.

Das Sozialgesetzbuch ist der Katalog der Hilfstatbestände. Er wird dicker von Jahr zu Jahr. Dafür sorgen die Funktionäre der Hilfsindustrie in der Hauptstadt. »Das ist nun mal unsere originäre Aufgabe, im Verteilungskampf für die Interessen unserer Kunden zu kämpfen«, sagt Oswald Menninger, Geschäftsführer des Paritätischen Wohlfahrtsverbandes in Berlin. »Ich nenne das Verantwortungslobbyismus.«

Von der Lobby direkt ins Parlament

Menninger wird im Berliner Regierungsviertel von vielen Kollegen unterstützt. Zum Beispiel von Sonja Meier.[44] Sie leitet das Referat Jugendpolitik beim Christlichen Verband Junger Menschen (CVJM). »Klar bin ich eine Lobbyistin«, sagt Frau Meier. Kürzlich hatte sie Bundesfinanzminister Wolfgang Schäuble zu Gast. Bald kommt Familienministerin Kristina Schröder. Ihren Job beschreibt Meier so: »Abgeordnete treffen, Überzeugungsarbeit – wie andere Lobbyisten auch. Und man ist ja nicht alleine. Es gibt viele, die so unterwegs sind wie ich.«

Meier gilt in der Branche als Geheimwaffe. Wenn in der Politik über Veränderungen im Sozialgesetzbuch nachgedacht wird, die sich nicht ausschließlich positiv für die Sozialunternehmen auswirken könnten, wird Sigrid Meier zum Nahkampf in die Abgeordnetenbüros geschickt.[45] Niederlagen der Lobbyistin sind nicht überliefert.

Auch die Bundestagsabgeordnete Miriam Gruß von der FDP hatte schon Besuch von Meier. Die Wohlfahrtslobbyisten machen selbst vor den Liberalen nicht Halt. Gruß ist familienpolitische Sprecherin ihrer Fraktion und sitzt in den Ausschüssen, die für die Sozialbranche besonders wichtig sind. »Die Wohlfahrtsverbände bearbeiten uns Abgeordnete mit ihren Lobbyisten wie kaum eine andere Branche«, beschwert sich Frau Gruß.

Die Agenten des Guten sind nicht nur im Nahkampf ausgebildet, sie werden auch undercover eingesetzt. Von der Finanzindustrie ist bekannt, dass sie ihre Mitarbeiter großzügig an die Ministerien ausleiht. Kostenlos natürlich. Dort unterstützen die Banker die Ministerialbürokratie dann beim Formulieren der Gesetze. Genauer:

Sie schreiben sich ihre Gesetze gleich selbst. Genau das macht die Hilfsindustrie längst auch: Experten, die bei Sozialverbänden beschäftigt sind, arbeiten im Sozialministerium neue Gesetze aus. Mit eigenem Schreibtisch und Durchwahlnummer.[46]

Die Mächtigen der Finanz-, Energie- oder Pharmaindustrie wollen die Gesetze dieses Staates mitbestimmen. Damit geben sich die Unternehmen der Sozialwirtschaft nicht zufrieden. Sie erheben für sich den Anspruch, im Wohlfahrtsgeschäft gleich alle hoheitlichen Aufgaben auf einmal zu übernehmen: Über ihre massive Lobbyarbeit definieren sie, welche Lebenssituation überhaupt als hilfsbedürftig eingestuft wird. In der Umsetzung vor Ort entscheiden sie: Wer bekommt welche Hilfe. Wer leistet die Hilfe. Welche Methode wird angewendet, wie lange, wie oft, zu welchem Preis. Die Helfer sind die allmächtigen Herrscher des Wohlfahrtsmarktes.

Warum lässt sich die Politik das gefallen? Warum versuchen die Politiker nicht wenigstens, die Kontrolle über die Hilfesysteme zurückzuerobern? Um das zu erklären, muss man Namen nennen. Eine kleine, bescheidene Auswahl:

Rudolf Seiters: Als der ehemalige Bundesinnenminister zurücktreten musste, fand die Partei ein warmes Plätzchen für ihn. Seit 2003 ist er Präsident des Deutschen Roten Kreuzes.

Wilhelm Schmidt: Der SPD-Politiker und ehemalige parlamentarische Geschäftsführer der SPD-Bundestagsfraktion ist heute Präsidiumschef des Bundesverbandes der Arbeiterwohlfahrt.

Helga Kühn-Mengel: Die Politikerin saß 13 Jahre für die SPD im Bundestag. In der vergangenen Legislaturperiode war sie sogar Patientenbeauftragte der Bundesregierung. Doch bei der Bundestagswahl 2009 entschieden die Wähler sich gegen die Genossin. So sitzt sie heute an der Seite von Wilhelm Schmidt im AWO-Präsidium.

Kerstin Griese: Die SPD-Politikerin war in der vergangenen Legislaturperiode Vorsitzende des Familienausschusses im Bundestag. Als die Wähler sie nicht mehr ins Parlament wählten, bekam sie einen Job beim Diakonischen Werk. Im Bundesvorstand war sie zuständig für die Sozialpolitik. Doch sie musste nur kurz parken. Nach dem Ausscheiden einer SPD-Abgeordneten durfte sie schon 2010 in den Bundestag nachrücken.

Wenn Wirtschaftspolitiker den Bundestag verlassen, um hinterher in der Energiewirtschaft Geld zu verdienen, wird darin häufig eine unappetitliche Interessenkollision gesehen. Zu Recht. Kerstin Grieses Wechsel auf eine großzügig dotierte Position in der Sozialwirtschaft galt hingegen als ehrenhaft. Von ihrer Parkposition aus bearbeitete sie ihre ehemaligen Kollegen aus dem Bundestag so intensiv im Interesse ihres neuen Brötchengebers, wie viele Abgeordnete es zuvor noch nicht erlebt hatten. Den Genossen fiel zudem die Unterscheidung schwer: Spricht da meine alte Fraktionskollegin oder die Vertreterin der kommerziellen Interessen von Deutschlands zweitgrößtem Arbeitgeber? »Keine andere Branche ist politisch so verdrahtet«, sagt Iris Röthig von *Wohlfahrt intern*.

Die Hilfsindustrie ist nicht auf die Lobbyarbeit ehemaliger Spitzenpolitiker angewiesen. Sie sitzt längst selbst im Bundestag. 218 Bundestagsabgeordnete geben an, dass sie eine Vorstands- oder Leitungsfunktion in einem Hilfsunternehmen haben.[47] Das sind 35 Prozent aller Abgeordneten. Die CDU stellt nur 193 Abgeordnete. Die größte Gruppe im Deutschen Bundestag sind also die Manager eines Sozialunternehmens.

Der Ausschuss »Familie, Senioren, Frauen und Jugend« ist für den Sozialmarkt von größter Bedeutung. Die Entscheidungen, die hier vorbereitet werden, wirken sich unmittelbar auf die Hilfsgeschäfte aus. Kein Wunder, dass fast 60 Prozent der Mitglieder angeben, ein Wohlfahrtsunternehmen zu führen oder in der Leitung mitzuwirken.

Nur selten bekommen Politiker für ihre Arbeit in gemeinnützigen Organisationen Geld. Aber immer Macht. Mit dem Engagement in der Diakonie, der Caritas oder beim Roten Kreuz zeigt man Einsatz für einen »wohltätigen Zweck«. Dabei springt außerdem so mancher wohlwollende Artikel mit Foto in der lokalen Presse heraus.

Das wichtigste aber ist: Der Hilfsverein ist ein wichtiger Pfeiler in der Hausmacht eines Politikers. Die Hilfsfirma kämpft für ihre Chefin oder ihren Chef, auch in schlechten Zeiten. Wer sich mit Kerstin Griese anlegt, macht sich wohl auch noch nach deren hauptamtlichen Zeit die Diakonie zum Feind. Das kann gefährlich werden.

Besonders eng sind die Beziehungen zwischen AWO und SPD. Nur wenige AWO-Vorstandspositionen sind nicht von Mandatsträgern der Genossen besetzt. Der Posten des örtlichen AWO-Vorstands gilt in der SPD als Poleposition für die Besetzung des nächsten Landtags- oder Bundestagsmandats.

Sozialpolitik und Sozialwirtschaft lässt sich in Deutschland nicht voneinander trennen. Die Helfer aus der Wohlfahrtswirtschaft können sich auf ihre Helfer in der Politik verlassen. Zuverlässig setzen die eine kontinuierliche Ausweitung der Hilfsansprüche in den Sozialgesetzbüchern durch. Und sie verhindern alle notwendigen Debatten darüber, was sich im Sozialmarkt ändern muss: mehr Transparenz und Kontrolle der Hilfsunternehmen. Eine Deckelung der Ausgaben, wie sie im Gesundheitswesen seit Jahren selbstverständlich ist. Die Finanzierung nur von wissenschaftlich überprüften Hilfsmethoden. Und natürlich eine Orientierung des Wachstums am tatsächlichen Bedarf. Darüber wird in der Politik nicht gesprochen.

Wenn Wolfgang Hinte von der Uni Duisburg-Essen seinen Studenten erklären will, was im deutschen Sozialmarkt falsch läuft, dann erzählt er ihnen eine wahre Geschichte aus Indien. Einst litten die Menschen in Indien unter einer furchtbaren Plage: Kobras. Da hatte der britische Gouverneur eine clevere Idee: Wer den Behörden eine getötete Kobra brachte, bekam eine Rupie. Was machten die Inder? Sie züchteten Kobras, massenweise. Das Resultat waren mehr statt weniger Schlangen. Wirtschaftswissenschaftler nennen das heute den »Kobraeffekt«.[48] »Nach diesem Prinzip funktionieren die deutschen Hilfesysteme«, sagt Wolfgang Hinte. »Wir finanzieren genau das, was wir eigentlich verhindern wollen.«

5 DIE GELDINDUSTRIE
Die Herrschaft der Unvernunft

Eine deutsche Institution geht in Rente: der Bankbeamte. Zum Abschied gibt es Champagner und Schnittchen. Blumensträuße werden überreicht und das Geschenk, für das die Kollegen gesammelt haben. In den Reden werden Anekdoten ausgegraben aus einer längst vergangenen Zeit. Darin wirken die Jubilare wie Überbleibsel aus Schwarz-Weiß-Filmen wie Heinz Rühmann oder Theo Lingen.

Die Bankergeneration, die heute aufs Altenteil geschoben wird, ist die letzte, die ausgebildet wurde, als die Geldwelt noch auf Deutschland beschränkt war. In ihrer Ausbildung haben sie die deutschen Tugenden Zuverlässigkeit und Genauigkeit noch von der Pike auf gelernt. In den 6oer Jahren, als sie ihre Lehre begannen, wollten nur die Ärmelschoner zur Bank. Die Arbeit in den Filialen war geprägt von Langsamkeit. Man zählte Bargeld. »Und wehe, am Ende des Tages fehlten zwei Pfennige. Dann wurde so lange gezählt und geprüft, bis alles stimmte«, erinnert sich Rolf Hunck.

Er war ein echter Bankbeamter. »Ich war sogar Oberbeamter. So was gab es.« 1963 begann er eine Lehre zum Bankkaufmann bei der Deutschen Bank in Hamburg-Eppendorf. Von dort stieg er immer weiter auf, bis in die Geschäftsleitung der Deutschen Bank in Hamburg. Zu seiner Abschiedsparty kamen die Größen der Hamburger Politik, Altkanzler Helmut Schmidt und die drei letzten Vorstandsvorsitzenden der Deutschen Bank, Hilmar Kopper, Rolf-Ernst Breuer und Josef Ackermann.

Schon in seinen Anfangsjahren durfte Hunck kleinere Aufträge an der Börse in Hamburg erledigen. Einmal passte er nicht richtig auf und kaufte 100 Aktien, obwohl er eigentlich verkaufen sollte. »Im Nachhinein war es ein gutes Geschäft für die Bank. Trotzdem musste ich beim Generaldirektor strammstehen und wurde abgemahnt. Wir wurden auf Korrektheit gedrillt.« Als Hunck das Handwerk lernte, sollte den Kunden noch nichts verkauft werden. Was auch? Die Banken hatten nichts anzubieten, sie hatten praktisch keine eigenen Produkte. Noch Mitte der 70er Jahre existierten ganze sieben Investmentfonds. Heute sind es über 600. Synthetische Finanzprodukte, Eigenhandel der Bank oder Boni – all das gab es nicht.

Schon gar keine Computer. Huncks Generation wurde an der »Kienzle 200« ausgebildet. In den 60er Jahren ratterte in beinahe jeder Filiale einer Bank oder Sparkasse ein solches Exemplar der Firma Kienzle Apparate GmbH aus Villingen.[1] Sie war ein Wunderwerk deutscher Ingenieurskunst. Die mechanische Buchungsmaschine konnte sowohl addieren als auch subtrahieren und zudem das komplizierte Buchungsblatt der Größte DIN A2 vollständig korrekt ausfüllen. Und das alles gleichzeitig. Eine multitaskingfähige Buchungs- und Rechenmaschine. Das sperrige Kontoblatt des Kunden wurde aus der Ablage geholt und millimetergenau in die Maschine gespannt. Schon schrieb die Kienzle den zuvor ausgerechneten Kontostand auf dem Kontoblatt gut. Jede Buchung war ein hoheitlicher Akt. »Wenn man richtig schnell war, schaffte man das in einer Minute«, erinnert sich Hunck.

Milliardendeals in Millisekunden

In dieser Zeit erledigt heute ein Rechner an der Deutschen Börse sieben Millionen Geschäftsvorgänge. Für die komplette Abwicklung eines Aktiengeschäftes – Order, Verarbeitung und Bestätigung – ließ sich die Deutsche Börse im Jahre 2006 ganze 21 Millisekunden Zeit. Viel zu langsam. Heute dauert der »Roundtrip« nur noch 0,55 Millisekunden.[2] Darum stehen die Rechner der

Trader nicht lediglich in der Nähe der »Matching Engines« der Deutschen Börse – also der Computer, die Käufer und Verkäufer zusammenbringen –, sondern gleich auf demselben Gelände. Die Börse vermietet die Polepositionen unmittelbar neben dem eigenen Rechner zu Höchstpreisen. Obwohl die Signale mit Lichtgeschwindigkeit durch die Glasfaserkabel jagen, zählt jeder einzelne Meter.

Der Blitzhandel heißt in der Fachsprache High Frequency Trading (HFT). Im Millisekundentakt kaufen und verkaufen die Rechner große Mengen von Wertpapieren. So saugen sie ihren Profit selbst aus den kleinsten Kursschwankungen. Geschäfte, die in einer tausendstel Sekunde erledigt sind, mitunter sogar zehntausendstel Sekunde, überfordern nicht nur das menschliche Gehirn. Auch elektronische Hirne können in dieser Zeit keine kaufrelevanten Marktinformationen analysieren. Die HFT-Rechner handeln darum nicht überlegt, sondern automatisch, nach einem zuvor ausgetüftelten Algorithmus. Entscheidend beim Aktiengeschäft sind längst nicht mehr die bessere Information, die klügere Analyse oder Instinkt und Risikobereitschaft eines Händlers. Entscheidend sind die Geschwindigkeit des Computers, die Länge des Kabels und der Algorithmus der Software.

Die Bundesbank nennt die Entwicklung eine »algorithmische Revolution« und warnt davor in ihrem »Finanzstabilitätsbericht 2011«: »Die meisten HFT-Programme treffen ihre Entscheidungen, ohne den realen Firmenwert oder die Wertdeterminanten einer Währung zu beachten.«[3] Der Blitzhandel ist eine reine Wette, ohne jede Verbindung zu wirtschaftlicher Vernunft.

Der Turbohandel ist kein Randphänomen an den Börsen. »HFT hat mittlerweile eine dominante Stellung an den wichtigsten Börsen inne«, schreibt die Bundesbank. Aktuellen Schätzungen zufolge hat der Blitzhandel an der Frankfurter Börse bereits die Hälfte des gesamten Handelsvolumens erobert.[4] An der Wall Street waren es 2009 sogar schon 70 Prozent.[5] Beim Geschäft an den Börsen handelt es sich inzwischen mehrheitlich um Hochfrequenzhandel. Das Herz des Kapitalismus ist digital, aber nicht rational.

Am 6. Mai 2010 war es dann so weit: Für eine Viertelstunde hatten die Rechner die Macht vollständig übernommen. Wie auf ein geheimes Kommando hin verkauften die HFT-Computer an der Wall Street plötzlich große Mengen an Wertpapieren. Das löste weitere automatische Verkäufe aus, was wiederum weitere Verkäufe zur Folge hatte. Die Algorithmen glühten. Die Wall Street erlebte ihren ersten »Flash Crash«.

Dick Grasso ist ein Veteran der Wall Street. Von 1995 bis 2003 hat er der New York Stock Exchange sogar vorgestanden. Doch etwas Vergleichbares hatte auch er noch nie durchlitten: »Der Markt fiel um 600 Punkte, stieg dann um 600 Punkte, bevor irgendwer seine Tasse Kaffee austrinken konnte«, sagte Grasso in einem Interview mit Bloomberg Radio.[6] Zahlreiche Aktien verloren innerhalb von Minuten 99 Prozent ihres Wertes. Der Dow Jones Industrial Average Index fiel in sechs Minuten um mehr als neun Prozent.

Nach einer Viertelstunde war der Spuk plötzlich vorbei. Die Computer beruhigten sich. Die Kurse stiegen wieder. Bis heute kennt niemand die Ursache für den Flash Crash. Ein Tippfehler in einem Algorithmus? Zwei Algorithmen, die sich gegenseitig hochschaukelten? Zickenkrieg der Rechner? Zufall? Hacker? Die Chinesen?

Die Bundesbank ist besorgt. In ihrem Finanzbericht widmet sie dem Blitzhandel einen eigenen Kasten mit der Überschrift: »Hochfrequenzhandel braucht Regeln.«[7]

»Dieser kurzfristige und kurzsichtige Handel, das ist eines der Hauptprobleme«, sagt auch der pensionierte Hamburger Chef der Deutschen Bank, der Oberbankbeamte Rolf Hunk. Er musste noch für jede einzelne Transaktion an der Börse ein Formular mit der Schreibmaschine ausfüllen, »mit drei Durchschlägen«.

Als die Banken noch Diener waren und keine Herren, war ihr Ruf unantastbar. Ihr tadelloses Image hat sogar Spuren in unserer Sprache hinterlassen. Bis heute ist ein verlässlicher Torhüter »eine Bank«. Wenn man sich um etwas Wertvolles keine Sorgen machen muss, dann ist es »sicher wie die Bank von England«. Dieses Ansehen erwarben die Geldhäuser sich zu Recht. Sie erfüllten eine wichtige Aufgabe. Ohne die Leistungen der Finanzwirtschaft wäre der heutige Wohlstand undenkbar.

Als die Banken noch »eine Bank« waren, konnte jeder ihr Geschäftsmodell verstehen: Anleger oder Sparer geben der Bank Geld und bekommen dafür Zinsen. Die Bank verleiht das Geld weiter und verlangt dafür etwas höhere Zinsen. Von der Differenz lebt das Geldhaus. Der Kredit ist der Motor der gesamten Wirtschaft. Die meisten Investitionen werden erst durch einen Kredit ermöglicht. Ohne Kredit kann nur seine Ideen und Erfindungen in die Tat umsetzen, wer schon von Haus aus Geld hat. Ohne die Finanzierung einer Bank, können nur Reiche ein Unternehmen gründen.

Auch andere Branchen haben sich dramatisch verändert, aber keine hat sich innerhalb nur einer Generation so vollkommen in ihr Gegenteil verkehrt: Aus langsam wurde turboschnell. Aus sicher wurde brandgefährlich. Der langweiligste Arbeitsplatz wurde so aufregend wie das Cockpit eines Düsenjets. Aus einfach wurde undurchsichtig. Aus der Stütze der Volkswirtschaft wurde ein Parasit. Aus nützlich wurde schädlich. Aus dienen wurde verdienen. Aus dem angesehenen Bankbeamten, dem Symbol der Zuverlässigkeit, wurde ein Buhmann. Nicht nur in Deutschland. Der Banker ist der Weltfeind Nummer eins.

Nun wird der ganzen Gesellschaft klar, dass sie die entscheidenden Veränderungen in der Finanzwirtschaft gut zwei Jahrzehnte zu spät bemerkt und verstanden hat. Sie vertraute noch darauf, dass in der Branche nach dem Grundsatz der Korrektheit gearbeitet werde, als davon allenfalls noch der tadellose Anzug übrig war.

Die Kunden sahen in ihrem Bankberater auf der anderen Seite des Schreibtisches den unabhängigen Bankbeamten ohne eigene Interessen. Dabei saß längst ein auf Provisionsbasis bezahlter Verkäufer vor ihnen, der vorwiegend auf eigene Rechnung arbeitet. Erst die Bankenkrise hat die Verhältnisse überdeutlich gemacht.

Tatsächlich waren die Phasen, in denen Banker hohes Ansehen genossen, in der Geschichte des Geldgewerbes nicht die Regel, sondern ein Ausnahmezustand. Seit dem 13. Jahrhundert, als Florenz zu einer Handelsmacht aufstieg und das dortige Bankengeschäft zu florieren begann, ist die Geschichte des Bankenwesens reich an Irrtümern, Krisen, Spekulationsblasen, Zusammenbrüchen. Die wichtigsten Daten im Geschichtsbuch der Banker sind schwarze Tage.

Crash-Risiko Nummer 1:
Wenn die Reichen zu reich werden

Der Harvard-Professor John Kenneth Galbraith wurde berühmt durch seine scharfsinnigen historischen Analysen des Geldgewerbes. Er hat sämtliche Krisen an den Finanzmärkten untersucht und die gemeinsamen Nenner herausgearbeitet. Lange vor dem Platzen der New-Economy-Blase, lange vor der Pleite der Investmentbank Lehman Brothers, hat Galbraith die Mechanismen der heutigen Finanzmarktkrise detailliert und zutreffend beschrieben. In seinem Standardwerk *Der Große Crash 1929* benennt er die fundamentalen, stets wiederkehrenden Ursachen für das Entstehen von Spekulationsblasen, die unvermeidlich platzen müssen.

Die erste und wichtigste Voraussetzung für die »Eskalation des Irrtums«[8] ist für Galbraith eine ungleiche Einkommens- und Vermögensverteilung. »1929 waren die Reichen ganz besonders reich.«[9] Nur fünf Prozent der Haushalte verfügten über ein Drittel des gesamten Volkseinkommens. Dabei geht es Galbraith ausdrücklich nicht um das Arbeitseinkommen, sondern um »Zinsen,

Dividenden und Mieten – vereinfacht ausgedrückt, das Einkommen der Wohlhabenden.«[10]

Die heiße Luft, die jede Spekulationsblase aufbläst, ist also zu viel Geld in den Händen von zu wenigen. Die Vermögenden besitzen so viel, dass sie nicht mehr wissen, wohin mit ihrem Überfluss. »Die Reichen können nicht Unmengen von Brot kaufen, um ihr Geld umzusetzen.«[11] Vor allem der Reichtum, der nicht erarbeitet werden muss, schwächt das Empfinden für den Wert des Geldes. Die Folge: Die Oberschicht beginnt zu zocken.

Das war schon im 17. Jahrhundert so, beim ersten Börsencrash der Geschichte, der Tulpenkrise in den Niederlanden. Vor allem der Handel mit Ostasien machte die holländischen Händler und Reeder unvorstellbar reich. Auf der Suche nach einem Statussymbol entdeckte die Oberschicht ihre Leidenschaft für die Tulpenzucht. Die Preise für Tulpenzwiebeln verloren jede Bodenhaftung. »Um 1636 konnte eine Zwiebel, die vorher keinen erkennbaren Wert besessen hatte, für einen neuen Wagen, zwei graue Pferde und ein vollständiges Geschirr getauscht werden«, schreibt Galbraith.[12] Im Mai 1637 platzte schließlich die Blase der Unvernunft.

Rund 300 Jahre und einige Finanzkrisen später: In den 20er Jahren des letzten Jahrhunderts war die amerikanische Geldelite auf der Suche nach einem anstrengungslosen Multiplikator für ihre angehäuften Reichtümer. So kamen unter anderem Immobilien in Florida als Spekulationsobjekte in Mode. Und wie immer beim Entstehen einer Spekulationsblase, hatten auch diesmal die Preise bald keinen Bezug mehr zu ihrem realen Wert. »Mit dem Ziel, ohne Arbeit reich zu werden, kamen 1925 Käufer nach Florida, und jede Woche wurde weiteres Land aufgeteilt.«[13]

Die Geschichte der Finanzmarktkrisen lehrt: Die Oberschicht ist der eigentliche Verursacher sämtlicher Spekulationsblasen. Nur sie hat genügend Geld zum irrationalen Spekulieren übrig. Eine besonders ungleiche Verteilung des Reichtums ist also nicht nur ungerecht, sondern auch gefährlich für jede Volkswirtschaft. Die Banken sind die Helfershelfer der Reichen. Sie sind die Betreiber des Weltwirtschaftskasinos und erfinden ständig neue Wettspiele mit märchenhaften Gewinnversprechen und unkalkulierbaren Risiken. Erst die Banken ermöglichen den für alle gefährlichen Lebensstil der Oberschicht.

John Kenneth Galbraith ist 2006 im Alter von 97 Jahren gestorben. Die heutige Bankenkrise hat er nicht mehr erlebt. Dennoch lesen sich seine Bücher wie eine Beschreibung der aktuellen Konstellation in Deutschland: Die reichsten zehn Prozent der Bevölkerung besitzen zwei Drittel des gesamten Vermögens. Dem reichsten einen Prozent gehört mehr als ein Drittel, und allein das reichste Promille verfügt über beinahe ein Viertel des Vermögens.[14] Die Vermögenskonzentration hat ein Ausmaß angenommen, das in der Geschichte der Bundesrepublik einmalig ist.

Die heutigen Reichen stellen sich gern als Leistungselite dar – eine Verdrehung der Tatsachen um 180 Grad. Auch in unserer Zeit ist das typische Einkommen der deutschen Oberschicht kein Arbeitseinkommen, kein Ergebnis der Anstrengung, sondern das leistungslose Einkommen aus Vermögensgeschäften. Auch die aktuelle Geldelite ist fortwährend auf der Suche nach neuen, spekulativen Anlagemöglichkeiten, die ihnen gigantische Renditen versprechen, aber keinen Bezug zur realen Wirtschaft haben. In dieser Welt der Spekulation bleibt die besitzende Klasse unter sich. Nur rund fünf Prozent der deutschen Bevölkerung sind direkte Aktienbesitzer.[15]

Und auch heute lässt sich die reiche Minderheit beim Zocken von »Finanzgenies« faszinieren. »Diese Faszination hängt offenbar mit der Größenordnung der finanziellen Transaktionen und dem Gefühl zusammen, dass bei so viel Geld die geistige Kapazität hinter solchen Geschäften ja nicht weniger großartig sein kann«, schreibt Galbraith. Doch wie zu allen Zeiten gilt auch heute: »Finanzgenie ist man nur bis zum Bankrott.«[16] Geschichte wiederholt sich. Oder, wie Galbraith es ausdrückt: »Es gibt nur wenige Bereiche menschlichen Handelns, in denen die Geschichte so wenig zählt wie in der Welt des Geldes.«[17]

Die Finanzgenies von heute wetten auf nichts Spezielles, sondern schlicht auf alles. Warum nicht auch auf den Tod? Die Deutsche Bank hatte über Jahre das passende Finanzprodukt dazu im Angebot: »DB Kompass Life 3« hieß der Investmentfonds. Anleger konnten auf die Lebensdauer konkreter Menschen wetten. Erst als die »Geschäftsidee« in den Medien zu heftig kritisiert wurde, wickelte das Geldhaus den Fonds im Frühjahr 2012 ab. Bei der Todeswette hatten Anleger insgesamt rund 200 Millionen Euro auf das schnelle Ableben von rund 500 konkreten Menschen gesetzt. Eine »Tracking Company« schaute regelmäßig nach, wer noch lebt.[18] Ob »Anleger« versucht haben, den Kurs zu beeinflussen, also die Lebensdauer der Probanden, ist nicht überliefert.

Die Explosion des Geldes

Die Tulpe von heute ist das Geld selbst. Die Finanzgenies brauchen keine Blumenzwiebeln, Immobilien oder reale Unternehmen mehr, mit denen sie spekulieren. Der Profit nimmt keinen Umweg über Waren, Dienstleistungen oder Ereignisse. Er hat sich abgekoppelt und vollkommen emanzipiert von konkretem, wirtschaftlichem Geschehen. Geld erzeugt jetzt selber Geld.

Hans-Peter Keitel, der Chef des Bundesverbandes der Deutschen Industrie (BDI) ist so etwas wie der Klassensprecher der deutschen Realwirtschaft. Die Mitglieder seines Verbandes müssen die Werte erwirtschaften, mit denen die Banken zocken. Keitel nennt die Geschäfte der Finanzwirtschaft: »Transaktionen ohne realwirtschaftliche Grundlage, ohne Wertschöpfung und zu Lasten Dritter.«[19] Über Jahrzehnte waren die deutsche Wirtschaft und der Bankensektor Partner. Beide waren Teil der Realwirtschaft. Die Industrie profitierte von den Finanzierungen der Geldhäuser, die verdienten damit ihren Gewinn. Die produzierende Wirtschaft und die Finanzwirtschaft wuchsen parallel zueinander. Bis Anfang der 90er Jahre.

Wie dramatisch sich die Verhältnisse änderten, zeigt ein Vergleich zwischen der Bundesrepublik Deutschland und dem größten Geldinstitut des Landes, der Deutschen Bank: 1991 betrug die Bilanzsumme der Deutschen Bank umgerechnet etwa 225 Milliarden Euro.[20] Das Bruttoinlandsprodukt Deutschlands lag im selben Jahr bei 1534 Milliarden Euro (mehr als das Sechseinhalbfache).[21] 20 Jahre später, im Jahre 2011, hat die deutsche Volkswirtschaft Waren und Dienstleistungen in einem Wert von 2570 Milliarden Euro produziert. Und die Deutschen Bank? Sie ist mit ihrer Bilanzsumme von 2164 Milliarden bis auf wenige Euros herangestürmt.[22] Bald überholt die Bank das Land.

In den vergangenen zwei Jahrzehnten ist die Geldmenge auf dem gesamten Globus nahezu explodiert. Der größte Teil davon wird gar nicht mehr in regulären Banken verwaltet, sondern in undurchsichtigen Parallelbanken, im gesetzlosen Wilden Westen des Geldes. Schon 1990 haben Hedgefonds ein Vermögen kontrolliert, das etwa dem 1,8-fachen der Weltproduktion entsprach. Das war erst der Anfang. Bis 2010 ist es auf das 30-fache angewachsen.[23] Die meisten Hedgefonds haben ihren Sitz auf Offshore-Finanzplätzen, fernab aller lästigen Gesetze oder Steuern. Besonders beliebt sind die Cayman Islands, die zwar zu Großbritannien gehören, für die aber nur ausgewählte Gesetze des Vereinigten Königreiches gelten. Auf der Insel sind einzelne Adressen bekannt, die eine höhere Bilanz aufweisen als ganze Kontinente, weil dort Hunderte Hedgefonds einen Briefkasten und ihren offiziellen Firmensitz unterhalten.

Um das Kapital aller Hedgefonds in der echten Welt zu erwirtschaften, müsste eine gesamte Generation von Erdenbürgern ihr ganzes Leben lang real arbeiten. Diese unvorstellbare Menge an Reichtum bleibt unversteuert und wird praktisch ohne Regeln ausschließlich zum Nutzen einer verschwindenden Minderheit eingesetzt. Selbst die gigantischen Hedgefonds sind nur ein Kapitel in der Geschichte der wunderbaren Geldvermehrung. Um das zu erkennen, genügen vier Zahlen: 1990 betrug das weltweite Bruttoinlandsprodukt (BIP) 22 Billionen Dollar. Zum selben Zeitpunkt lag die Summe aller synthetischen Finanzmarktprodukte bei zwei Billionen. 2010 ist das globale BIP auf 63 Billionen angewachsen. Die synthetischen Produkte sind im selben Zeitraum auf 600 Billionen Dollar emporgeschnellt. Die Realwirtschaft hat sich verdreifacht. Die künstliche Wirtschaft hat sich verdreihundertfacht. Ihr Volumen ist heute zehn Mal größer als das der Realwirtschaft.[24]

Das Geschäft mit dem Misserfolg

An den Schalthebeln dieses Multi-Billionen-Spiels sitzen Menschen, die nie gelernt haben, die wirtschaftliche Situation eines Unternehmens oder eines Staates zu analysieren oder zu beurteilen. Sie haben keine Ausbildung im Bankgeschäft und verstehen nichts von Finanzwirtschaft: Informatiker, Ingenieure, Mathematiker oder Quantenphysiker. Im Bankenjargon heißen sie »Quants«. Aus winzigen Teilchen können sie gigantische Gebilde zaubern. Das reale Geld ist nur die Seifenlauge, das sie zu riesig erscheinenden Blasen aufpusten. Mithilfe von hochkomplexen mathematischen Modellen und den leistungsfähigsten Rechenmaschinen verwandeln sie einfache Wertpapiere, Versicherungen, geplatzte Kredite oder simple Wetten in verwirrende Geflechte, die sich »Derivate« nennen. Viele Jahrhunderte lang waren Alchemisten auf der Suche nach dem Stein der Weisen. Sie versuchten aus allen Möglichen Zutaten Gold herzustellen. Den Quants scheint zu gelingen, wovon die Finanzindustrie seit Jahrhunderten nur geträumt hat: Die Banken müssen das Geld nicht mehr verdienen. Sie stellen es her.

Das macht die Quants zur heißesten Ware amerikanischer Eliteuniversitäten. Vor allem Investmentbanken locken Absolventen, die oft noch mit dem Stimmbruch kämpfen, mit Millionen-Dollar-Gagen. Die Rechengenies füttern die Computer mit ständig neuen Algorithmen und mathematischen Modellen für den Handel. Viele der Programme produzieren am Markt nur wenige Tage Geld. Dann hat die Konkurrenz den Trick entschlüsselt und lässt ihre Quants Gegenprogramme austüfteln.

Die Produkte der Quants vervielfachen nicht nur das Geld, sondern auch das Risiko. Wie groß die Gefahr ist, die in den zusammengekochten Futures, Swaps, Optionen und Termingeschäften blubbert, kann kein Sterblicher genau beziffern.

Die Europäische Bankenaufsicht (EBA) hat es zumindest versucht. Im Juli 2011 hatte sie 91 Geldhäuser einem Stresstest unterzogen. Die allermeisten hatten ihn bestanden. Auch die französisch-belgische Bank Dexia.[25] Dabei hatte sie 2009 schon einmal mit 6,4 Milliarden Euro Steuergeld gerettet werden müssen. Nur wenige Wochen nach dem Stresstest erwiesen sich die Rechenmodelle der Mathematiker eher als Wellnesstest. Im Oktober 2011 musste die angeblich sichere Dexia erneut gerettet werden. Die tatsächliche Gefahr, die in den Wertpapieren der Bank lauerte, war viel größer, als zuvor in der Theorie berechnet. Kostenpunkt für die zweite Rettung durch die Steuerzahler: vier Milliarden Euro.

Die meisten dieser gefährlichen Finanzmarktprodukte haben mit der wirklichen Wirtschaft nicht das Geringste zu tun. Es sind Spekulationen auf Spekulationen. Oft spekulieren sie gar nicht auf den Erfolg. Viel prickelnder für die Zocker ist der Misserfolg. Anderer.

Ein solches, fast schon verständliches Finanzprodukt ist die Kreditausfallversicherung, Credit Default Swap (CDS): Die Bank schließt eine Versicherung ab für den Fall, dass ein Kredit platzt. Hört sich eigentlich nach einer vernünftigen Methode an, ein reales Geschäftsrisiko zu beherrschen.[26] Allerdings werden CDS meistens nicht als Absicherung von Krediten eingesetzt und nicht bei klassischen Versicherungen abgeschlossen. Solche Policen werden am Finanzmarkt gehandelt.

Das ist, als würde man eine Brandschutzversicherung auf sein Haus abschließen. Die Zusage der Versicherung, im Schadensfall zu zahlen, stellt an sich keinen echten Wert dar, sondern einen hypothetischen. Sie ist nur eventuell etwas wert. Aus dieser Eventualität basteln Quants ein spekulatives Finanzprodukt. Sie zerstückeln die Police und verkaufen sie in Häppchen weiter. Am Ende besitzt der Nachbar einen Teil der Rechte aus der Versicherung. Brennt das Haus, bekommt er Geld. Wegen eines Zockerproduktes hat er plötzlich ein Interesse am Schaden der Familie im Haus nebenan. Genau auf diesem Prinzip basieren viele der Produkte der Finanzbranche: Profit am Unglück anderer, am Schaden von Unternehmen, von Staaten. Und durch die Rechentricks der Quants lässt sich mit der Katastrophe, dem Misserfolg, dem Verlust deutlich mehr Geld verdienen als mit dem Erfolg.

Doch wozu warten, bis tatsächlich jemand einen Kredit absichert? Einige Akteure, die gar keine Kredite vergeben, schließen dennoch eine CDS ab. Auf die Kredite anderer, zum Beispiel auf Staatsanleihen. Wenn sich ein Staat am Kapitalmarkt Geld leiht, versichern die Anleger den Kredit nicht, weil Anleihen von Staaten bis vor Kurzem als eine der sichersten Geldanlagen überhaupt galten. Darum nutzen Banken sie, um damit andere Geschäfte abzusichern. Bislang waren Staatsanleihen nicht das Risiko, sondern die Versicherung.

In jüngster Zeit schließen völlig unbeteiligte Dritte massenweise CDS auf Staatsanleihen ab. Sie wetten darauf, dass ein Staat seine Schulden nicht zurückzahlen wird. Wegen der Spekulation haben die Zocker ein milliardenschweres Interesse an einem Staatsbankrott. Und helfen mit allen denkbaren Methoden nach: Sie streuen Gerüchte, provozieren Kursschwankungen und verunsichern die Märkte. Auf diese Weise wurde der erzwungene Schuldenschnitt Griechenlands für manche ein goldenes Geschäft: Über zwei Milliarden US-Dollar haben Zocker mit CDS auf griechische Anleihen kassiert.[27]

Esoterik mit Geld

Die Spekulanten nennen sich »Investoren« oder »Anleger«. Sie kommen nicht aus der Mitte der Gesellschaft, denn Banker haben kein Interesse am Kleingeld der kleinen Leute. Ihre Kundschaft, für die sie im Kasino setzen, kommt aus dem reichsten einen Prozent. Über Jahrzehnte hat sich diese Gesellschaft ein vollkommen falsches Bild vom Reichtum und von den Reichen gemacht. Wer über ein großes Vermögen verfügt, dem wird beinahe automatisch ökonomischer Sachverstand zugesprochen. Wer seinen Kontostand an den Finanzmärkten mit gewagten Transaktionen aufbläht, mit Todeswetten, mit vollkommen unverständlichen Derivaten, mit Milliardenzockereien im Millisekundentakt, mit Versicherungen auf Kredite, die niemals abgeschlossen wurden, wer seine Entscheidungen vorwiegend von Computern treffen lässt, gilt als Anleger, der etwas von Geld versteht.

Schon John Kenneth Galbraith hat diesen Denkfehler beschrieben: »Diejenigen, die spekulieren, erleben einen Zuwachs an Reichtum. Kein Mensch glaubt gern, dass dies auf Zufall beruht oder unverdient ist; alle möchten vielmehr glauben, dass es das Ergebnis des Durchblicks oder der richtigen Eingebung ist.«[28]

Die Banker waren stets die Unterstützungsindustrie der Parallelgesellschaft ganz oben. Sie waren Teil des billionenschweren Irrglaubens: Die wissen, was sie tun. Die Finanzwirtschaft pflegte ihr Image als Insel der ökonomischen Vernunft. Lange schienen die Kapitalmärkte ein effizienter und funktionierender Mechanismus für die gesamte Marktwirtschaft zu sein. Die Herren des Geldes galten zwar als gefühlskalt, mitunter auch als gnadenlos, doch ihre Argumentation mit Zahlen simulierte Sachlichkeit. Ihre zur Schau gestellte Berechnung wirkte wie eine Form der Seriosität. Spätestens in der jüngsten Finanzkrise ist auch die Seriositätsblase der Geldbranche geplatzt. Inzwischen ist klar: Der weitaus größte Teil des Vermögens der Menschheit wird nicht von eiskalten, berechnenden Managern verwaltet, sondern von glühenden Rechenmaschinen, von den Spielkonsolen der Quants. Die Finanzwirtschaft hat den Kontakt zur realen Wirtschaft verloren. Die Banken werden eben nicht vom »Homo oeconomicus« beherrscht, sondern von Gurus und Zahlenspinnern. Ökonomisches Denken, sachliche Analysen und verantwortungsvolles Handeln wurde durch Esoterik ersetzt. Esoterik mit Geld. Die Finanzindustrie hat die Regeln der Vernunft außer Kraft gesetzt. »Die Märkte« wurden zum Aschram der ökonomischen Irrationalität.

Selbst die Wissenschaft war nicht immun gegen die Heilsversprechen der Geldreligion. Die außer Kontrolle geratenen Finanzmärkte decken ein dramatisches Versagen der Wirtschaftswissenschaften auf. Auch die Ökonomen auf den Lehrstühlen haben an die Berechenbarkeit der Risiken und an die Regelungskräfte der Finanzwelt geglaubt. An den Universitäten gehören die Wirtschaftswissenschaften zu den sozialwissenschaftlichen Fakultäten. Wirtschaft ist keine exakte Wissenschaft wie die Naturwissenschaften. Sie beruht auf Annahmen und Theorien. Es gibt kein richtig und kein falsch. Doch der Siegeszug der Quants mit ihren mathematischen Modellen schenkte den Bankmanagern die Illusion der Sicherheit. Sie dachten, sie wüssten, was sie tun. Und zwar genau. Sie hatten es ja berechnet.

Thomas Straubhaar, der Direktor des Hamburgischen Weltwirtschaftsinstituts (HWWI) gibt der Wissenschaft eine Mitschuld am Entstehen der gigantischen Spekulationsblasen. »Über Jahrzehnte dominierte in der Ökonomie die Überzeugung, dass auf Finanzmärkten Effizienz die Regel und Marktversagen die Ausnahme sei. Heerscharen von Studierenden wurden auf den

Glauben getrimmt, Börsenkurse würden stets alle verfügbaren Informationen rational und richtig widerspiegeln. ... Es ist an der Zeit, den Effizienzmythos vom Sockel zu holen.«[29]

Straubhaar diagnostiziert nicht nur in den Banken, sondern auch an den Hochschulen ein »Herdenverhalten« und ein »Meinungskartell«. Gleiches hat auch Amartya Sen beobachtet, Nobelpreisträger für Ökonomie: »Es stimmt, dass die Mainstream-Ökonomen dazu tendiert haben, anzunehmen, dass der Markt perfekt funktioniert, und dass es keinen Bedarf für Regulierung gibt. Diese Ansicht war verbreitet.«[30]

Schonungslos fragt sich Thomas Straubhaar, warum die angeblich unabhängige Wissenschaft so lange am »Effizienzmythos« der Märkte festgehalten hat, obwohl er historisch und empirisch längst widerlegt war. Seine Antwort fällt ernüchternd aus: »Wenn der Mainstream der Meinung ist, dass Finanzmärkte effizient sind, dann ist es für Abweichler enorm riskant, gegen das Kartell jener zu opponieren, die als Insider über die Vergabe von Professorenstellen, Forschungsaufträgen und Budgets bestimmen.«[31] So hatten auch die kleinen Alltagssorgen der Gelehrten eine große Wirkung: Sie haben verhindert, dass die Wissenschaft rechtzeitig vor den Gefahren der Spekulation warnte.

Der Bankrott als Waffe

In der Marktwirtschaft ist das Gewinnstreben des Einzelnen auch für die Allgemeinheit von Nutzen. Diese Regel ist seit Adam Smith die Legitimation des Reichtums in der freien Marktwirtschaft. Doch in den vergangenen Jahrzehnten stellte die Finanzindustrie dieses Fundament der Marktwirtschaft grundsätzlich infrage. Mit ihren Methoden der Geldvermehrung hat sie es ermöglicht, dass vom Gewinnstreben einer kleinen Oberschicht fast ausschließlich eben diese kleine Oberschicht profitiert. Für die Allgemeinheit blieb die Gier ohne erkennbaren Nutzen. Das zeigt sich gerade in Deutschland deutlich an der dramatischen Umverteilung des Reichtums: Die reichsten zehn Prozent der Gesellschaft besaßen 1970 insgesamt 44 Prozent des Vermögens.[32] Bis zum Jahr 2009 ist dieser Anteil auf 66,6 Prozent angewachsen.[33] Der hinzugewonnene Reichtum fand seine Heimat vor allem auf den Konten der Geldelite.

Die übergroße Mehrheit der Gesellschaft spekuliert nicht an der Börse, beteiligt sich nicht an Hedgefonds, zockt nicht mit Kreditausfallversicherungen. Sie partizipiert nicht an den Chancen der Finanzwirtschaft. Dafür jedoch an den Risiken. Sie haftet für die Schäden, die andere angerichtet haben. Als die Investmentbank Lehman Brothers im September 2008 Insolvenz anmeldete, brachte das die größte Spekulationsblase in der Geschichte des Geldes zum Platzen. Aus den virtuellen Profiten der Geldelite wurden plötzlich reale Schulden.

Über Jahrzehnte hatten Finanzwirtschaft und Oberschicht für den demokratischen Staat und seine oft langwierigen Entscheidungsprozesse nur Verachtung übrig. Regulierende Eingriffe in ihre Methoden der Kapitalvermehrung haben sie sich voller Empörung verbeten. Jetzt, nach dem Platzen der Spekulationsblasen, halten sie es für selbstverständlich, dass der Staat und die Steuerzahler ihren Reichtum retten und ihre Rechnung begleichen. Wie hoch die Befindlichkeiten tatsächlich sind, kann auch vier Jahre nach der Lehman-Pleite niemand auf eine Billion genau beziffern.

Das kann auch Gerd Wagner nicht, der Vorstandsvorsitzende des Deutschen Instituts für Wirtschaftsforschung (DIW).[34] Doch mit einem Vergleich macht Wagner die Dimension des Schadens klar, der durch das Zocken der Oberschicht und der Banken der nicht zockenden, sondern arbeitenden Mehrheit der Gesellschaft der Deutschen schon jetzt zugefügt wurde. Um die Banken zu retten, musste der Staat seine Verschuldung drastisch steigern, um 15 bis 20 Prozentpunkte des BIP. In der Geschichte der Bundesrepublik gab es nur zwei vergleichbare Verschuldungsschübe: der Ausbau des Sozialstaates in den 70er und 80er Jahren sowie die

Kosten der Wiedervereinigung in den 90er Jahren. Der Kollateralschaden der Wettspiele des Geldadels und des Geldgewerbes ist also allein in der Kategorie Staatsverschuldung allenfalls vergleichbar mit den Kosten der beiden größten Anstrengungen in der Geschichte der Bundesrepublik. Bis jetzt.

Den nationalen Regierungen drohen die Banken mit ihrer Selbstzerstörung. Der Bankrott als Waffe. Geht eine von ihnen pleite, könnte das einen zerstörerischen Dominoeffekt auslösen: eine Weltwirtschaftskrise. Das macht die Politik zur Geisel der Finanzwirtschaft. Doch Politiker waren es, die dem Geldgewerbe die Waffe in die Hand drückten und sie entsicherten.

Machtwechsel mit einem »Big Bang«

27. Oktober 1986, London, Unterhaus, eine der berühmtesten Reden von Margaret Thatcher: »Lasst uns die Regeln über Bord werfen, die den Erfolg bremsen«, rief sie dem Parlament zu. Dieser Tag und diese Rede gingen als »Big Bang« in die Geschichte der Londoner City ein. Thatcher strich einen Großteil der Regeln für den Handel an der Börse. Es war, als ob die Briten beim Fußball die Regeln für Abseits und Foulspiel abgeschafft hätten und den Schiedsrichter gleich mit – das Ende des »Gentlemen-Kapitalismus«. Banken durften plötzlich selbst ins Wertpapiergeschäft mit einsteigen. Fast gleichzeitig wurde an der London Stock Exchange der computerbasierte Handel eingeführt. Das schnelle Spiel ohne Regeln lockte Banken aus der ganzen Welt auf die Insel. Vor allem aus den USA, aber auch aus Deutschland.

Der »Big Bang« markiert den Beginn eines weltweiten Wettrennens um Deregulierung des Finanzmarktes. Von nun an wurden Politiker in allen Hauptstädten der westlichen Welt von Lobbyisten der Geldbranche bearbeitet. Die Banker erfanden das Märchen vom scheuen Reh. Genauso flüchtig sei das Kapital. Wenn man es erschreckt, dann läuft es weg, in ein anderes Land.

Auch in Deutschland zeigte das Märchen Wirkung: Bonn, 22. Februar 1990: Die schwarz-gelbe Koalition unter Führung von Helmut Kohl beschloss das erste Finanzmarktfördergesetz, mit dem Ziel, den Handel mit Wertpapieren zu erleichtern. Drei weitere sollten folgen.[35] Zu den vielen Regeln, die darin abgeschafft wurden, gehörte auch die sogenannte Börsenumsatzsteuer. Bis 1991 mussten für jede Finanztransaktion an der Börse ganz selbstverständlich Steuern gezahlt werden. In der Bundesrepublik gab es also bereits eine »Finanztransaktionssteuer«, und kein scheues Reh erschreckte sich. Auch Sozialdemokraten und Grüne surften auf der Welle der Deregulierung. Im Januar 2004 erlaubte die Regierung Gerhard Schröder den Handel mit Hedgefonds, der bis dahin in Deutschland verboten war.

Kaum eine Bank hat sich seit dem »Big Bang« so grundlegend verändert wie die Deutsche Bank. Die neuen Freiheiten genoss sie in vollen Zügen. 1989 übernahm sie die britische Investmentbank Morgan Grenfell. Das Traditionshaus wurde zur Keimzelle des Wandels des größten Geldhauses Deutschlands zu einer Investmentbank.

1995 heuerte der damalige Chef der Deutschen Bank, Hilmar Kopper, einen Investmentbanker des amerikanischen Wertpapierhauses Merill Lynch an: Edson Mitchell. Der baute in London das Investmentbanking für »The Deutsche« auf und brachte dazu gleich eine Schar Jünger mit. Einer von ihnen war der Inder Anshu Jain. Viele fragten sich damals, ob man diesen jungen Wilden die behäbige und seriöse Kultur der Deutschen Bank würde beibringen können. Doch Kopper hatte etwas anderes im Sinn. »Wir wollten ja gerade die neue Kultur der Investmentbank!«[36] Die Shoppingtour ging weiter. 1998 lag Bankers Trust aus den USA im Einkaufskörbchen der Deutschen Bank.

Im Sommer 2012 bestieg Anshu Jain den Chefsessel der Deutschen Bank, zusammen mit Jürgen Fitschen. An der Person des Bankers aus Jaipur zeigt sich die revolutionäre Veränderung des größten deutschen Geldhauses. Er gilt als der Prototyp des angel-sächsischen Turbobankers. Das Fachmagazin *Financial News* kürte Jain 2010 zur einflussreichsten Persönlichkeit der europäischen Finanzindustrie.[37] Zeitweilig sorgte er von London aus für über 80 Prozent der Gewinne der Bank aus Frankfurt. Täglich bewegt der »Regenmacher« Milliarden. Das Wirtschaftsmagazin *Economist* bezeichnet Jain als »Bond-Junkie«, der immer volles Risiko geht.[38] Mit Jains Berufung an der Spitze ist der Umbau der Universalbank zu einer Investmentbank abgeschlossen.

Jains Spezialität, das neue Geschäftsmodell der Deutschen Bank, war in der Geldindustrie alles andere als selbstverständlich. Normalerweise kaufen oder verkaufen Geschäftsbanken Wert-papiere nur im Auftrag ihrer Kunden. Sie handeln nicht selbst, nicht auf eigene Rechnung. Für Investmentbanken hingegen ist der »Eigenhandel« eine selbstverständliche Einnahmequelle. Solange die Investmentbank den Eigenhandel mit eigenem Geld betreibt, bleibt das Risiko einigermaßen überschaubar. Doch seit ihrem Umbau betreibt die Deutsche Bank sowohl das klassische Einlagen- und Kreditgeschäft und handelt gleichzeitig selbst mit Wertpapieren aller Art.

Genau diese Doppelstrategie hatten die USA per Gesetz ver-boten. 1933 unterzeichnete Präsident Franklin Roosevelt den »Glass-Steagall Act«. Eine Lehre aus der Weltwirtschaftskrise von 1929 lautete: Das Geschäft mit Wertpapieren muss vom norma-len Bankgeschäft mit Einlagen, Zinsen und Krediten getrennt werden, damit die Zocker ihre Finger vom Geld der Sparer und der Unternehmen lassen. Der »Glass-Steagall Act« bestimmte darum die strikte Trennung von Investmentbanken und normalen Geschäftsbanken. Über 60 Jahre lang beschützte das Trennban-kensystem den Kapitalmarkt an der Wall Street.

In London und Frankfurt gab es solche Beschränkungen nicht. Als insbesondere die Deutsche Bank nach dem »Big Bang« massiv ins Investmentgeschäft und den Eigenhandel einstieg, blickten die amerikanischen Banken immer neidischer über den Atlantik. Die Deutschen machten Milliardenprofite in einem hochriskanten Spiel, bei dem die Amerikaner nicht mitspielen durften. Die Lobbyisten der Finanzindustrie bearbeiteten die US-Regierung unter Bill Clinton. Das Trennungsgesetz sollte weg. Am 12. November 1999 war es schließlich so weit. Clinton hob den »Glass-Steagall Act« auf.

Thatcher löste lediglich einen »Big Bang« aus. Doch Clintons Entscheidung verursachte ein krachendes Erdbeben, das die Finanzwelt bis heute durchschüttelt. Schon kurz nach der Streichung des Trennungsgesetzes fusionierten auch in den USA die Investmentbanken mit Geschäftsbanken. Was schon die erste Weltwirtschaftskrise ausgelöst hatte, geschieht nun erneut: Die Spekulanten müssen nicht mehr mit dem eigenen Vermögen zocken, sondern haben ungehinderten Zugriff auf das Guthaben der Sparer. »Eigenhandel« mit dem Geld anderer Leute – willkommen im Paradies der legalen Bereicherung.

Undemokratisch, unsozial, antikapitalistisch

Die Einlagen der Geschäftsbanken sind zwar eine unvorstellbare Menge Geld, aber eine begrenzte Menge. Durch die Wettspiele der Quants dringt die Branche in Galaxien vor, die nie ein Mensch zuvor gesehen hat. Nur so konnten die gewaltigen Superbanken entstehen, die den Wohlstand der gesamten Welt bedrohen. Auf dem G-20-Gipfel in Cannes haben die Regierungschefs der 20 wichtigsten Wirtschaftsländer eine Liste von 29 Banken verabschiedet, die sie als »systemrelevant« einstufen. Das Weltfinanzsystem könnte es nicht verkraften, wenn auch nur eine von ihnen pleitegehen würde. Sie sind »Too Big to Fail«.

Marktwirtschaft bedeutet: Ein Unternehmen, das seine Schulden nicht bezahlen kann, muss scheitern. Die schwachen Firmen werden aussortiert und machen Platz für die leistungsfähigen. Die

Pleite ist also kein Konstruktionsfehler der Marktwirtschaft. Sie ist ihr effektivster Steuerungsmechanismus, sie ist ihr Wesenskern. Und ein bedeutender Unterschied zum Kommunismus. Wenn eine Bank nicht pleitegehen darf, weil sie »Too Big to Fail« ist, widerspricht sie damit den ehernen Gesetzen der Marktwirtschaft. Die Banken, die Gralshüter des Kapitalismus, haben sich im Innersten ihrer Überzeugung in ihr Gegenteil verkehrt: Die größten Banken der Welt sind antikapitalistisch.

Für ein Unternehmen ist jedoch keine komfortablere Situation denkbar, als »systemrelevant« zu sein. »Too Big to Fail« bedeutet, auf der sicheren Seite angekommen zu sein. Denn die Steuerzahler sind die beste Versicherung. So genießen die Großbanken Privilegien aus zwei Welten: Gewinne wie im Kapitalismus, Sicherheit wie im Kommunismus.

»Too Big to Fail« heißt also »survival of the fattest«. Wer überleben will, muss Gewicht zulegen. Beatrice Weber di Mauro, Ökonomieprofessorin und Mitglied des Sachverständigenrates der Bundesregierung warnt daher vor »massiven Verzerrungen und Fehlanreizen im Finanzsektor«. In den Staatsgarantien sieht die Wirtschaftsweise einen Anreiz zu übermäßigem Wachstum. »Das Problem ist, dass die Gläubiger der systemrelevanten Finanzinstitute dies wissen, dass sie implizit eine Garantie durch den Staat genießen und dass diese wie eine Subvention wirkt.«[39]

Eigentlich war es das erklärte Ziel der Regierungen, ein globales Regelwerk zu schaffen, um die bedrohliche Größe der Superbanken zu reduzieren. Aus wenigen Großbanken sollten viele kleine werden. Doch das Gegenteil ist geschehen. Die fünf Wirtschaftsweisen zeigen dies in ihrem Jahresgutachten 2011/2012.[40] Sie setzen die zehn größten Banken der Welt in Relation zu den 1000 größten. 2007, zu Beginn der Bankenkrise, verfügten die Top Ten über 19 Prozent der Bilanzsumme der größten 1000. Im Jahre 2009 ist ihr Anteil nicht wie beabsichtigt gesunken, sondern auf 26 Prozent emporgeschnellt. Der Sachverständigenrat warnt, es gebe noch immer »kein effektives Aufsicht- und Insolvenzregime für systemrelevante Finanzinstitute«.

Sozialstaat bedeutet: Die Starken helfen den Schwachen. In der Bankenkrise ist es genau anders herum: Die Steuerzahler müssen die gigantischen Vermögen des reichsten einen Prozents retten. Wer sind die Steuerzahler? Nicht die Oberschicht.

Die Wettspiele der Geldelite bedrohen die gesamte Volkswirtschaft, dennoch verlangt das Finanzamt von den vermögenden Zockern nur einen symbolischen Steuersatz. Die Kapitalertragssteuer hat darum nur einen Anteil von 2,7 Prozent am gesamten Steueraufkommen. Schon die Tabaksteuer bringt mit 2,8 Prozent dem Finanzminister mehr Geld in die Staatskasse.[41] In den vergangenen Jahrzehnten haben die verschiedenen Bundesregierungen die besitzende Klasse mit großzügigen Steuergeschenken verwöhnt. Die »Gewinnsteuern«, die typischen Steuern der Reichen, trugen 1960 noch zu 35 Prozent zu den Staatseinnahmen bei. Die »Massensteuern« (Mehrwertsteuer, Mineralölsteuer, Lohnsteuer), die von der Masse der Gesellschaft aufgebracht werden, lagen damals bei 38 Prozent. Bis 2010 ist der Anteil der »Gewinnsteuern« auf unter 20 Prozent geschrumpft, während sich die »Massensteuern« mit 71 Prozent fast verdoppelt haben.[42]

Die Oberschicht überlässt die Finanzierung des Staates weitgehend der Mittelschicht. Mit dem Geld, das der Fiskus vor allem den normalen Arbeitnehmern abzieht, werden die Schäden ausgeglichen, die von der Geldelite und der Geldindustrie verursacht wurden. Die Schwachen retten die Stärksten.

Demokratie bedeutet: Alle Macht geht vom Volk aus. Der Souverän hat jedoch eine mächtige Konkurrenz bekommen: die Banken. Drei Viertel der Deutschen wünschen sich eine stärkere Regulierung der Finanzbranche. Aber genauso viele glauben, dass es nicht so kommen wird. 73 Prozent der Bürger sind überzeugt, dass Banken inzwischen mehr Einfluss haben als gewählte Politiker.[43] Sie haben Recht. Die Regierungen der G20-Staaten haben sich dazu verpflichtet, Maßnahmen zu treffen, um die bedrohlich großen Banken zu verkleinern. Die betreffenden Finanzinstitute hat das nicht beeindruckt. Allein in den ersten beiden Jahren der Bankenkrise haben die zehn größten Banken der Welt ihren Anteil am weltweiten Geldgeschäft um mehr als ein Drittel steigern können.[44]

Zu den Regulierungen, die von den Bürgern gefordert werden, gehört auch das Trennbankensystem, die Trennung der Investmentbanken von den normalen Geschäftsbanken. Auch der Sachverständigenrat der Bundesregierung verlangt dieses Regulierungsinstrument:»Mit dieser organisatorischen Aufteilung der Bankgeschäfte sollen diejenigen Geschäftsbereiche isoliert werden, deren Fortbestand lebensnotwendig für die Volkswirtschaft im Allgemeinen und die privaten Bankkunden im Besonderen ist.«[45] Doch die Wirtschaftsweisen sind realistisch. In ihrem Gutachten gehen sie davon aus, dass den nationalen Regierungen die Kraft fehlen wird, diese Regelung durchzusetzen.

Gleiches gilt auch für die Erhöhung der Eigenkapitalquoten der Finanzinstitute. Schon bevor die Finanzindustrie 2008 kollabierte, hatten die Regierungen der G20-Staaten erkannt, dass die Banken ihre Milliardengeschäfte dringend mit mehr Eigenkapital absichern müssen. Mit dem Geld, das sie zur Sicherheit zur Seite legen müssen, können die Geldhäuser nicht spekulieren. Für Banker ist es totes Kapital. Darum wehren sie sich gegen alle Versuche, sie zu mehr Sicherheitsreserven zu zwingen. Mit Erfolg: Die Eigenkapitalquote soll künftig im sogenannten Basel-III-Abkommen geregelt werden. Doch die Bestimmungen werden bereits im Vorfeld fortwährend verwässert und gelockert. Und treten nicht einmal in Kraft.

Beim Souverän der Bundesrepublik ist vor allem die Finanztransaktionsteuer beliebt. 58 Prozent der Bürger befürworten ihre Einführung.[46] Sie können nicht verstehen, warum auf sämtliche Geschäfte der realen Wirtschaft Steuern anfallen, während ausgerechnet die riskanten Transaktionen an den Finanzmärkten das Privileg der Steuerfreiheit genießen. Das war nicht immer so.

Bis 1990 galt in Deutschland die »Börsenumsatzsteuer«. Damals brachte sie dem Fiskus gerade mal umgerechnet 420 Millionen Euro ein. Durch die Vervielfältigung der Finanzgeschäfte wären heute auch die Steuereinnahmen um ein Vielfaches höher: bis zu 12 Milliarden Euro in Deutschland, EU-weit könnten die Finanzminister insgesamt 57 Milliarden Euro einnehmen. Jedes Jahr.[47] Doch bei der Finanztransaktionsteuer sind die Einnahmen nicht von entscheidender Bedeutung. Diese Steuer soll vor allem steuern. Sie soll den Handel an den Kapitalmärkten entschleunigen. Es ist eine Steuer gegen den Hochfrequenzhandel. Wenn bei jedem Besitzerwechsel eines Wertpapiers eine Abgabe fällig wird, und sei sie noch so gering, dann ist der Handel im Millisekundentakt kaum noch profitabel und realisierbar.

Genau das will die große Mehrheit der Bürger. Genau das will die große Mehrheit der gewählten Volksvertreter. Genau das strebt sogar die Bundesregierung an. Doch die Räder der Finanzwirtschaft stehen noch lange nicht still, nur weil der starke Arm der Demokratie es so will. Im März 2012 gab Bundesfinanzminister Wolfgang Schäuble bekannt, dass alle Bemühungen, die Steuer auf Finanzgeschäfte einzuführen, am Widerstand Großbritanniens, genauer: am Widerstand der Londoner Banken gescheitert sind: »Das kriegen wir nicht hin«, resignierte Schäuble.[48]

Wirtschaftsnobelpreisträger Amartya Sen bringt seine Beobachtungen zur Bankenrettung in Europa auf den Punkt: »In Europa erleben wir ein Versagen der Demokratie.«[49] Die Machtfrage zwischen Bürgern und Banken ist geklärt.

Die Geldindustrie widerspricht also allen Grundsätzen, die für das Funktionieren unserer Gesellschaft unverzichtbar sind: Sie ist antikapitalistisch, unsozial und undemokratisch. In weiten Teilen widerspricht sie den Gesetzen der ökonomischen Vernunft. Und sie verstärkt die Zentrifugalkräfte in der Gesellschaft, weil sie eine winzige Minderheit von Reichen noch unermesslich viel reicher macht.

6 GIGANTEN

Die einen interessieren sich für Menschen, die anderen für Zahlen. Die einen putzen Behinderten die Zähne, beschützen Kinder vor ihren prügelnden Eltern und geben Obdachlosen ein warmes Bett. Und das für einen bescheidenen Lohn. Die anderen kümmern sich um die Gewinner der Gesellschaft, fliegen im Privatjet zum Meeting und zocken mit dem Geld der Welt. Und kassieren dafür astronomisch hohe Boni. Helfer und Banker, die Guten und die Gierigen – kann es einen größeren Gegensatz geben?

Wer sich jedoch traut, die Brille der Vereinfachung abzusetzen, wird bald Unerwartetes erkennen: Hinter der Fassade der Gegensätzlichkeit sind ausgerechnet die Welten des Sozialen und des Geldes in vielen Punkten verblüffend ähnlich.

Beginnen wir mit der Größe: Banker und Helfer sind die Giganten der deutschen Volkswirtschaft. Die Finanzwirtschaft kontrolliert das meiste Geld. In der Sozialwirtschaft arbeiten die meisten Beschäftigten. Geldindustrie und Hilfsindustrie, das bedeutet in Deutschland: Kapital und Arbeit.

Arbeitsplätze und Geld, damit ist Macht verbunden. Die angeblichen Kontrapunkte setzten ihre Macht für dieselbe Sache ein, sie erzielen denselben Effekt. Beide wirken mit am Auseinanderdriften der Gesellschaft. Sie sind die ökonomischen Helfershelfer der Parallelgesellschaften, der Oberschicht und der Unterschicht. Die Geldindustrie macht die Reichen reicher. Die gigantische Umverteilung des Vermögens nach oben ist auch ihr Werk. Leistungsloses Einkommen durch Kapitalgeschäfte, das typische Einkommen der Vermögenden, wäre ohne die Methoden der wundersamen Kapitalvermehrung nicht denkbar. Die Banken ermöglichen den Lebensstil der Oberschicht.

Die Aktivitäten der Sozialwirtschaft sind auf die Unterschicht als ihren zentralen Markt ausgerichtet. Sie haben ein starkes ökonomisches Interesse daran, dass möglichst viele Menschen Hilfe in Anspruch nehmen. Helfer brauchen Hilfsbedürftige. Mit ihren Methoden organisiert die Hilfsbranche das Leben von Millionen auf der Basis von leistungslosem Transfereinkommen. Sie erleichtert die Lebensformen, die sich in der Unterschicht entwickelt haben.

Die Geschäftsmodelle der Finanzwirtschaft und der Wohlfahrtsindustrie basieren also auf einem möglichst großen Abstand der Parallelgesellschaften zur Mitte. Die stärksten Mächte der deutschen Volkswirtschaft sind die ökonomischen Zentrifugen des Gemeinwesens. Und beide leben auf Kosten des Steuerzahlers. Wie hoch die Kosten jeweils sind, kann niemand exakt beziffern. Auch nicht ungefähr. Nicht mal auf ein paar Milliarden genau. Intransparenz gehört zu den wesentlichen Gemeinsamkeiten zwischen der Wohlfahrt und dem Finanzmarkt. Weder Banker noch Helfer haben ein Interesse daran, dass Kosten und Nutzen – die volkswirtschaftlichen Basisinformationen – für ihre Geschäftsfelder ermittelt und erkennbar werden. Bürger und Politik sind auf Daumenpeilungen angewiesen, auf plausible Abschätzungen der Größenordnung.

Etwa zwei Millionen Arbeitnehmer verdienen ihren Lebensunterhalt als professionelle Helfer. Das sind drei Mal so viel Beschäftigte wie in der gesamten Automobilindustrie.[1] Rechnet man alle Personal- und Sachkosten zusammen, kommen Experten auf Summen von 115 bis 140 Milliarden Euro, die jährlich aus öffentlichen Mittel aufgebracht werden müssen. Vermutlich fließt jeder fünfte Steuereuro auf das Konto eines Hilfsunternehmens.

Selbst diese grobe Kalkulation wirkt beinahe wie eine exakte Rechnung, wenn man sie mit dem Versuch vergleicht, die Kosten abzuschätzen, die das Geldgeschäft dem Steuerzahler aufbürdet. Teuer wurde es für den Staat erst durch die Bankenkrise. Die

Steuerzahler mussten einspringen, um gescheiterte Finanzinstitute vor der Pleite zu retten. Anders als bei der Hilfsindustrie, konnte der Fiskus diese ungeplanten Ausgaben in Milliardenhöhe nicht aus dem laufenden Haushalt finanzieren. Der Finanzminister musste neue Schulden aufnehmen. Sie belaufen sich auf etwa 20 Prozentpunkte des Bruttoinlandsproduktes (BIP). Die Kosten, die der Staat für die Bankenrettung aufbringen muss, erreichen also die gleiche Dimension wie die der Wiedervereinigung.[2]

Damit wird eine weitere Parallele zwischen Hilfsindustrie und Finanzwirtschaft deutlich: Beide sind die mit Abstand teuersten Kostgänger des Staates.

Jede Belastung der Steuerzahler ist in Wahrheit eine Belastung der Mittelschicht. Die Unterschicht trägt nicht zum Steueraufkommen bei und lebt von Transferzahlungen des Sozialstaates. Die Oberschicht hat ihren Anteil am gesamten Steueraufkommen in den letzten Jahrzehnten halbiert. Die fehlenden Einnahmen gleicht das Finanzamt aus, indem es sich vor allem bei der arbeitenden Mitte bedient. Sie finanziert inzwischen drei Viertel aller staatlichen Ausgaben.[3] Über den Umweg der Helfer und der Banker wird das Geld vom Zentrum in die Ränder gepumpt. Die Mittelschicht subventioniert die beiden Branchen, die sie in ihrer Existenz bedrohen.

Banken und Hilfsfirmen erleben die öffentliche Hand vor allem als gebende Hand, nicht als nehmende. Ihre Sonderbehandlung zeigt der Staat nicht nur bei der großzügigen Verteilung von direkten Zahlungen. Zusätzlich genießen sie weitgehende Steuerprivilegien. So werden die Unternehmen der Sozialwirtschaft vom Finanzamt fast durchgängig als »gemeinnützig« anerkannt. Meist wählen sie die Rechtsform eines eingetragenen Vereins (e.V.) oder einer gemeinnützigen GmbH. Auf diese Weise sind sie von der Körperschaftssteuer und der Gewerbesteuer befreit.

Auch für Finanzinstitute gelten einmalige Steuervorteile. Beim Verkauf jeder Ware verlangt das Finanzamt Mehrwertsteuer. Ist die Ware jedoch ein Wertpapier, wird keine Steuer fällig. Die Bevorzugung von Geldgeschäften wird auch beim Einkommen deutlich. Vom Arbeitseinkommen zieht der Fiskus Einkommenssteuer bis zu einem Steuersatz von 45 Prozent ab. Wer jedoch sein Geld für sich arbeiten lässt, für den gilt die niedrige Kapitalertragssteuer von pauschal 25 Prozent.

Die größten und für den Staat teuersten Branchen Deutschlands beteiligen sich selbst nicht an der Finanzierung der Gemeinschaftsaufgaben. Der Fiskus verzichtet großzügig auf eine Besteuerung, die für den Rest der Wirtschaft selbstverständlich ist. Die Geldwirtschaft und die Hilfswirtschaft sind die größten Steueroasen im deutschen Finanzstaat.

Das Wirtschaftswunder in den Parallelwirtschaften

Die staatlichen Anreize wirken. Beide Branchen haben in den vergangenen zwei Jahrzehnten wahre Wirtschaftswunder erlebt und wuchsen um ein Vielfaches schneller als die Volkswirtschaft insgesamt. Betrachten wir stellvertretend für die Finanzwirtschaft die Deutsche Bank: Noch 1991 war die jährliche Leistung der gesamten deutschen Wirtschaft sechseinhalb Mal größer als die Bilanzsumme der Deutschen Bank. Inzwischen hat diese eine Bank allein die Volkswirtschaft der Bundesrepublik fast eingeholt.

»Unbekanntes Wirtschaftswunder Sozialbranche« war der Titel eines Kongresses, auf dem sich die Helfer im Frühjahr in Berlin selbst feierten. Der Boom im Geschäftsfeld der Hilfe verläuft im Stillen. Die Gesellschaft nimmt ihn kaum zur Kenntnis. Dennoch ist die Entwicklung beeindruckend: In den vergangenen 15 Jahren wuchs die Wohlfahrtsindustrie sechs bis sieben Mal schneller als die gesamte Wirtschaft. Die Zuwächse in den Geschäftsfeldern Hilfe und Geld dringen also in Regionen vor, die gemeinhin für die Informations- und Kommunikationsbranche vorbehalten schienen.

Für die Unternehmen aus beiden Branchen ist Wachstum nicht lediglich ein ökonomisches Ziel, sondern ein existenzieller Zwang. Gemeinnützige Organisationen dürfen keinen Gewinn machen, sonst verlieren sie ihre steuerlichen Privilegien. Doch die Vereine und Firmen der Wohlfahrtsbranche erwirtschaften zum Teil erhebliche Überschüsse. Das Gesetz zwingt sie, jeden Euro, der am Ende des Jahres auf der Habenseite übrig bleibt, in neue Hilfsangebote zu investieren. Für die dann zusätzliche Hilfsbedürftige gefunden werden müssen. Deren Betreuung erneut Überschüsse in die Kassen schwemmt. Der Teufelskreis des Wachstums.

Auch für viele Finanzinstitute ist die Steigerung der Bilanzsumme eine Überlebensfrage. Spätestens die aktuelle Krise auf den Finanzmärkten hat die Branche gelehrt: Mit der Größe einer Bank wächst der Druck auf die nationalen Regierungen, sie in der Not zu retten. Gerade die großen Banken haben darum in der jüngsten Vergangenheit immense Anstrengungen unternommen, um sich weiter aufzupumpen. Das Wachstumsziel heißt »Too Big to Fail«. Für die Gesellschaften bedeuten die gigantischen »systemrelevanten« Banken eine Bedrohung ihres Wohlstandes. Für die Geldtanker selbst ist »Too Big to Fail« der sicherste Hafen, den sie anlaufen können. Der Steuerzahler ist ihre beste Versicherung.

Die beiden größten Branchen der deutschen Volkswirtschaft sind anders als alle anderen. Die Frage, ob das Ergebnis ihrer Arbeit überhaupt als Wertschöpfung bezeichnet werden kann, ist unter Wissenschaftlern umstritten. Sicher jedoch ist: Beide gehören nicht zur Realwirtschaft. Die Industrien der Parallelgesellschaften haben sich ihre Parallelwirtschaften geschaffen. Und während die Realwirtschaft um jedes Zehntel an Wirtschaftswachstum verbissen kämpfen muss, erleben die Parallelwirtschaften der Ober- und der Unterschicht einen nie gekannten Boom.

Wirtschaftswachstum ist positiv. Es ist das Ziel aller Volkswirtschaften, ein Maßstab für den Erfolg von Politik. Doch die

Entwicklung an den Finanzmärkten hat gezeigt, dass nicht jeder Boom dem Wohl der Allgemeinheit dient. In der Geschichte der Finanzwirtschaft kam es immer wieder zu gewaltigen Spekulationsblasen, gefolgt von brutalen Zusammenbrüchen. In den vergangenen zwei Jahrzehnten haben die Banken erneut ein geradezu explosionsartiges Wachstum des virtuellen Geldes produziert. Der Handel mit synthetischen Finanzmarktprodukten, mit Wertpapieren, die keinen Bezug haben zum realen wirtschaftlichen Geschehen, hat ein Volumen von 600 Billionen Dollar im Jahr erreicht. Das entspricht dem Zehnfachen der realen Wirtschaftsleistung aller Menschen der Welt.[4] Es ist die größte Spekulationsblase in der Geschichte der Banken.

Mit dieser Dimension kann man die Fehlentwicklungen beim Geschäft mit der Hilfe nicht vergleichen. Die Wohlfahrt bedroht den Wohlstand der Gesellschaft nicht. Hilfe ist ein lokales Geschäft, kein globales. Dennoch werden nicht nur an den Kapitalmärkten Blasen produziert. Das Phänomen ist in Ansätzen auch im Sozialmarkt zu beobachten. Deutschland erlebt tatsächlich einen Anstieg an Menschen, die Hilfe brauchen, weil der Anteil der Überforderten zunimmt. Doch der Ausbau der Hilfsangebote hat sich vom Bedarf weitgehend abgekoppelt. Die Hilfsbedürftigkeit kann mit dem rasanten Wachstum der Hilfsindustrie nicht Schritt halten.

Besonders deutlich wird das bei der Entwicklung der Behinderten in Deutschland. Seit 1994 hat sich die Zahl der amtlich registrierten Behinderten verdoppelt.[5] In dem Anstieg zeigt sich keine Veränderung der Volksgesundheit, sondern eine Veränderung der Bewertung. Davon betroffen sind vor allem Kinder bildungsferner Eltern aus der Unterschicht, deren systematische Benachteiligung eines der Merkmale unseres Bildungssystems darstellt. Kinder, die in der Schule nicht mitkommen, werden nicht innerhalb des Schulsystems gefördert, sondern in steigender Zahl als »lernbehindert« eingestuft – eine Kategorie der Behinderung, die es so nur in Deutschland gibt. Fast die Hälfte aller behinderten Kinder sind inzwischen »lernbehindert.« Auf diese Weise werden zahlreiche Kinder der Unterschicht schon zu Beginn ihres Lebens zu Kunden der Hilfsindustrie. Denn fast 85 Prozent aller Kinder mit »besonderem Förderbedarf« besuchen eine spezielle Förderschule.[6] Träger dieser Förderschulen ist in aller Regel nicht der Staat selbst, sondern ein Unternehmen der Wohlfahrtsbranche.

Mit wirksamer Hilfe hat das wenig gemein. Eine Vielzahl nationaler und internationaler Studien belegt, dass die Separierung von behinderten Kindern ihre Entwicklung nicht fördert. 76 Prozent verlassen die Förderschule ohne einen Hauptschulabschluss. Für die Helfer ist das eine erfreuliche Nachricht. Wer eine Förderschule ohne Abschluss verlässt, bleibt der Branche meist ein Leben lang als Stammkunde erhalten. Der Wachstumsmarkt der Behindertenhilfe ist ein Beispiel für ein Blase in der Sozialwirtschaft.

Der Rückzug des Staates

Die Entstehung der Blasen in den Parallelwirtschaften offenbart ein Versagen der Regelungsmechanismen. Die »Checks and Balances«, die in der Realwirtschaft für ein funktionsfähiges Gleichgewicht sorgen, gelten für die Giganten der Volkswirtschaft nur eingeschränkt. Die Politik hat die erstaunliche Entwicklung nach Kräften gefördert. Nicht nur mit Geld, sondern insbesondere auch durch eine massive Deregulierung beider Branchen in den 90er Jahren.

Nachdem Margret Thatcher 1986 in einem »Big Bang« einen Teil der Regeln für den Handel an der Börse abschaffte, begann auf der ganzen Welt ein Wettlauf der Deregulierung der Finanzwelt. Auch Deutschland beteiligte sich daran und strich mehrere Gesetze, die dem Geldgeschäft bis dahin Struktur und Sicherheit gegeben hatten.

Zur selben Zeit fand die wirtschaftliche Befreiungsbewegung auch in der Welt des Sozialen ihre Entsprechung. Staatliche Stellen zogen sich immer weiter aus den konkreten Hilfsangeboten zurück. Das Geschäftsfeld der Hilfe wurde beinahe vollständig »outgesourced« an sogenannte freie Träger – Unternehmen der Wohlfahrtsbranche.

Die Kinder- und Jugendhilfe wurde zu einem besonders leistungsstarken Wachstumsmotor der gesamten Sozialbranche, weil der Rückzug der staatlichen Helfer hier besonders weit gegangen ist. Die Jugendämter sind gesetzlich zur Privatisierung der Angebote verpflichtet. Sie dürfen keine eigenen Maßnahmen anbieten, wenn freie Träger den Job übernehmen wollen.[7] Den staatlichen Stellen ist es nicht nur verboten, den Sozialfirmen mit eigenen Hilfsangeboten Konkurrenz zu machen. Sie dürfen nicht einmal mehr darüber entscheiden, wer den Zuschlag für die lukrativen Aufträge erhält. Bei der Vergabe von Hilfsarbeiten in der Jugendhilfe ist nicht das Jugendamt, sondern der Jugendhilfeausschuss das höchste Entscheidungsgremium.[8] Stimmberechtigte Mitglieder in diesem Ausschuss sind ausdrücklich auch Vertreter der örtlichen Wohlfahrtsunternehmen. Die Firmen sind also Auftraggeber und Auftragnehmer in einem.

Warum wird dieser offensichtliche Interessenkonflikt als solcher nicht wahrgenommen, weder von den Akteuren selbst, noch von der Politik und erst recht nicht von der Öffentlichkeit? Weil es dieser Gesellschaft bislang nicht bewusst ist, dass Helfer eigene Interessen haben. Auch kommerzielle. Und diese Interessen decken sich nicht unbedingt mit denen der Gesellschaft oder der Hilfsbedürftigen.

Was die Banken betrifft ist der gesellschaftliche Erkenntnisprozess in dieser Frage schon deutlich weiter. In den Jahren seit Beginn der Finanzmarktkrise haben die Deutschen dazugelernt. Doch noch zur Jahrtausendwende sahen viele Kunden in den Bankern unabhängige, seriöse Berater. Es wirkte so uneigennützig, wenn die freundlichen Menschen in den Bankfilialen über Geldanlage sprachen und todsichere Finanzprodukte vorschlugen. Erst später – oft zu spät – wurde den Kunden bewusst: Banker handeln nach eigenen Interessen. Sie beraten nicht, sie verkaufen. Und genau wie Autoverkäufer oder Staubsaugervertreter arbeiten sie auf Provisionsbasis.

Wie für alle anderen Akteure der Wirtschaft ist es auch für Banker und professionelle Helfer legitim, eigene Interessen zu haben und zu verfolgen. In anderen Branchen wird offen mit dem selbstverständlichen Gewinnstreben der Beteiligten umgegangen. Alle wissen, woran sie sind. Doch wenn es um Geld oder Hilfe geht, gehört die Verschleierung wirtschaftlicher Interessen zum üblichen Geschäftsgebaren.

Die Anmaßung gegenüber der Demokratie

Die größten Branchen der Volkswirtschaft haben nicht nur kommerzielle Interessen, sondern auch politische. Und sie wissen sie durchzusetzen. Zu diesem Zweck unterhalten sie höchst einflussreiche Netzwerke des politischen Lobbyismus. Die Autoren Sascha Adamek und Kim Otto haben in ihrem Buch *Der gekaufte Staat* gezeigt, dass der Lobbyismus seinen Aktionsradius über die Welt der Hinterzimmer und der Sterne-Restaurants hinaus ausgedehnt hat und inzwischen in den Ministerien selbst angekommen ist.[9] So stellte etwa der Bundesverband Investment und Asset Management (BVI) dem Finanzministerium großzügig eine Mitarbeiterin zur Verfügung. Die »Leihbeamtin« hatte zwar einen Schreibtisch im Ministerium, wurde aber weiterhin vom BVI bezahlt. In der Abteilung »Nationale und Internationale Finanz- und Währungspolitik« wirkte sie maßgeblich an der Formulierung jenes Gesetzes mit, dass schließlich die Zulassung von Hedgefonds in Deutschland erlaubte. Die Finanzindustrie schreibt sich ihre Gesetze gleich selber.

Von solchen Beispielen haben sich die Sozialverbände einiges abgeschaut. Auch sie »leihen« ihre fähigsten Mitarbeiter inzwischen an die Bundesregierung aus. Mit Schreibtisch und Durchwahlnummer sitzen sie im Sozialministerium und wirken mit an der Formulierung der Sozialgesetze. Auch die Hilfsindustrie schreibt sich ihre Gesetze selber. Dabei hat die Wohlfahrt insgesamt keinen Nachholbedarf, was die Beeinflussung von politischen Entscheidungen angeht. 35 Prozent aller Bundestagsabgeordneten besetzen eine Vorstands- oder Leitungsfunktion in einem Unternehmen oder Verband der Sozialwirtschaft.[10]

Wenn die Finanz- und die Hilfswirtschaft die Politik beeinflussen wollen, dann geht es für sie nur um Details, keinesfalls um existenzielle Fragen. Sie haben längst eine Stellung erreicht, die selbst von demokratischen Entscheidungsprozessen nicht mehr infrage gestellt werden kann. Die großen Finanzinstitute sind »Too Big to Fail«. Ob sie wollen oder nicht: Die Staaten sind gezwungen, sie mit Steuergeldern in Milliardenhöhe zu retten, wenn sie nicht den Wohlstand der gesamten Gesellschaft gefährden wollen. Daran können auch Wahlen nichts ändern.

Die großen Wohlfahrtsverbände sind Konzerne mit bis zu einer halben Million Beschäftigten. Selbst wenn sich Wähler, Parteien und die gewählten Vertreter in den Parlamenten einig wären, hätten sie nicht die Macht, den Sozialmarkt zu verstaatlichen und die vielen Hilfsleistungen künftig von staatlichen Stellen selbst anbieten zu lassen. Selbst eine teilweise Rückkehr zu einem öffentlich organisierten Hilfssystem ist nicht mehr denkbar. Die Hilfsindustrie ist »Too Big to Change«.

Zum Kern der Demokratie gehört es, dass einmal getroffene Entscheidungen stets revidiert werden können. Beim Sozialmarkt und bei den Banken ist das nicht mehr möglich. Sie haben sich allein durch ihre Größe dem Zugriff der Demokratie entzogen.

Die Banker stört das nicht. Das Recht, ganze Volkswirtschaften abzustrafen, nehmen sie sich einfach. Sie vertrauen dem

Urteil von Ratingagenturen. Sie zweifeln nicht an der Genialität ihrer mathematischen Modelle. Sie glauben an die Effizienz »der Märkte«. Sie sind überzeugt von ihrer eigenen Überlegenheit gegenüber der alten, lahmen Demokratie.

Auch die professionellen Helfer haben ein Problem mit der Demokratie. Sie reklamieren für sich das Recht, zu definieren, welche Lebenssituation überhaupt der Hilfe bedarf. Sie wollen entscheiden, wer welche Hilfe bekommt und wer die Hilfe leistet. Sie sind überzeugt von ihrer eigenen Überlegenheit gegenüber einem staatlichen Hilfssystem, das von den lahmen demokratischen Institutionen gesteuert wird.

Eines der wesentlichen, gemeinsamen Merkmale der Giganten der deutschen Volkswirtschaft ist ihre Anmaßung gegenüber der Demokratie.

SCHLUSSBEMERKUNG

Am Ende ist keine Lösung.

Nach über 220 Seiten Beschreibung und Analyse gravierender Fehlentwicklungen wünscht sich jeder Leser Vorschläge zur Beseitigung der Probleme. Ein verständlicher Wunsch, doch ich kann ihn nicht erfüllen. Es wäre eine Anmaßung zu glauben, ausgerechnet ich wüsste die Lösung, die allen anderen bislang verborgen geblieben ist.

Der Beitrag eines Journalisten kann nur Aufklärung sein, bestenfalls. Journalisten schreiben, was ist, nicht, was sein soll. Sollte mir das gelungen sein, die Leser aufzuklären über ein drängendes Problem unserer Gesellschaft, hätte ich mein Maximalziel erreicht.

Wer die Dimension der Problemlage, die in diesem Buch beschrieben wird, ernst nimmt, muss einsehen, dass es den Schalter nicht gibt, den man nur umlegen muss, und schon sind alle Schäden beseitigt. In den vergangenen Jahrzehnten wurden viele Weichen falsch gestellt, wurde an vielen Kreuzungen falsch abgebogen. Aus dieser verfahrenen Situation führt keine schnelle Abkürzung heraus. Die notwendigen Veränderungen müssen mit den alten, schwerfälligen Methoden einer demokratischen Gesellschaft erreicht werden, eine andere Möglichkeit gibt es nicht. Das wird lange dauern. Was über Generationen entstanden ist, braucht Generationen, um es zu korrigieren.

ANMERKUNGEN

Die Oberschicht

1 *manager magazin*, Die 500 reichsten Deutschen, 11/2011
2 World Wealth Report, Juni 2011, Merrill Lynch Global Wealth Management und Capgemini http://www.de.capgemini.com/insights/publikationen/world-wealth-report-2011/
3 Deutscher Bundestag; Drucksache 16/9915, Lebenslagen in Deutschland – Dritter Armuts- und Reichtumsbericht, 30.6.2008
4 Michael Hartmann; Der Mythos von den Leistungseliten, Frankfurt am Main, 2002. Hartmanns Standardwerk ist zwar bereits vor zehn Jahren erschienen, seine Zahlen stammen teilweise noch aus den 90er Jahren, doch es ist noch immer die jüngste Elitenstudie in Deutschland.
5 Mit Michael Hartmann habe ich ein längeres Interview geführt.
6 Mit Markus Grabka habe ich ein längeres Interview geführt.
7 Wolfgang Lauterbach, Thomas Druyen, Matthias Grundmann; Vermögen in Deutschland, Wiesbaden, 2011
8 Mit Wolfgang Lauterbach habe ich ein längeres Interview geführt.
9 Mit Sighard Neckel habe ich ein längeres Interview geführt.
10 *Der Spiegel*, 9/2012 bis 12/2012
11 *Der Spiegel*, 10/2012, S. 72
12 Walter Wüllenweber; »Das Märchen von der Chancengleichheit«, *stern*, 30/2003
13 Walter Wüllenweber; »Reichtum durch Arbeit ist etwas für Anfänger«, *stern*, 13/2012
14 Laut PKS ist die Zahl der bekannt gewordenen Straftaten in diesem Zeitraum insgesamt von etwa 6,5 Millionen auf etwa 6 Millionen zurückgegangen http://www.bka.de/nn_193236/DE/Publikationen/PolizeilicheKriminalstatistik/pks_node.html?_nnn=true
15 Niall Ferguson; Der Aufstieg des Geldes, Berlin, 2009, verwendete Auflage 2011
16 Mit Michael Schramm habe ich ein längeres Interview geführt.
17 *Börsen-Zeitung*, 4.12.2011, S. B10
18 http://www.oecd.org/document/54/0,3746,de_34968570_35008930_49176950_1_1_1_1,0 0.html
19 Lauterbach u. a.; 2011, S. 72

20 Joachim Schwalbach; Vergütungsstudie 2010, Berlin, 2010
   http://www2.wiwi.hu-berlin.de/institute/im/_html/
   Verguetungsstudie_2010.pdf

21 Siehe dazu auch: Michael Schuman; »How to Save Capitalism«, *Time*,
   30.1.2012, S. 32

22 Joachim Frick, Markus Grabka, Richard Hauser; Die Verteilung der
   Vermögen in Deutschland, Berlin, 2010, S. 36. Das obere Dezil verfügt
   über 23,3 Prozent der Einkommen, aber über 66,6 Prozent des Vermögens.

23 Frick u. a., S. 36

24 Joachim Bach, Martin Beznoska, Viktor Steiner; A Wealth Tax on
   the Rich to Bring down Public Dept?, SOEPpapers 397, Berlin, 2011,
   S. 11

25 Markus Grabka; Wochenbericht des DIW, Nr. 4/2009, Berlin, 2009,
   S. 55. Allgemein wird von einem niedrigeren Gesamtvermögen ausgegangen. Ich halte die Berechnungen des SOEP für überzeugend.

26 Bach, Beznoska, Steiner; 2011, S. 11

27 *stern,* 26/2010, S. 26

28 Kunst als Geldanlage http://www.fachgruppe-geld.de/artikel/448

29 *Die Welt;* 7.1.2012, S. 29

30 Lauterbach, Druyen, Grundmann; 2011, S. 72ff.

31 Grabka; Wochenbericht des DIW, 2009

32 Mit Thomas Perry habe ich ein längeres Interview geführt.

33 Thomas Perry, Oliver Tabino, Kerstin Klär; Typologie des Erfolgs,
   Wealth Management Studie für die HypoVereinsbank, 2007
   Thomas Perry, Oliver Tabino; Klischees verlassen, die Realität verstehen,
   Wealth Society Report für die HypoVereinsbank, 2010

34 *Der Spiegel,* 4/2012, S. 33

35 *DIE ZEIT,* 1.10.2010, S. 82

36 Zu diesem Ergebnis kommen übereinstimmend die beiden Beratungsunternehmen für Internate: Euro-Internatsberatung GmbH in München sowie »Töchter und Söhne« in Wiesbaden.

37 John Kenneth Galbraith; Der große Crash 1929; 4. Auflage, München,
   2009, S. 216

38 John Kenneth Galbraith; Eine kurze Geschichte der Spekulation,
   Frankfurt am Main, 2010, S. 29

39 Galbraith; 2010, S. 28

40 Leider existieren keine neueren Zahlen als die von Hartmann von 2002.
   Michael Hartmann arbeitet intensiv an einer Aktualisierung der Daten.
   Sein vorläufiger Eindruck: Die beschriebene Entwicklung hat sich eher
   noch verstärkt.

41 Sighard Neckel; »Das Debakel der Finanzeliten: Krise der Erfolgskultur«, S. 72–78, in: Strukturierte Verantwortungslosigkeit, Berlin,
2010

42 Deutsches Aktieninstitut, zitiert in: *Die Welt*, 13.1.2012, S. 13

43 http://www.ifm-bonn.org/index.php?id=1025

44 Reinhard Pollak; Kaum Bewegung, viel Ungleichheit. Eine Studie zu
sozialem Auf- und Abstieg in Deutschland, im Auftrag der Heinrich-
Böll-Stiftung, Berlin, 2010

45 Pollak; 2010, S. 53

46 *DIE ZEIT,* 8.12.2011, S. 26

47 In vielen Bundesländern werden die Leistungen der deutschen Sozialversicherung ganz oder teilweise aus Steuermitteln finanziert. Ich
halte es daher für zwingend, die Beiträge zur Sozialversicherung
und die Steuern bei der Belastung der Arbeitnehmer gemeinsam zu
betrachten.

48 Lorenz Jarass; Schlupflöcher lassen sich schließen, in: Böcklerimpuls 20,
2011, S. 4

49 Claus Schäfer; Empirische Landmarken der Ungleichheit, Vortrag auf
dem WSI-Herbstforum 2011, S. 16

50 Siehe dazu den Vorstandsvorsitzenden des DIW Gert Wagner: »Wir
leben nicht über unsere Verhältnisse!«, *Süddeutsche Zeitung,* 5.12.2011,
S. 11

51 Stefan Bach, Martin Beznoska, Viktor Steiner; A Wealth Tax on the
Rich to Bring down Public Debt?, DIW Discussion Papers 1137, Berlin
2011, S. 7

52 Vgl. Wagner, *Süddeutsche Zeitung*

53 *DIE ZEIT,* 2.2.2012

54 *Berliner Zeitung,* 12.7.2010, S. 15

55 http://www.bstbk.de/export/sites/standard/de/ressourcen/
Dokumente/01_bstbk/ berufsstatistik/Berufsstatistik_2010.pdf

56 *Süddeutsche Zeitung,* 4.3.2011, S. 21

57 Einer der ersten Artikel zu diesem Thema stand im *stern*; »Wir wollen
mehr zahlen!«, 26/2010, S. 26

58 https://www.hauck-aufhaeuser.de/page/Stiftung

59 http://www.stiftungen.org/uploads/tx_templavoila/statistik_ost_west_
gross.jpg

60 http://www.stiftungen.org/de/news-wissen/news/detailseite-news.
html?tx_leonhardtdyncontent_pi1%5Bcat%5D=1&tx_leonhard-
tdyncontent_pi1%5Bmode%5D=top1&tx_leonhardtdyncontent_
pi1%5Bid%5D=1914

61 Siehe hierzu das Kapitel »Die Hilfsindustrie«.

62 Ich beziehe mich hier auf das noch unveröffentlichte Manuskript der Dissertation an der Wirtschafts- und Sozialwissenschaftlichen Fakultät der Universität Potsdam: Melanie Böwing-Schmalenbrock; Wege zum Reichtum, Potsdam, 2011

63 Reiner Braun, Ulrich Pfeffer, Lorenz Thomschke; Erben in Deutschland – Volumen, Verteilung, Verwendung, Köln, 2011

64 Das ergibt sich aus den Berechnungen des DIA.

65 http://www.ebs-finanzakademie.de/estateplanner/index.cfm?rubt=C&r ubs=0&gclid=CIXjgbOXka4CFUS-zAodPhsDfg

66 http://www.berenberg.de/stiftung-vermoegensnachfolge.html

67 Lauterbach u. a.; 2011, S. 110

68 Das DIA legt andere Prämissen für das private Vermögen zugrunde als das SOEP. Es geht in seinen Berechnungen daher nicht, wie das SOEP, von einem Vermögensbestand von 6,6 Billionen Euro aus, sondern von 9,4 Billionen Euro.

Die Unterschicht

1 Walter Wüllenweber; »Hilfe, die nicht hilft«, stern, 18.9.2008

2 Name geändert

3 Name geändert

4 Bei den Gesprächen mit den Wissenschaftlern handelte es sich um »Hintergrundgespräche« für eine Reportage. Ich hatte zugesagt, dass meine Gesprächspartner nicht namentlich zitiert werden.

5 Walter Wüllenweber; »Das wahre Elend«, stern, 52/2004

6 Die Anonymität von Frau Stolterfoht könnte nur gewahrt werden, wenn ich über unser Telefongespräch nicht schreiben würde. Ich halte ihre Äußerung jedoch für so wichtig, dass ich mich entschieden habe, sie zu veröffentlichen.

7 Deutscher Bundestag; Plenarprotokoll 16/6, Sitzung vom 2.12.2005, Seite 320ff.
   Im Gegensatz zu Frau Stolterfoht empfahlen die Redner ihren Kollegen meinen Artikel zur Lektüre.

8 Statistisches Bundesamt; Ergebnisse der Einkommens- und Verbrauchstichprobe (EVS), 2008

9 Dritter Armuts- und Reichtumsbericht der Bundesregierung, Deutscher Bundestag, Drucksache 16/9915, 2008, S. 17

10 Statistisches Bundesamt; Datenreport 2011, Kapitel 16. http://www. destatis.de/jetspeed/portal/cms/Sites/destatis/Internet/DE/Content/ Publikationen/Querschnittsveroeffentlichungen/Datenreport/ Downloads/Datenreport2011Kap16,property=file.pdf

11 Vgl. Alexander Neubacher; »Die Mär vom armen Kind«, *Der Spiegel,* 39/2010, S. 94

12 Mehr zu den Strategien der Sozialindustrie im Kapitel »Die Hilfs-industrie«.

13 Ulrich Schneider; Armes Deutschland – Neue Perspektiven für einen anderen Wohlstand, Frankfurt am Main, 2010, S. 10.

14 Siehe stellvertretend für viele: *Süddeutsche Zeitung;* »Der Staat spart«, 31.12.2010, S. 30

15 Eberhard Orthbandt; Tarife, Richtsätze, Regelsätze – Dokumentarischer Bericht über eine hundertjährige Problemdiskussion, Frankfurt am Main, 1986, S. 20

16 Orthbandt, S. 145

17 Orthbandt, S. 252

18 Dritter Armuts- und Reichtumsbericht der Bundesregierung, Deutscher Bundestag, Drucksache 16/9915, 2008, S. 89 ff

19 Bundesministerium für Bildung und Forschung; Die wirtschaftliche und soziale Lage der Studierenden in der Bundesrepublik Deutschland, Berlin, 2009

20 Reinhard Pollak; Kaum Bewegung, viel Ungleichheit, Berlin, 2010

21 Namen geändert

22 Zitiert nach Neubacher in: *Der Spiegel*

23 ˙ Hartmut Häußermann, Martin Kronauer, Walter Seibel; An den Rändern der Städte, Frankfurt am Main, 2004, S. 13

24 So hat etwa der Vorstandsvorsitzende des Volkswagen-Konzerns, Martin Winterkorn, sein aus Spanien stammendes Vorstandmitglied Francisco Javier Garcia Sanz beauftragt, ein Programm zur Rekrutierung von Arbeitskräften aus Spanien auszuarbeiten.

25 Diese Zahlen haben die Statistiker der Bundesagentur für Arbeit dankenswerterweise für mich zusammengestellt.

26 http://www.pub.arbeitsagentur.de/hst/services/statistik/detail/l.html

27 Ich beziehe mich auf die Übersetzung von Emil Luckhard aus dem Jahr 1910.

28 *Welt am Sonntag,* 8.1.2012, S. 18

29 Siehe hierzu: Armuts- und Reichtumsbericht, 2008, S. 82 ff

30 Armuts- und Reichtumsbericht S. 90

31 Armuts- und Reichtumsbericht S. 84

32 Armuts- und Reichtumsbericht S. 82

33 Armuts- und Reichtumsbericht S. 82

34 Bundesagentur für Arbeit; Sockel und Langzeitarbeitslosigkeit, Nürnberg, 2011

35 Armuts- und Reichtumsbericht S. 99

36 Armuts- und Reichtumsbericht S. 100

37 Katrin Göring-Eckardt in einer Rede auf der Synode 2006, zitiert nach: http://www.ekd.de/synode2006/einbringungsrede_ kundgebungsentwurf.html

38 Armuts- und Reichtumsbericht S. 97

39 Häußermann; 2004, S. 223 ff

40 Walter Wüllenweber; »Die neue Klassengesellschaft«, *stern,* 35/2007

41 Unsere Gespräche über die Sexualität der Arche-Kinder haben wir beide schreibend verarbeitet: Ich schrieb einen Artikel: »Voll Porno«, *stern, 6/2007,* für den ich zum »Reporter des Jahres« ausgezeichnet wurde. Siggelkow schrieb ein viel beachtetes Buch: Bernd Siggelkow, Wolfgang Büscher; Deutschlands sexuelle Tragödie, München, 2008

42 Die Textpassagen stammen aus dem Album »Porno Party«, das Teba Költerhoff mir vorspielte. Inzwischen wurde das Album indiziert wie praktisch alle Alben von »Frauenarzt«. 2009 wurde Vincente de Teba Költerhoff wegen dieser und weiterer pornografischer Gewaltdarstellungen zu 8400 Euro Geldstrafe verurteilt. Er gilt als vorbestraft.

43 »Jessica« hatte mir erlaubt, ihren richtigen Namen zu verwenden. Ich habe mich dennoch entschieden, ihn zu ändern.

44 Silja Matthiesen, Karin Block, Svenja Mix, Gunter Schmidt; Schwangerschaft und Schwangerschaftsabbruch bei minderjährigen Frauen, Hrsg. Bundeszentrale für gesundheitliche Aufklärung, Köln, 2009, S. 45

45 Zitiert nach: Matthiesen; 2009

46 Matthiesen; 2009, S. 45

47 Wie sich die Rollen in den Partnerschaften verändern, hat der amerikanische Politikwissenschaftler Francis Fukujama beispielhaft analysiert: Francis Fukujama; Der große Aufbruch, München, 2002

48 Robert Koch Institut; Mundgesundheit, Gesundheitsberichterstattung des Bundes, Heft 47, Berlin, 2009, S. 26

49 Vgl. auch Neubacher; 2010

50 http://www.rki.de/cln_160/nn_197444/DE/Content/Service/Presse/ Pressetermine/KIGGS-Symposium_250906_Abstracts.html?_nnn=true

51 Armuts- und Reichtumsbericht S. 85

52 Nicole Schmiade, C. Katharina Spieß; DIW-Wochenbericht, Nr. 45/2010

53 Institut für Demoskopie Allensbach im Auftrag der Vodafone Stiftung Deutschland; Zwischen Ehrgeiz und Überforderung, Bildungsambitionen und Erziehungsziele von Eltern in Deutschland, 2011, S. 8

54 Institut für Demoskopie Allensbach; 2011, S. 12

55 Name geändert

56 Ich traf die junge Mutter 2007 bei einer Recherche in Berlin.

57 Medienpädagogischer Forschungsverbund Südwest; Jugend, Information, (Multi-)Media 2010, Stuttgart, 2010, zitiert nach: *Media Perspektiven*, 4.7.2011, S.299

58 Ingrid Paus-Hasebrink, Michelle Bichler, Christine W. Wijnen;
    Kinderfernsehen bei sozial benachteiligten Kindern, in: *Zeitschrift für
    Theorie und Praxis der Medienbildung*, Themenheft Nr. 13/07, online:
    http://www.medienpaed.com/13/paus-hasebrink0707.pdf

59 http://www.worldvision-institut.de/_downloads/allgemein/Charts_
    Kinderstudie_2010.pdf

60 Stellvertretend für viele Beiträge: Christian Pfeiffer; »Keine Bildschirme
    im Kinderzimmer«, *epd Medien*, 14.10.2011

61 Stellvertretend für viele Beiträge: Thomas Mößle; »Wer spielt was?
    Medienkonsum bei Kindern und Jugendlichen«, in: *Kinderärztliche
    Praxis*, 80, 2009. http://www.kinderaerztlichepraxis.de/fileadmin/
    KiPra/Artikel_des_Monats/Moessle_Medienkonsum_bei_Kindern.pdf.
    pdf

62 Die Bundesbeauftragte für Migration, Flüchtlinge und Integration;
    Zweiter Integrationsindikatorenbericht, Köln, 2011

63 Vgl. Zweiter Integrationsindikatorenbericht, S. 31ff.

64 Vgl. Zweiter Integrationsindikatorenbericht, S. 14ff.

65 Institut für Demoskopie Allensbach; 2011, S. 19

66 Cornelia Gresch, Michael Becker; Sozial- und leistungsbedingte Disparitäten im Übergangsverhalten bei türkischstämmigen Kindern und
    Kindern aus (Spät-)Aussiedlerfamilien, in: Bildungsforschung, Band
    34, Bundesministerium für Bildung und Forschung, Berlin, 2010. Zum
    gleichen Ergebnis kommt auch ein Forschungsprojekt der Uni Mannheim: Jörg Dollmann; Türkischstämmige Kinder am ersten Bildungsübergang, Wiesbaden, 2010

67 Jens Kratzmann, Thorsten Schneider; Soziale Ungleichheit beim Schulstart, SOEP-Papers 100, Berlin, 2008

68 L.J. Schweinhart, J. Montie, Z. Xiang, W.S. Barnett, C.R. Belfield
    & M. Nores; Lifetime effects: The HighScope Perry Preschool study
    through the age 40, Ypsilanti, 2005

69 Vgl. hierzu auch Christine Brinck; »Fördern, bevor es zu spät ist«,
    DIE ZEIT, 26.1.2012, S. 65

70 W. Steven Barnett; Long-Term Effects of Early Childhood Programs
    on Cognitive and School Outcomes, in: The Future of Children, Vol 5,
    1995, S. 43

71 http://www.bundesverfassungsgericht.de/pressemitteilungen/kgartbei.
    html

72 C. Katharina Spieß; Kosten und Nutzen von Kinderbetreuung, in: Familie bringt Gewinn, Gütersloh, 2004, S. 132

73 C. Katharina Spieß; 2004, S. 133

74 Victor Steiner, Sebastian Schmitz; Hohe Bildungsrenditen durch Vermeidung von Arbeitslosigkeit, DIW-Wochenbericht Nr. 5/2010, Berlin, S. 6

75 OECD; Bildung auf einen Blick 2011, zitiert nach einer Veröffentlichung des Bundesministeriums für Bildung und Forschung: http://www.bmbf.de/pubRD/pm_20110913-117_lang.pdf

76 OECD; PISA 2009, Ergebnisse: Potenziale nutzen und Chancengerechtigkeit sichern, Band II, 2011, Tabelle II.1.4, S. 35 http://www.oecd-ilibrary.org/education/pisa-2009_9789264095359-de

77 Nils Berkemeyer, Wilfried Bos, Veronika Manitius; Chancenspiegel – zur Chancengerechtigkeit und Leistungsfähigkeit der deutschen Schulsysteme, herausgegeben von der Bertelsmann Stiftung und dem Institut für Schulentwicklungsforschung, Gütersloh, 2012, S. 57

78 Walter Wüllenweber; »Die Schicksalsfrage der Nation«, *stern,* 20.12.2007

79 Klaus Hurrelmann; Herausforderungen für die Familien- und Bildungspolitik, in: Institut für Demoskopie Allensbach; 2011, S. 31

In the Ghettos

1 Wolfgang Lauterbach; 2011, S. 123

2 *Die Tageszeitung,* 29.8.2010

3 Vgl. HypoVereinsbank; Klischees verlassen, die Realität verstehen, 2010, S. 33

4 Sighard Neckel; »Das Debakel der Finanzeliten: Krise der Erfolgskultur«, S. 72–78, in: Strukturierte Verantwortungslosigkeit, Berlin, 2010

5 Vgl. Reinhard Pollack, 2010

6 Ulrike Herrmann; Hurra, wir dürfen zahlen. Der Selbstbetrug der Mittelschicht, München, 2010, zitiert nach der Taschenbuchausgabe von 2012, S. 97

7 Paul Nolte; »Das große Fressen«, *Die Zeit,* 52/2003

8 Karl Marx, Friedrich Engels; Manifest der Kommunistischen Partei, zitiert nach: Marx-Engels-Werke, Band 4, S. 459–493, Berlin/DDR, 1959. http://www.mlwerke.de/me/me04/me04_459.htm

9 Friedrich Engels; Die Rolle der Gewalt in der Geschichte, zitiert nach: Marx-Engels-Werke, Band 21, S. 405–461, Berlin/DDR, 1962. http://www.mlwerke.de/me/me21/me21_405.htm

10 Karl Marx; Die Juniniederlage 1948, zitiert nach: Marx-Engels-Werke, Band 7, »Die Klassenkämpfe in Frankreich 1848–1850«, S. 12–34, Berlin/DDR, 1960. http://www.mlwerke.de/me/me07/me07_012.htm

11 Berechnungen von Jonathan Fahlbusch, Fürsorge-Experte beim Deutschen Verein
12 Paul Nolte; 2003
13 Bundesministerium für Arbeit und Soziales.
   http://www.sozialpolitik-aktuell.de/tl_files/sozialpolitik-aktuell/_
   Politikfelder/Finanzierung/Datensammlung/PDF-Dateien/abbII1a.pdf
14 Claus Schäfer; Empirische Landmarken der Ungleichheit, Vortrag auf dem WSI-Herbstforum 2011, S. 16
15 Angaben Deutscher Städtetag
16 Mehr dazu im Kapitel »Die Hilfsindustrie«.
17 Heinz-Roger Dohms; »Der Dorf-Downgrade«, *Financial Times Deutschland*, 20.3.2012, S. 23
18 Gert Wagner; »Wir leben nicht über unsere Verhältnisse!«, *Süddeutsche Zeitung*, 5.12.2011, S. 11
19 Statistisches Bundesamt; Schulden der öffentlichen Haushalte, Fachserie 14, Reihe 5, Wiesbaden, 2011, S. 22
20 Vgl. Walter Wüllenweber; »Vom Ich zum Wir«, *stern*, 5/2010
21 Vgl. Walter Wüllenweber; »Vom Ich zum Wir«, *stern*, 5/2010
22 Vgl. Nils Berkemeyer, Wilfried Bos, Veronika Manitius; Chancenspiegel – zur Chancengerechtigkeit und Leistungsfähigkeit der deutschen Schulsysteme, herausgegeben von der Bertelsmann Stiftung und dem Institut für Schulentwicklungsforschung, Gütersloh, 2012
23 *Berliner Zeitung;* 12.7.2010, S. 15

Die Hilfsindustrie

1 Walter Wüllenweber; »Ja, wo arbeiten sie denn?«, *stern*, 8/2000
2 Vgl. Walter Wüllenweber; »Die Anstalt«, *stern*, 12/2002
3 Bundesministerium für Arbeit und Sozialordnung, BMAS
4 Ich beziehe mich hier auf mehrere Quellen:
   Bundesarbeitsgemeinschaft der Freien Wohlfahrtspflege; Gesamtstatistik, Berlin, 2008
   Bundesverband privater Anbieter sozialer Dienste: http://www.bpa.de/Mitglieder.221.0.html
   Hans-Joachim Puch, Klaus Schellenberg; Sozialmarkt in Bayern, Manuskript zum Vortrag auf der ConSozial, 11.11.2009, Nürnberg.
   Die Bundesarbeitsgemeinschaft der Freien Wohlfahrtspflege gibt die Zahl der Beschäftigten in ihren Mitgliedsorganisationen mit 1.541829 an. Hinzu kommen 235000 Beschäftigte des bpa. Rechnet man nun die Mitarbeiter bei den vielen gewerblichen Trägern hinzu, scheint eine Gesamtzahl von 2 Millionen plausibel.

Puch kommt in seiner Studie auf 300 000 Beschäftigte der Sozial-
wirtschaft in Bayern. Rechnet man dieses Ergebnis auf die gesamte
Bundesrepublik hoch, lautet das Ergebnis ebenfalls 2 Millionen
Beschäftigte.

5   730 000 Mitarbeiter, http://www.vda.de/de/meldungen/
    news/20120117-1.html
6   Deutscher Caritasverband e.V.; Geschäftsbericht 2010, S. 4
7   http://www.diakonie.de/statistische-informationen-archiv-
    2278-10-2011-einrichtungsstatistik-2010-8361.htm
8   Bundesarbeitsgemeinschaft der Freien Wohlfahrtspflege; Gesamtstatis-
    tik, Berlin, 2008
    Die jüngsten Zahlen stammen aus dem Jahr 2008. Die Bundesarbeits-
    gemeinschaft der Freien Wohlfahrtspflege wird voraussichtlich erst 2013
    neue Zahlen veröffentlichen.
9   Puch, Schellenberg; 2009
10 http://www.bethel.de/fileadmin/Bethel/downloads/jahresbericht/
    Jahresbericht_2010_2011_S36.pdf
11 http://www.dzi.de/dzi-institut/das-dzi/presse/presse-detailansicht/?9332
12 http://www.spendenrat.de/index.php?id=105,191,0,0,1,0
13 Alexander Falter, Dieter Bräuninger (Hrsg.); Wirtschaftsfaktor Wohl-
    fahrtsverbände, Deutsche Bank Research, Frankfurt am Main, 2010
14 https://www.destatis.de/DE/PresseService/Presse/Pressemitteilungen/
    2012/01/PD12_022_225.html
15 Thomas Rauschenbach, Kirsten Fuchs-Rechlin; Kinder- und Jugend-
    hilfe – ein Wachstumsmarkt des Arbeitsmarktes?, in: KOMDAT –
    Kommentierte Daten der Kinder- und Jugendhilfe, Heft 1/12, Dort-
    mund, 2012
16 Thomas Rauschenbach, Kirsten Fuchs-Rechlin; 2012, S. 2
17 Siehe dazu auch das Kapitel »Die Unterschicht«
18 Name geändert
19 Peter Bringewat; Sozialpädagogische Familienhilfe und strafrechtliche
    Risiken, Stuttgart, 2000
20 https://www.destatis.de/DE/PresseService/Presse/Pressemitteilungen/
    zdw/2010/PD10_051_p002.html
21 Statistisches Bundesamt; »Amtliche Statistik schwerbehinderter Men-
    schen am 31.12.2009«, Wiesbaden, 2011
22 Klaus Klemm; Gemeinsam lernen. Inklusion leben, im Auftrag der
    Bertelsmann Stiftung, Gütersloh, 2010, und Klaus Klemm; Sonderweg
    Förderschulen: Hoher Einsatz, wenig Perspektiven, im Auftrag der
    Bertelsmann Stiftung, Gütersloh, 2009
23 Klemm, 2010, S. 34

24 Alle Zahlen nach Klemm, 2010, S. 17

25 Genaue Zahlen dazu gibt es laut Auskunft der Kultusministerkonferenz (KMK) nicht.

26 Vgl. Susanne Kailitz; »Wer schwierig ist, muss raus«, *DIE ZEIT,* 4/2011, S. 11

27 Klemm, 2009

28 Klemm, 2010, vgl. dort Tabelle A3 auf S. 34 mit Tabelle A11 auf S. 45

29 Klemm, 2010, S. 6

30 United Nations; Convention on the Rights of Persons with Disabilities, New York, 13.12.2006

31 United Nations; Convention on the Rights of Persons with Disabilities, Article 24

32 Ralf Poscher, Thomas Langer, Johannes Rux; Gutachten zu den völkerrechtlichen und innerstaatlichen Verpflichtungen aus dem Recht auf Bildung nach Art. 24 des UN-Abkommens über die Rechte von Menschen mit Behinderung, im Auftrag der Max-Traeger-Stiftung, 2008, zitiert nach: http://www.gew.de/Binaries/Binary48790/080919_BRK_Gutachten_finalKorr.pdf

33 Klemm, 2009, S. 7

34 Name geändert

35 Name geändert

36 Walter Wüllenweber; »Die Hilfsindustrie«, *stern* 8/2011

37 Die Diskussion über den Armutsbegriff wird im Kapitel »Die Unterschicht« ausführlich behandelt.

38 § 52 Abgabenordnung

39 Diese Angaben stammen von mehreren Sozialarbeitern verschiedener Unternehmen, die auf dieser Basis arbeiten. Auch Verantwortliche von verdi bestätigen die Zahlen. Behörden und die Sozialunternehmen äußern sich nicht dazu, weil es sich jeweils um Verträge handelt, die nicht offengelegt werden müssen.

40 http://www.g-ba.de/institution/presse/pressemitteilungen/88/

41 http://www.dkthr.de/aktuelles.php?n2=presse&n3=presseberichte&id=62

42 Regine Zylka; »Teure Sozialwirtschaft«, *Berliner Zeitung,* 10.5.2010, S. 15

43 Zitiert nach: Rebecca Kresse; »Rechnungshof rügt die Sozialbehörde«, *Hamburger Abendblatt,* 12.1.2010, S. 10

44 Name geändert

45 Mehrere Abgeordnete aus unterschiedlichen Parteien haben mir über solche Besuche von Frau Meier berichtet. Den meisten musste ich versprechen, ihre Namen nicht zu veröffentlichen. »Mit Sonja Meier legt man sich besser nicht an«, erklärte ein Abgeordneter der SPD.

46 Mir sind solche Fälle persönlich bekannt. Ich habe mich jedoch bei meinen Recherchen verpflichten müssen, die Namen und die ausleihenden Verbände nicht zu nennen.

47 Ich habe hierzu die Angaben aller Bundestagsabgeordneten ausgewertet, die sie auf ihren Internetseiten unter www.bundestag.de unter dem Punkt »Veröffentlichungspflichtige Angaben« selbst machen. Alle Angaben Stand April 2012.

48 Der Begriff sowie die Episode gehen zurück auf ein Buch des 2009 verstorbenen Wirtschaftswissenschaftler Horst Siebert: Horst Siebert; Der Kobra-Effekt, Wie man Irrwege in der Wirtschaftspolitik vermeidet, Stuttgart, 2001

Die Geldindustrie

1 Armin Müller; Kienzle – Ein deutsches Industrieunternehmen, Stuttgart, 2011
2 Annina Reimann, Elke Pickartz, Heike Schwerdtfeger, Yvonne Esterhazy; »Duell der Geldmaschinen«, *Wirtschaftswoche*, 11.7.2011, S. 90
3 Deutsche Bundesbank; Finanzstabilitätsbericht 2011, Frankfurt am Main, November 2011, S. 76
4 Christian Panster; »Regulieren, bevor es die Politiker tun«, *Handelsblatt*, 16.4.2012, S. 35
5 Deutsche Bundesbank; 2011, S. 76
6 Zitiert nach: *Financial Times Deutschland,* »Das Geheimnis des großen Börsencrashs«, 11.5.2010
7 Deutsche Bundesbank; 2011, S. 76
8 John Kenneth Galbraith; Eine kurze Geschichte der Spekulation, Frankfurt am Main, 2010, S. 21. Im Original: A Short History of Financial Euphoria, New York, 1990
9 John Kenneth Galbraith; Der große Crash 1929; 4. Auflage, München, 2009, S. 216. Im Original: The Great Crash 1929, Boston, 1954
10 Galbraith, 2009, S. 216
11 Galbraith, 2009, S. 216
12 Galbraith, 2010, S. 43
13 Galbraith, 2009, S. 37
14 Bach, Beznoska, Steiner; SOEP-Papers 397, Berlin, 2011, S. 11
15 Deutsches Aktieninstitut, zitiert in: *Die Welt,* 13.1.2012, S. 13
16 Galbraith, 2010 S. 32
17 Galbraith, 2010 S. 28
18 *Spiegel online,* 5.2.2012 und 26.4.2012

19   Aus einer Rede Keitels anlässlich des Tages der Deutschen Industrie
     am 27.9.2011 in Berlin
20   Deutsche Bank; Geschäftsbericht 1991: http://www.bankgeschichte.de/
     downloads/gb/gb_1991.pdf
21   Statistisches Bundesamt: https://www.destatis.de/DE/Publikationen/
     Thematisch/VolkswirtschaftlicheGesamtrechnungen/Inla
22   Deutsche Bank; Geschäftsbericht 2011: http://www.deutschebank.de/ir/
     de/download/Deutsche_Bank_Geschaeftsbericht_2011_gesamt.pdf
23   Rudolf Hickel; Zerschlagt die Banken, Berlin, 2012, S. 30
24   Sven Prange, Rolf Benders, Peter Köhler, Michael Maisch; »Eine Frage
     des Vertrauens«, Handelsblatt, 9.9.2011, S. 10
25   Martin Lanz; »Wer folgt auf Dexia?«, NZZ online, 11.10.2011
26   Siehe hierzu auch das Kapitel über Versicherung in: Niall Ferguson;
     Der Aufstieg des Geldes, Berlin, 2009, verwendete Auflage 2011, S. 166 ff.
27   Handelsblatt online, 28.3.2012
28   Galbraith, 2010, S. 21
29   Thomas Straubhaar; »Der große Irrtum«, Financial Times Deutschland,
     4.10.2011, S. 24
30   Amartya Sen in einem Interview im Handelsblatt, 12.4.2012, S. 18
31   Straubhaar, 2011
32   Frick u. a.; Die Verteilung der Vermögen in Deutschland, Berlin, 2010,
     S. 36.
33   Bach u. a.; SOEP-Papers 397, Berlin, 2011, S. 11
34   Gert Wagner; »Wir leben nicht über unsere Verhältnisse!«, Süddeutsche
     Zeitung, 5.12.2011, S. 11
35   BGBl. 1 S. 266
36   Vgl. Ulrike Posche; »Kann ein Inder die Deutsche Bank führen? Jain.«,
     stern, 29/2011, S. 94
37   Vgl. »Der Kronprinz erklimmt die Spitze«, Handelsblatt online,
     25.7.2011
38   Vgl. »Auf zu viel Risiko gesetzt«, Der Tagesspiegel online, 19.3.2012
39   Zitiert nach: Philip Plickert; »Die Staaten als Geiseln der Banken«,
     FAZ online, 22.11.2010
40   Sachverständigenrat zur Begutachtung der gesamtwirtschaftlichen
     Entwicklung; Jahresgutachten 2011/2012, Wiesbaden, 2011, S. 147
41   Rüdiger Jungbluth; »Das Märchen von den Reichen«, DIE ZEIT,
     8.12.2011, S. 26
42   Claus Schäfer; Empirische Landmarken der Ungleichheit, Vortrag auf
     dem WSI-Herbstforum 2011, S. 16
43   Forsa-Umfrage für den stern; 17.11.2011
44   Sachverständigenrat; 2011/2012, S. 148

45 Sachverständigenrat; 2011/2012, S. 161
46 Forschungsgruppe Wahlen; Politbarometer Januar 2012.
    http://www.forschungsgruppe.de/Umfragen/Politbarometer/Archiv/
    Politbarometer_2012/Januar_I_2012/
47 Jan Rosenkranz, Andreas Hoffmann, Frank Donovitz; »Herr Schröder
    ist nicht zu fassen«, *stern*, 12.4.2012, S. 128
48 »Schäuble gibt Finanzmarktsteuer endgültig auf«, *Spiegel online*;
    26.3.2012
49 *Handelsblatt*; 12.4.2012, S. 18

Giganten

1   Siehe hierzu die detaillierten Ausführungen im Kapitel »Die Hilfs-
    industrie«
2   Siehe hierzu die detaillierten Ausführungen im Kapitel »Die Ober-
    schicht«
3   Siehe hierzu die detaillierten Ausführungen im Kapitel »Die Ober-
    schicht«
4   Sven Prange, Rolf Benders, Peter Köhler, Michael Maisch; »Eine Frage
    des Vertrauens«, *Handelsblatt*, 9.9.2011, S. 10
5   https://www.destatis.de/DE/PresseService/Presse/Pressemitteilungen/
    zdw/2010/PD10_051_p002.html
6   Klaus Klemm; Sonderweg Förderschulen: Hoher Einsatz, wenig Pers-
    pektiven, im Auftrag der Bertelsmann Stiftung, Gütersloh, 2009, S. 7
7   Das bestimmt Sozialgesetzbuch VIII, § 4, Abs. 2.
8   Das bestimmt Sozialgesetzbuch VIII §§ 69 ff.
9   Sascha Adamek, Kim Otto; Der gekaufte Staat, Köln, 2008, S. 92
10 Stand April 2012, eigene Recherche

LITERATUR

Sascha Adamek, Kim Otto; Der gekaufte Staat, Köln, 2008
Jakob Arnoldi; Alles Geld verdampft, Frankfurt am Main, 2009
Nils Berkemeyer, Wilfried Bos, Veronika Manitius; Chancenspiegel – zur
Chancengerechtigkeit und Leistungsfähigkeit der deutschen Schulsys-
teme, herausgegeben von der Bertelsmannstiftung und dem Institut
für Schulentwicklungsforschung, Gütersloh, 2012
Joachim Bach, Martin Beznoska, Viktor Steiner; A Wealth Tax on the Rich
to Bring down Public Dept?, SOEPpapers 397, Berlin, 2011
W. Steven Barnett; Long-Term Effects of Early Childhood Programms on
Cognitive and School Outcomes, in: The Future of Children, Vol 5,
1995
Berenberg Bank. http://www.berenberg.de/stiftung-vermoegensnachfolge.
html
Melanie Böwing-Schmalenbrock; Wege zum Reichtum, Potsdam,
2011 (unveröffentlichtes Manuskript der Dissertation an der Wirtschafts-
und Sozialwissenschaftlichen Fakultät der Universität Potsdam)
Reiner Braun, Ulrich Pfeffer, Lorenz Thomschke; Erben in Deutschland –
Volumen, Verteilung, Verwendung, herausgegeben vom Deutschen
Institut für Altersvorsorge (DIA), Köln, 2011
Peter Bringewat; Sozialpädagogische Familienhilfe und strafrechtliche
Risiken, Stuttgart, 2000
Capgemini. http://www.de.capgemini.com/insights/publikationen/
world-wealth-report-2011/
Christine Brinck; »Fördern, bevor es zu spät ist«, DIE ZEIT,
26.1.2012
Wolfgang Büscher, Bernd Siggelkow, Marcus Mockler; Generation Wodka,
Berlin, 2010
Bundesagentur für Arbeit; http://www.pub.arbeitsagentur.de/hst/services/
statistik/detail/l.html
Bundesagentur für Arbeit; Sockel und Langzeitarbeitslosigkeit, Nürnberg,
2011
Bundesarbeitsgemeinschaft der Freien Wohlfahrtspflege; Gesamtstatistik,
Berlin, 2008
Die Bundesbeauftragte für Migration, Flüchtlinge und Integration; Zweiter
Integrationsindikatorenbericht, Köln, 2011

Bundesministerium für Arbeit und Soziales. http://www.sozialpolitik-aktuell.de/tl_files/sozialpolitik-aktuell/_Politikfelder/Finanzierung/Datensammlung/PDF-Dateien/abbII1a.pdf

Bundesministerium für Bildung und Forschung; Die wirtschaftliche und soziale Lage der Studierenden in der Bundesrepublik Deutschland, Berlin, 2009

Bundeskriminalamt. http://www.bka.de/nn_193236/DE/Publikationen/PolizeilicheKriminalstatistik/pks__node.html?__nnn=true

Bundessteuerberaterkammer. http://www.bstbk.de/export/sites/standard/de/ressourcen/Dokumente/01_bstbk/ berufsstatistik/Berufsstatistik_2010.pdf

Bundesverband Deutscher Stiftungen. http://www.stiftungen.org/uploads/tx_templavoila/statistik_ost_west_gross.jpg

Bundesverfassungsgericht. http://www.bundesverfassungsgericht.de/pressemitteilungen/kgartbei.html

Deutsche Bank; Geschäftsbericht 1991: http://www.bankgeschichte.de/downloads/gb/gb_1991.pdf

Deutsche Bank; Geschäftsbericht 2011: http://www.deutschebank.de/ir/de/download/Deutsche_Bank_Geschaeftsbericht_2011_gesamt.pdf

Deutsche Bundesbank; Finanzstabilitätsbericht 2011, Frankfurt am Main, November 2011

Deutscher Bundestag; Plenarprotokoll 16/6, Sitzung vom 2.12.2005, S. 320ff

Deutscher Caritasverband e.V.; Geschäftsbericht 2010

Deutscher Spendenrat. http://www.spendenrat.de/index.php?id=105,191,0,0,1,0

Deutsches Kuratorium für therapeutisches Reiten e.V. http://www.dkthr.de/aktuelles.php?n2=presse&n3=presseberichte&id=62

Deutsches Zentralinstitut für Soziale Fragen (DZI). http://www.dzi.de/dzi-institut/das-dzi/presse/presse-detailansicht/?9332

Diakonie Deutschland; http://www.diakonie.de/statistische-informationen-archiv-2278-10-2011-einrichtungsstatistik-2010-8361.htm

Heinz-Roger Dohms; »Der Dorf-Downgrade«, *Financial Times Deutschland,* 20.3.2012

Jörg Dollmann; Türkischstämmige Kinder am ersten Bildungsübergang, Wiesbaden, 2010

Dritter Armuts- und Reichtumsbericht der Bundesregierung, Deutscher Bundestag, Drucksache 16/9915, 2008

Friedrich Engels; Die Rolle der Gewalt in der Geschichte, zitiert nach: Marx-Engels-Werke Band 21, S. 405–461, Berlin/DDR, 1962. http://www.mlwerke.de/me/me21/me21_405.htm

Alexander Falter, Dieter Bräuninger (Hrsg); Wirtschaftsfaktor Wohlfahrtsverbände, Deutsche Bank Research, Frankfurt am Main, 2010
European Business School. http://www.ebs-finanzakademie.de/
estateplanner/index.cfm?rubt=C&rubs=0&gclid=CIXjgbOXka4CFUS-
zAodPhsDfg

Niall Ferguson; Der Aufstieg des Geldes, Berlin, 2009, verwendete Auflage
2011

Forschungsgruppe Wahlen; Politbarometer Januar 2012.
http://www.forschungsgruppe.de/Umfragen/Politbarometer/Archiv/
Politbarometer_2012/Januar_I_2012/

Robert Frank; Richistan, Frankfurt am Main, 2009

Francis Fukujama; Der große Aufbruch, München, 2002

Joachim Frick, Markus Grabka, Richard Hauser; Die Verteilung der Vermögen in Deutschland, Berlin, 2010

Katrin Göring-Eckard; Rede auf der Synode 2006, zitiert nach http://www.
ekd.de/synode2006/einbringungsrede_kundgebungsentwurf.html

Cornelia Gresch, Michael Becker; Sozial- und leistungsbedingte Disparitäten im Übergangsverhalten bei türkischstämmigen Kindern und Kindern
aus (Spät-)Aussiedlerfamilien, in: Bildungsforschung, Band 34, Bundesministerium für Bildung und Forschung, Berlin, 2010

John Kenneth Galbraith; Der große Crash 1929; 4. Auflage, München, 2009,
im Original: The Great Crash 1929, Boston, 1954

John Kenneth Galbraith; Eine kurze Geschichte der Spekulation, Frankfurt
am Main, 2010, im Original: A Short History of Financial Euphoria,
New York, 1990

Gemeinsamer Bundesausschuss; http://www.g-ba.de/institution/presse/
pressemitteilungen/88/

Michael Hartmann; Der Mythos von den Leistungseliten, Frankfurt am
Main, 2002

Michael Hartmann; Eliten und Macht in Europa, Frankfurt am Main,
2007

Ulrike Herrmann; Hurra, wir dürfen zahlen, Der Selbstbetrug der Mittelschicht, München, 2010, zitiert nach der Taschenbuchausgabe von 2012

Hauck & Aufhäuser. https://www.hauck-aufhaeuser.de/page/Stiftung

Hartmut Häußermann, Martin Kronauer, Walter Seibel; An den Rändern
der Städte, Frankfurt am Main, 2004

Herbert Henzler; Immer am Limit, Berlin, 2011

Rudolf Hickel; Zerschlagt die Banken, Berlin, 2012

Stefan Hradil; Soziale Ungleichheit in Deutschland, Opladen, 2001

Klaus Hurrelmann; Herausforderungen für die Familien- und Bildungspolitik, in: Institut für Demoskopie Allensbach, 2011

Institut für Demoskopie Allensbach, im Auftrag der Vodafone Stiftung Deutschland; Zwischen Ehrgeiz und Überforderung, Bildungsambitionen und Erziehungsziele von Eltern in Deutschland, 2011

Institut für Mittelstandsforschung Bonn http://www.ifm-bonn.org/index.php?id=1025

Robert Jacobi; Die Goodwill-Gesellschaft, Hamburg, 2009

Lorenz Jarass; Schlupflöcher lassen sich schließen, Böcklerimpuls 20, 2011

Rüdiger Jungbluth; »Das Märchen von den Reichen«, *DIE ZEIT,* 8.12.2011

Rüdiger Jungbluth; Die Quandts, Frankfurt am Main, 2002

Susanne Kailitz; »Wer schwierig ist, muss raus«, *DIE ZEIT,* 4/2011

Klaus Klemm; Sonderweg Förderschulen: Hoher Einsatz, wenig Perspektiven, im Auftrag der Bertelsmann-Stiftung, Gütersloh, 2009

Klaus Klemm; Gemeinsam lernen. Inklusion leben, im Auftrag der Bertelsmann-Stiftung, Gütersloh, 2010

Inge Kloepfer; Aufstand der Unterschicht, Berlin, 2008

Robert Koch Institut; Mundgesundheit, Gesundheitsberichterstattung des Bundes, Heft 47, Berlin, 2009

Kristina Kott, Sylvia Behrens; Ausstattung mit Gebrauchsgütern und Wohnsituation privater Haushalte in Deutschland, Ergebnisse der Einkommens- und Verbrauchsstichprobe 2008, Wiesbaden, 2009

Jens Kratzmann, Thorsten Schneider; Soziale Ungleichheit beim Schulstart, SOEP-Papers 100, Berlin, 2008

Rebecca Kresse; »Rechnungshof rügt die Sozialbehörde«, *Hamburger Abendblatt,* 12.1.2010

Helmut Kuhn; Arm und reich und nichts dazwischen, Bergisch Gladbach, 2007

Martin Lanz; »Wer folgt auf Dexia?«, *NZZ online,* 11.10.2011

Wolfgang Lauterbach, Thomas Druyen, Matthias Grundmann; Vermögen in Deutschland, Wiesbaden, 2011

Stephan Lessenich, Frank Nullmeier; Deutschland, eine gespaltene Gesellschaft, Frankfurt am Main, 2006

Stefan Loipfinger; Die Spendenmafia, München, 2011

manager magazin; Die 500 reichsten Deutschen, 11/2011

Bernd Maelicke; Lexikon der Sozialwirtschaft, Baden-Baden, 2008

Karl Marx; Die Juniniederlage 1948, zitiert nach: Marx-Engels-Werke, Band 7, »Die Klassenkämpfe in Frankreich 1848–1850«, S. 12–34, Berlin/DDR, 1960 http://www.mlwerke.de/me/meo7/meo7_012.htm

Karl Marx, Friedrich Engels; Manifest der Kommunistischen Partei, zitiert nach: Marx-Engels-Werke, Band 4, S. 459–493, Berlin/DDR, 1959. http://www.mlwerke.de/me/meo4/meo4_459.htm

Silja Matthiesen, Karin Block, Svenja Mix, Gunter Schmidt; Schwangerschaft und Schwangerschaftsabbruch bei minderjährigen Frauen, herausgegeben von der Bundeszentrale für gesundheitliche Aufklärung, Köln, 2009

Medienpädagogischer Forschungsverbund Südwest; Jugend, Information, (Multi-)Media 2010, Stuttgart, 2010, zitiert nach: *Media Perspektiven,* 4.7.2011

Gabriele Metzler; Der deutsche Sozialstaat, München, 2003

Dina Michels; Weiße Kittel – Dunkle Geschäfte, Berlin, 2009

Thomas Mößle, Matthias Kleinmann, Florian Rehbein; Bildschirmmedien im Alltag von Kindern und Jugendlichen, Baden-Baden, 2007

Thomas Mößle;»Wer spielt was? Medienkonsum bei Kindern und Jugendlichen«, in: *Kinderärztliche Praxis,* 80, 2009
http://www.kinderaerztlichepraxis.de/fileadmin/KiPra/Artikel_des_
Monats/Moessle_Medienkonsum_bei_Kindern.pdf.pdf

Armin Müller; Kienzle – Ein deutsches Industrieunternehmen, Stuttgart, 2011

Sighard Neckel;»Das Debakel der Finanzeliten: Krise der Erfolgskultur«, in: Strukturierte Verantwortungslosigkeit, Berlin, 2010

Alexander Neubacher,»Die Mär vom armen Kind«, *Der Spiegel,* 39/2010

Barbara Nolte, Jan Heidtmann; Die da oben, Frankfurt am Main, 2009

Paul Nolte;»Das große Fressen«, *DIE ZEIT,* 52/2003

Paul Nolte; Riskante Moderne, München, 2006

OECD
Bildung auf einen Blick, 2011, zitiert nach einer Veröffentlichung des Bundesministeriums für Bildung und Forschung
http://www.bmbf.de/pubRD/pm_20110913-117_lang.pdf

PISA 2009, Ergebnisse: Potenziale nutzen und Chancengerechtigkeit sichern, Band 2, 2011 http://www.oecd-ilibrary.org/education/
pisa-2009_9789264095359-de. http://www.oecd.org/document/54/
0,3746,de_34968570_35008930_49176950_1_1_1_1,0.0.html

Eberhard Orthbandt; Tarife, Richtsätze, Regelsätze – Dokumentarischer Bericht über eine hundertjährige Problemdiskussion, Frankfurt am Main, 1986

Christian Panster;»Regulieren, bevor es die Politiker tun«, *Handelsblatt,* 16.4.2012

Ingrid Paus-Hasebrink, Michelle Bichler, Christine W. Wijnen;»Kinderfernsehen bei sozial benachteiligten Kindern«, in: *Zeitschrift für Theorie und Praxis der Medienbildung,* Themenheft Nr. 13/07, zitiert nach:
http://www.medienpaed.com/13/paus-hasebrink0707.pdf

Thomas Perry, Oliver Tabino, Kerstin Klär; Typologie des Erfolgs, Wealth Management Studie für die HypoVereinsbank, 2007

Thomas Perry, Oliver Tabino; Klischees verlassen, die Realität verstehen, Wealth Society Report für die HypoVereinsbank, 2010

Christian Pfeiffer;»Keine Bildschirme im Kinderzimmer«, *epd Medien,* 14.10.2011

Philip Plickert;»Die Staaten als Geiseln der Banken«, *FAZ online,* 22.11.2010

Reinhard Pollak; Kaum Bewegung, viel Ungleichheit, Berlin, 2010

Ulrike Posche;»Kann ein Inder die Deutsche Bank führen? Jain.«, *stern,* 29/2011

Ralf Poscher, Thomas Langer, Johannes Rux; Gutachten zu den völkerrechtlichen und innerstaatlichen Verpflichtungen aus dem Recht auf Bildung nach Art. 24 des UN-Abkommens über die Rechte von Menschen mit Behinderung, im Auftrag der Max-Traeger-Stiftung, 2008, zitiert nach: http://www.gew.de/Binaries/Binary48790/080919_BRK_Gutachten_finalKorr.pdf

Sven Prange, Rolf Benders, Peter Köhler, Michael Maisch;»Eine Frage des Vertrauens«, *Handelsblatt,* 9.9.2011

Hans-Joachim Puch, Klaus Schellenberg; Sozialmarkt in Bayern, Manuskript zum Vortrag auf der ConSozial, 11.11.2009, Nürnberg

Thomas Rauschenbach, Kirsten Fuchs-Rechlin;»Kinder- und Jugendhilfe – ein Wachstumsmarkt des Arbeitsmarktes?«, in: *KOMDAT – Kommentierte Daten der Kinder- und Jugendhilfe,* Heft 1/12, Dortmund, 2012

Annina Reimann, Elke Pickartz, Heike Schwerdtfeger, Yvonne Esterhazy;»Duell der Geldmaschinen«, *Wirtschaftswoche,* 11.7.2011

Jan Rosenkranz, Andreas Hoffmann, Frank Donovitz;»Herr Schröder ist nicht zu fassen«, *stern,* 16/2012

Christian Rickens; Ganz oben, Köln, 2011

Sachverständigenrat zur Begutachtung der gesamtwirtschaftlichen Entwicklung; Jahresgutachten 2011/2012, Wiesbaden, 2011

Claus Schäfer; Empirische Landmarken der Ungleichheit, Vortrag auf dem WSI-Herbstforum 2011

Nicole Schmiade, C. Katharina Spieß; DIW-Wochenbericht Nr. 45/2010

Gunter Schmidt, Elke Thoß, Silja Matthiesen, Sigrid Weser, Karin Block, Svenja Mix; Jugendschwangerschaften in Deutschland, 2006. http://www.jugendsex-forschung.de/dokumente/Jugendschwangerschaften_in_Deutschland.pdf

Ulrich Schneider; Armes Deutschland – Neue Perspektiven für einen anderen Wohlstand, Frankfurt am Main, 2010

Michael Schuman;»How to Save Capitalism«, *Time;* 30.1.2012

L. J. Schweinhart, J. Montie, Z. Xiang, W. S. Barnett, C.R. Belfield & M.
Nores; Lifetime effects: The HigScope Perry Preschool study through the
age 40, Ypsilanti, 2005
Amartya Sen; *Handelsblatt*, 12.4.2012
Horst Siebert; Der Kobra-Effekt. Wie man Irrwege in der Wirtschaftspolitik
vermeidet, Stuttgart, 2001
Bernd Siggelkow, Wolfgang Büscher; Deutschlands sexuelle Tragödie, München, 2008
C. Katharina Spieß; »Kosten und Nutzen von Kinderbetreuung«, in:
Familie bringt Gewinn, Gütersloh, 2004
Statistisches Bundesamt; Schulden der öffentlichen Haushalte, Fachserie 14,
Reihe 5, Wiesbaden 2011
Statistisches Bundesamt; »Amtliche Statistik schwerbehinderte Menschen
am 31.12.2009«, Wiesbaden, 2011
http://www.destatis.de/jetspeed/portal/cms/Sites/destatis/Internet/DE/
Content/Publikationen/Querschnittsveroeffentlichungen/Datenreport/
Downloads/Datenreport2011Kap16,property=file.pdf
https://www.destatis.de/DE/PresseService/Presse/Pressemitteilungen/
zdw/2010/PD10_051_p002.html
https://www.destatis.de/DE/Publikationen/Thematisch/
VolkswirtschaftlicheGesamtrechnungen/Inla
https://www.destatis.de/DE/PresseService/Presse/Pressemitteilungen/
2012/01/PD12_022_225.html
https://www.destatis.de/DE/PresseService/Presse/Pressemitteilungen/
zdw/2010/PD10_051_p002.html
Victor Steiner, Sebastian Schmitz; Hohe Bildungsrenditen durch Vermeidung von Arbeitslosigkeit, DIW-Wochenbericht, Nr. 5/2010, Berlin
Thomas Straubhaar; »Der große Irrtum«, *Financial Times Deutschland*,
4.10.2011
United Nations; Convention on the Rights of Persons with Disabilities,
New York, 13.12.2006
Gert Wagner; »Wir leben nicht über unsere Verhältnisse!«, *Süddeutsche
Zeitung*, 5.12.2011
World Vision Institut. http://www.worldvision-institut.de/_downloads/
allgemein/Charts_Kinderstudie_2010.pdf
Walter Wüllenweber; »Ja, wo arbeiten sie denn?«, *stern,* 8/2000
Walter Wüllenweber; »Die Anstalt«, *stern,* 12/2002
Walter Wüllenweber; »Das Märchen von der Chancengleichheit«, *stern,*
30/2003
Walter Wüllenweber; »Das wahre Elend«, *stern,* 52/2004
Walter Wüllenweber; »Voll Porno«, *stern,* 6/2007

Walter Wüllenweber; »Die neue Klassengesellschaft«, *stern*, 35/2007
Walter Wüllenweber; »Die Schicksalsfrage der Nation«, *stern*, 52/2007
Walter Wüllenweber; »Hilfe, die nicht hilft«, *stern*, 39/2008
Walter Wüllenweber; »Vom Ich zum Wir«, *stern*, 5/2010
Walter Wüllenweber; »Die Hilfsindustrie«, *stern*, 8/2011
Walter Wüllenweber; »Reichtum durch Arbeit ist etwas für Anfänger«, *stern*, 13/2012
Regine Zylka; »Teure Sozialwirtschaft«, *Berliner Zeitung*, 10.5.2010